まだ見たきものあり

父の帝都東京日記

永尾広久

花伝社

まだ見たきものあり——父の帝都東京日記◆目次

1927（昭和2）年

逓信省簡易保険局

3月29日（火）

きらきらと輝く黄色い菜の花畑が遠ざかっていく。これで、当分、九州の見慣れた光景は拝めないな。関門連絡船の甲板に立って、離れていく門司《もじ》港を茂はずっと眺めていた。三又《みつまた》村を出て、ついに東京へ行くという実感が身体中に湧き上がって、船の汽笛《きてき》が鳴ったとき、ふと涙があふれそうになった。いやいや、これしきで泣いたらいかんばい。茂は自分をきつく叱りとばした。よーし、東京に行ったら、何でも見てやるばい、世の中というものは一体どうなっているのか、ぜひ知りたかもんね……。

永尾茂が三又村の自宅を出たのは午前6時。父久平と妹たち、そして9歳も年齢《とし》の離れた弟の久がずらりと並んで見送ってくれた。継母トキも一番下の妹トキヨ（4歳）の手を握って端に並んでいる。

7人の子を産んだ実母キヨノは、2年前に39歳という若さで亡くなった。それから1年もたたぬうちに父が招き入れたトキに対して、茂は心安からぬものがあった。長男の茂に十分な相談もなかったことから茂は久平に腹を立てていて、そのあおりで継母トキとはまともに口をきくこともなかった。継母トキは、そんな茂と口で言い争うことはせず、お互い無視するような関係でいた。長兄の態度は妹たちにも伝播《でんぱ》したので、継母トキは末っ子のトキヨひとりを味方につけようと猫可愛がりする。

久平は今朝も胃腸の調子が良くないらしい。心配だけど、自分でなんとかするだろう。茂が家を出る前、久平は餞別《せんべつ》として、長く大事にしてきたニッケル製の懐中時計《かいちゅう》を茂に手渡した。国産品だけど、8円50銭もする高級品だ。8円50銭というと、日収50銭だと17日分にもなる。渡すとき、久平は茂にこう言った。

「ちょっと手元不如意《ふにょい》になったとき、質屋に持っていったら、これでお金を貸してくれるけんね。それで、当座をしのげるばい。ばってん、くれぐれも質流れにならんようにせんといかんばい」

茂は久留米まで大川鉄道で行くことにした。故郷の光景を目に焼きつけておくのには、この電車が一番だ。なにしろ、筑後平野の広々とした田園地帯、そして筑後川を横に見ながらたっぷり1時間もかけて久留米にたどり着くのだから。

茂が大川鉄道の三又駅まで行き、電車に乗って久留米駅に出ると言うと、長女カネ（15歳）と二女マサ子（13歳）が、茂の手荷物を大八車（リヤカー）で運んでくれるという。それを聞きつけた久が大八車に飛び乗ってきた。マサ子が「まあ、よかたい」と笑いながら許した。久はニコニコ笑顔でうれしそうだ。下青木の自宅から三又駅までは2キロほど離れている。

久は8歳、やんちゃ盛りだ。兄と姉たちと一緒に大八車に乗って行けるのがうれしくてたまらない。有頂天になって、大八車がクリークにコンクリート製の柱を5本並べただけの小さな橋を渡るとき、茂たちが「危なかばい」と声をかけあい、大八車から久と荷物が転落しないよう用心しなければと思って身構えているのに、久のほうは立ち上がって両手を挙《あ》げて「郷土の誉《ほまれ》、永尾茂君、万歳！」と叫んだ。茂は胆《きも》が冷える思いだ。クリークを渡りきったところで久に近づき、「危なかったろうが……」と言いながら、拳骨《げんこつ》でゴツンと一発お見舞いした。すると久はたちまち大泣き。カネが「兄《あん》しゃん、そげん怒らんでもよかろうが……」と久をかばって茂を窘《たしな》める。「兄しゃんは、いつもこげんやけんね。東京で、そげんかこつしよったら、誰からも相手にされんごとなるとやけんね、分かっとっとね」、重ねてカネが言うと、「分かっとらすとやろか」とマサ子も心配の声を上げる。

茂は、長男の威厳をもって、「そりばってん、久が危なかったけんたい……」と小さな声で弁解した。年齢の近い妹たち2人が共同戦線を張ったら、長男といえどもいつもたじたじになる。三又駅に近づく前から久は機嫌を取り戻し、元気よく軍歌をうたいだした。茂は、苦笑するしかない。

自宅を出る前、「身体《からだ》に気をつけんといかんばい」という久平のくどいほどの念押しに、茂はうんざりしながら、ともかく「うん、分かった」と返事した。久平は、さらに「高次《たかじ》によろしくな」と付け加えた。そのとき、そばにいた妹たちは、口々に、「兄しゃん、帰ってくるときには、東京土産品《みやげ》ばいっぱい持って帰ってこなんばい。楽しみにしとるけんね」と茂に声をかける。本当のことをいえば、妹たちも弟の久も、口やかましく怖い兄貴（茂）がいなくなるのを喜んでいた。

「おうおう。よーく分かっとるばい。そりけん、父ちゃんば、あんたたちで、よおく面倒みてやらんならいかんばい」と、茂は言い返した。

このとき、茂はわざと継母トキのことは何も触れなかった。継母トキはトキヨとともに姿を消していた。

東京で茂が世話になるはずの従兄弟《いとこ》の高次への手土産はなるべく軽いものにするように何度も念を押して頼んでいたのに、叔母キクからはずっしり重たい包みを一つ手渡された。なので文句の一つも言いたかったけれど、想像以上のそれなりの餞別をもらったから、文句なんか言えるはずはなかった。親元から高次に届いたかどうかの確認の手紙が届くだろうから、途中で重たいからといって土産品を勝手に処分したり、粗末に扱ったりなんてことは許されない。

大川鉄道の三叉駅に着いた。筑後川に面していて、次の駅は鐘ヶ江駅だ。ここで午前7時7分発の電車に乗る。妹2人と久は、ここまで。別れ際、東京土産品について、改めてしっかり念を押された。三人とも茂が東京に行けるのがうらやましくて仕方がない。茂が電車に乗り込む前、久がポツリと訊《き》いた。

「兄しゃんは、なして東京に行くとね、東京で何ばすっとね？」

茂は久の直球の質問を受けてドキッとした。なぜ、何をしに東京へ行こうとしているのか……。久は8歳だから、遠慮というのをまだ知らない。年上の姉たちが怖い長男の茂に訊きたくても訊けないことをズバリ口にした。

「おう、勉強するためたい。仕事しながら勉強すっとたい」

とりあえずそう答えたものの、茂は自分でも何の仕事をするのか、勉強するのか、何を学ぶというのか、まったく分からないし、決めてもいない。

「じゃあね。ありがとさん」

茂はやってきた電車に乗り込み、３人に手を振って別れた。大川鉄道は客車２両と貨車を引っ張っていく。大川の木工製品や城島の酒や瓦などを運ぶ貨車を２両も連結していることもある。朝早いのに、茂のほか乗客が10人ほどもいる。出稼ぎに行くのだろうか、みんな大きな荷物もちだ。

まずは広くゆったりと流れる筑後川に沿《そ》って電車は走っていく。春風が吹いているらしく、川面《かわも》がキラキラ輝いている。筑後川につながる堀（クリーク）が三又村には縦横にあり、茂は幼いころから水遊びをし、魚釣りをしてきた。大小の堀のおかげで水不足に悩まされることもなく、肥沃《ひよく》な土壌に恵まれ、米作中心の農業が先祖代々営まれてきた。

やがて筑後川を離れると、周囲は見渡す限りの菜の花畑と緑の麦畑。黄色と緑の絨毯《じゅうたん》を敷きつめたなかを、ときに甲高い汽笛を鳴らしながら電車はゆっくり進んでいく。

これで、しばらく故郷の三又村の見慣れた光景も見納めかと思うと、飽きることなく外を見続けた。大川鉄道を選んだのは正解だったな……。

ひろびろと、どこまでも続く田圃《たんぼ》が茂にとっては見えない檻《おり》だった。そこに閉じ込められている。見えない檻だから揺さぶって壊すこともできない。自立するには、ここから脱出するしかない。何をするとか、したいというより、ともかく、この見えない足枷《あしかせ》を外《はず》して、自由になりたい。上京するには、もちろん不安も大きい。でも、でも、それしかない。茂は自分によく言い聞かせた。それにしても久の奴、郷土の誉だなんて難しい言葉をよく知ってたな。そんな郷土の誉になるなんて、大それた望みなんか、ちっとも持ってないのに、笑わせるばい、まったく……。

1時間かかって電車は上久留米駅に着いた。国鉄久留米駅は少し離れたところにある。今度は妹たちの手助けなしで茂は久留米駅に手荷物を運び込んだ。久留米駅から重たい手荷物はチッキという手続きで東京へ送る。駅員に教わりながら、チッキの書類に書き込み、手荷物を預けると、すっかり身軽になった。高次への土産品が重たいのは仕方がない。チッキというのは本当に便利な制度だ。茂の手元に残ったのは、当座の衣類を入れたカバンだけだ。手にもつ荷物が少なくなると心まで軽くなった。

久留米駅で、午前9時43分発の列車に乗り、博多駅を経由して門司港に向かう。門司港駅で降りると、次は下関まで関門連絡船に乗り込む。昼12時20分発の船だ。対岸の下関港には15分で着く。埠頭《ふとう》には白い作業服の男たちが大勢いて、荷物の積みおろしをしている。その服装からして朝鮮人労務者だろう。

船の甲板で、継母トキが朝早くにつくってくれたおにぎり弁当を、立ったまま食べる。塩味のよくきいた梅干しの入った、大きなおにぎりが3個入っていた。茂はひそかに継母トキに感謝した。面と向かって素直には礼を言えない。

関門海峡は狭い。対岸は目の前に見えているが、海流は見るからに激しい。どこかに宮本武蔵と佐々木小次郎が決闘した厳流島があるはずだが、それは見えない。激しく流れる海面を見つめる。この海峡で平家の軍勢は源氏側に敗れ、幼い安徳天皇は女官に抱かれて海中にあるという宮殿に向かったのか……。

門司港そして九州がみるみる遠ざかっていく。しばらく九州の地を踏むことはない。よし、1年いや2年は帰らないで頑張る。せっかく東京に行けるのだから、簡単に音《ね》を上げて故郷に泣く泣く帰るなんてことのないようにしよう。淋しいという気持ちは全然ない。東京での新しい生活への期待と不安が膨れあがり、胸が苦しいほどだ。いやいや、大丈夫だ。自分で自分を慰め、励ます。

昼12時35分、汽笛を合図として下関港に着く。ここから東京行きの列車に乗る。といっても、まだ下関と東京を結ぶ直通の特急列車は走っていない。まずは大阪行きの急行に乗る。大阪から東京までは奮発して特急列車で行く。

急行列車に乗り込む。4人掛けの席に茂は真っ先に座った。次々に旅行客が乗り込んで来る。旅行する人は多いようだが、観光というより、みんな出稼ぎだろう。不景気だから、少しでも仕事をして稼がなければと、みな必死だ。

茂のボックスには、老年というべきか、なお中年というべきか、父久平と年齢格好が同じくらいの夫婦者と、行商人らしき壮年の男性が相席《あいせき》になった。行商人のほうは座席に着くと、すぐに眠り込んだ。いかにも旅慣れしているし、疲れてもいるのだろう。夫婦者の男性は、高価そうな艶《つや》の良い着流しの和服姿で、茂にも愛想が良く、すぐに話しかけてきた。茂が東京へ仕事と勉強のために行くと答えると、眼鏡《めがね》の奥が笑った。

「東京は実におっかねえところだよ、兄ちゃん、悪い奴に騙《だま》されんよう気をつけとかんといかんばい。誰でん善人ち思うて信用して田舎にいる気分でつきあってると、いつ何時《なんどき》、足元ばすくわれるかもしれんけんね」

いったい、どこの方言かな、そっちのほうに関心があったが、ここは逆らわず、ありがたく受け容《い》れたほうが良いと判断し、「はい、気をつけます。ありがとうございます」と八女中学の恩師が使っていた標準語で返した。すると横から、妻が、「あんた、若い人ば、そげん脅かさんちゃよかろうもん」と、夫を窘め、茂に対して軽く頭を下げた。

和服姿の男性は、チョンマゲ姿でも似合いそうな雰囲気で、もう60歳はとっくに過ぎているのだろう。「騙されないように」という忠告は、三叉村でもさんざん聞かされた。でも、そんなこと言われても、今の茂には騙されて失うようなものは何一つない。今あるのは、健康な身体《からだ》と未来だけだ。まさか、自分の未来が奪い盗られるようなことはないだろう。

行商人の男性は本当に眠っているのか、眠ったふりをして茂と男性との会話を聞いているのか、よく分からないまま、ともかく、その後も会話に加わることはなかった。すっかり草臥《くたび》れたと思ったころ、ようやく大阪に着いた。

大阪に列車が近づくと、大阪の上空はどんより曇っている。あちこちの工場の煙突から黒煙が猛然と吐き出されている。これが日本と大阪の経済を支えているのか……。このころ、大阪の人口は233万人。東京が221万人なので、大阪のほうが多い。大阪は工場も商店もかかえて商工業都市として栄えている。

大阪に着いて列車を降りるとき、和服の男性は茂の背中を軽く叩いて、こう言って励ました。

「まあ、世の中、悪い人ばっかりじゃなかけんがら、あんまり心配せんだっちゃよかばい、兄ちゃん」

初めの言葉とは、まるで正反対の内容だった。温かい励ましと茂は受けとめた。行商人らしき男性は茂に軽く会釈して、無言のまま立ち去り、別れた。

茂が三又村を出発して東京に向かったのは1927(昭和2)年3月末のこと。この元号の「昭和」というのは、大正15年12月25日に大正天皇が47歳で死んですぐに改元されて昭和1年となってから。なので、1週間して年が明けると、昭和2年になった。つまり昭和1年というのは7日間しかない。実は、大正の次の元号は、「光文」になるという号外を新聞社が発行した。しかし、これはまったくの誤報だった。

大阪駅で特急列車に乗る。再び4人掛けの座席だ。そこに、若い娘2人を連れた夫婦者が乗り込んできた。夫婦者は30代半ばだろう。どことなく陰気《いんき》臭い顔の亭主と、蓮《はす》っ葉な感じの女房という組み合わせだ。いったい何の職業をしているのか、茂には見当がつかない。甚平《じんべい》姿で頭にハンチングというのかベレー帽というのか、茂には区別がつかないが、ともかく、帽子をかぶった亭主は女性3人を残して別のボックスに黙って移っていった。だから、茂は女性3人に囲まれる格好になって、息が詰まりそうだ。従兄から上京する前に受け取った手紙に、東京に出てくる前に夏目漱石の小説『三四郎』を読んでおくように書いてあったので、茂は何のことか分からないまま、ともかく読んだ。

『三四郎』では、九州から上京する列車のなかで一緒になった女性と途中下車し、なぜか同じ旅館、しかも同じ部屋に泊まることになった。何事もなく過ぎた翌朝、女性から三四郎は「あなたはよっぽど度胸のないかたですね」と言われたという場面があった。よく分からない展開なのだが、ともかく女性3人で話がはずんでいて、とても『三四郎』のような展開にはなりそうもなく、茂は少しばかり安心した。何の下心もないのに勘繰《かんぐ》られて変なことを言われて気分を壊したくはない。女性たちの話に加わらないで狸《たぬき》寝入りしているうちに、茂は本当に眠り込んでしまった。「女難《じょなん》の相《そう》は出ていないから安心しな」と、大阪で降りていった年輩の男性から言われて安心する、そんな夢を見た。

東京までの列車の旅は長い。眠りから覚めても、目をつぶったまま、聞くともなく女性3人の話を聞いていた。すると、若い娘2人は、東京で縫《ぬ》い子として働くことになっていることが分かった。そうか、女性には縫い子という職業があるんだな。和服や洋服などを仕立てるのか、茂は華やかな職場を想像して、少しばかりうらやましくもあった。茂のほうは、すべて従兄だよりで、いったい仕事にありつけるのか、どんな仕事をすることになるのか、まったく見当がつかない。

「お兄さん、お兄さん。よかったら、どうぞ」

うつらうつらしていると、茂の肩を軽く叩かれた。眼を開けると、万十《まんじゅう》が目の前にあった。ありがたい。お腹が空いていたので、ちょうど良かった。万十のお礼を言ったあと、茂が大川から東京へ初めて出ていって仕事を探すことになっていると自己紹介すると、娘2人は自分たちは四国は香川県の出身で、これから東京の大きな呉服店で働くことになっているという。なるほど、道理で関西弁じゃなかつばい。大阪までは、電車と船で乗り継いできたというから、茂と同じようなものだ。年齢も茂と変わらないくらいだと思った。いったい、東京で彼女らを何が待ち構えているのだろうか。まあ、それは自分も同じだけど……。

次々に乗り込んでくる乗客の話す言葉を聞いていると、三又村で話してきた方言が東京で果たして通用するのか、そんな不安も湧《わ》いてくる。田舎者だと笑われる毎日になるのだろうか……、気後《きおく》れもしてきた。

娘たちとは、それなりに話すようになった。どちらも目を惹《ひ》く美人というほどではないけれど、いかにも気立ての優しい娘なので、次第に話がはずんでいく。2人は君江と芳美と名乗った。つい茂は、気が強くて、いつもやりこめられるばかりの妹たちを思い出した。まあ、それには茂のほうが長男として威張って接していたから、それへの反発もあったのだろう。短くもない車中なので、しまいにはすっかり仲良くなった。君江は目がくりくりしていて活発で、よく笑う。芳美のほうが少し美人だが、おっとりしている。娘たちは東京駅で別れるとき、「ぜひ、どこかでお会いしましょう」と言ってくれた。浅草で、とか、新宿で、とか、東京の地名など、茂も娘たちもどちらも考えつくことがなかった。

うとうとしていると「兄ちゃん、兄ちゃん」と肩をつつかれて茂は目を覚ました。東京駅に着いたのだ。娘2人を引率していた女房のほうが茂を起こしてくれた。娘たちは寝呆《ねぼ》け眼《まなこ》の茂に笑顔で軽く手を振った。ベレー帽の亭主と一緒に女性3人組は元気よく列車を降りていった。久留米駅からチッキで送った手荷物はあとで東京駅まで受け取りに来ることにして、まずは手荷物だけ持って従兄の下宿を目ざすことにする。

ところがところが、東京駅というところは、まるで祭りの縁日《えんにち》でもあっているかのような大変な雑踏のさなかにある。改札口は一体どこにあるのか、群衆の波のなかで茂がウロウロキョロキョロしていると、次々にやって来る通行人から、「邪魔だ、邪魔だ」とばかり突きとばされそうになった。なぜかみんな恐ろしく足が速い。東京の人間って、みんな、こんなにせっかちなのか……。茂はますます足が竦《すく》んでしまう。誰も彼も目つきが吊り上がっていて、怖い。みんな、さっさかさっさか、迷うことなく歩いていく。さあて、今日は、どこに行こうかなんて、のんびり考えている気配の人は誰ひとりとしていない。

三又村の「よど」と呼んでいる夏祭りだったら、人出はぎっしりでも、人々の足取りはゆっくりしていて、余裕がある。東京の人間には、そんな余裕はまったくなさそう。そんなに急いで歩いて、息が詰まらないのだろうか。茂はこんな東京で果たして自分がやっていけるのか、不安になってきた。

ようやく、なんとか改札口から東京駅の外に出た。下関を出発して、いったい何時間かかったのかな……。丸々一昼夜たっている。17歳、若さいっぱいの茂でも、いささか疲れた。今は気が張っているからいいけど、早く従兄の下宿にたどり着いて、しばらく横になって休みたい。

東京駅の外に出て、少し歩いて振り返ってみる。東京駅の駅舎は辰野金吾が設計したという洋風赤レンガ造りで、いかにも由緒ありそうな重厚な雰囲気の建物だ。さすがは日本の中心地、東京の表玄関口にふさわしい。関東大震災のときも多少の被害ですんで、びくともしなかったという。たいしたものだ。この東京駅舎を眺めて、ようやく茂ははるばる東京にやって来たことを実感した。

さてさて、東京駅前の広い道路で市電に乗る。大川鉄道の可愛らしい電車によく似た電車が東京でも走っているのを見て、茂は少しほっとする。やっぱり、ここは日本で、外国じゃないんだ……。従兄からもらった手紙には、東京駅前から乗るべき市電が丁寧に説明してある。しかし、まったく初めての土地だから、書いてあることと目の前の状況がなかなか一致しない。広い大通りには市電がいくつも走っているので、行き先を間違えたら、大変なことになるぞ……。茂の心配症がまた始まった。自分でも臆病者で小心者だと認めている。生まれつき、慎重居士《しんちょうこじ》というより、心配症なのだ。

何度も従兄の教えてくれた紙を見直し、茂の乗るべき市電をようやく確認できた。茂は意を決して市電に乗り込む。車内は男も女も、みな着飾った人たちばかりに見える。野良着ではなく、みんなよそ行きの服装だ。今の日本はすごく不景気だというけれど、車内を見ている限り、とてもそんな感じはしない。

従兄の手紙にあった、下宿への道順を書いた紙片をしっかり手にしたまま、市電の外の光景を凝視する。車内にいて、茂はまたまた、不安に襲われた。はてさて、市電に乗るとき、料金を支払った覚えはない。いったい、料金はいつ、どうやって支払うのか。降りるところはどうやって連絡するのか、何か合図があるのか……。茂が外を眺めながら不安に駆られていると、うしろから声をかけられた。

「もしもし、どこから乗りましたか。どこで降りますか?」

振り向くと若い女性車掌が、そこにいた。洋服姿だ。茂は財布から10銭硬貨を取り出した。市電の運賃は7銭だと従兄が手紙に書いていた。そうか、市電の車掌って、女性なのか……。

車内に座ったら、他の乗客を観察する余裕が出てきた。男性は和服も洋服も、さまざまだけど、ほとんど頭に帽子をかぶっている。茂も、同じような帽子をかぶって早く東京人らしい格好をつけようと思った。女性のほうは若い人には洋服もいるが、着物姿のほうが多い。頭髪のほうは、昔ながらがほとんど。

紙に書かれていた停車場で市電から降りる。さて、ここから先、どう行ったらいいのか。土地勘はないし、地図があるわけでもないので、所《ところ》番地だけを頼りに道行く人に尋ねて行くしかない。ところが、通行人は声をちょっとかけたくらいでは無視され、簡単に立ち停まってはくれない。なんとか道順を尋ねても、「そんなの知らん」とばかり、軽く手を左右に振って無言のまま足早に立ち去っていく。これは困った。茂は泣きたい気持ちになった。いやいや、こんなことで泣いてなんかおれんばい。東京での初日から泣いてたまるか……。向こうからゆっくりした足どりでぶらぶら歩いてくる、人の好《よ》さそうな年寄りを見つけた。和服姿で山高帽子をかぶり、杖をついている。茂は声をかけると同時に手にした紙をつき出し、目的地への道順を尋ねた。幸い、その年寄りは本当に暇《ひま》だったようで、途中まで一緒に歩いてくれた。

ようやく探し当てた。古ぼけた、どうみても安普請《ぶしん》の木造2階建が狭い路地の両側に並んで建っている。4年前の1923（大正12）年9月1日の関東大震災のときも焼けずに残ったのだろう。市電の走る表通りから少し引っ込んでいる、恐らく学生向けの安い下宿ばかりだ。従兄の住んでいるはずの木造2階建の前に立つ。ガラス戸を開けると、ガタガタ、音がするし、すっとは開かない。建てつけが悪いのだ。なかに大家か管理人がいるという気配はない。

従兄は1階入ってすぐ右の部屋と手紙に書いていた。下駄箱に従兄の名前が書かれ、部屋の入口にも小さく名前が書かれている。やれやれだ。安心して、小さく溜め息をついた。従兄が留守なのはすぐに分かった。というか、下宿全体に誰もいないようだ。茂は薄暗い廊下に座り込んだ。疲れていて、もう立っておれない。従兄の帰りをここで待たせてもらおう。

肩を軽く叩かれ、目が覚めた。自分の手荷物に寄りかかって、うとうと居眠りをしていた。目を開けると、見慣れた顔が目の前にある。

「おうおう、よう出てきたばいね。待っとったつよ」

なつかしい九州弁だ。東京で聞くと、心底から心地が良い。この広い東京で、この従兄しか茂の知っている人、頼りになる人はいないのだ。茂の手荷物を従兄の部屋に運び込み、頼まれていた手土産品を従兄に手渡した。すぐに開けて取り出すと、重たいのは高菜漬《たかなづけ》だった。手にした従兄は素直に喜んだ。まさしく田舎の香りなのだ。

4畳半の部屋には小さな机があり、リンゴ箱にどこかの店の包装紙を貼って、本棚になっている。ここで、茂は何日か泊まらせてもらうつもりだ。まずは仕事を見つけ、次に住むところを確保する。

「腹減ってるやろ。まずは腹ごしらえが先決ばいね」

従兄は先に立って、下宿の外に出る。従兄の名は高次。父久平の姉キクの子だ。高次のほうが茂より2歳だけ年長だけど、幼いころから田圃やクリークで一緒に遊びまわった仲なので、いかにも気安い関係だ。茂より2年早く上京し、官庁で働いている。高次が官庁にうまく潜り込んだと聞いて、茂も東京で働きたいから、何とか働き口を世話してほしいと頼み込んだ。なんとかする、なんとかなるだろうという手紙をもらって茂は喜んだ。茂は百姓は自分に合わないと考えた。腰が痛くて、まっすぐ歩けなくなる。炎天下の田圃での草取りもご免こうむりたい。あんな農作業はまっぴらご免だ……。

下宿の前に立った高次は甚平を着て、やっぱり帽子をかぶっている。まさしく東京人だな。ついこのあいだまで、三又村の田圃でつるんで遊びまわっていた同じ人間とはとても思えない。いやあ、人間って、変われば変わるものなんだな……。

「よーし、今晩は、いっちょう奮発して、景気よくいくばい。そんなら浅草たい、浅草。浅草の牛鍋を食べに行くばい」

高次が急に高揚した気分になって「牛鍋屋に行く」と言い出したから、茂は自分の懐《ふところ》具合を心配した。すると、高次は茂の不安そうな顔を見てとったのか、不安を打ち消した。

「よしよし、心配するなって。今晩は、この高次様のおごりたい。どーんと牛鍋ば食べるばい。お金のことなんか心配せんでよかけんね」

茂は、ひと安心した。茂が心配症なのは、もちろん高次は承知している。高次は茂を連れて市電に乗って浅草に向かう。

これが浅草か。雷門の大きさに魂消《たまげ》る。大変な人の波だ。東京駅もすごかったけれど、ここも同じくらいの人が出ている。

「今半《いまはん》」という看板の、大きな牛鍋屋に入る。入口で下足《げそく》札をもらって靴を脱いで座敷に上がる。店内も満員盛況だけど、なんとか二人、差し向かいで座る。やがて料理が運ばれてきた。

東京の人間って、毎日こんな美味しいものを食べているのか……。周囲を見まわして、ふと茂は疑問を感じた。その気配を察したらしく、高次が小さい声で言った。

「おい茂、俺が毎日こんなうまいものを食ってるなんて思うなよ。この店だって初めて入ったつばい……」

なーんだ、そうだったのか……。

「前から、この店の前を何回か通っていて、一度は中に入って食べようと思ってたけんがら」

それにしても牛鍋の美味しさは格別だ。東京に出てきた初日に、こんな美味しいものが食べられて、幸先《さいさき》が良いな。茂は高次に素直に礼を言った。

高次は軽く右手を左右に振りながら、小声で、「牛鍋もよかばってん、鯉《こい》の洗い（刺身）、鯉濃《こいこく》も美味しかったぞ。思い出してしもうたばい」と呟《つぶや》いた。それに対して茂が、「うんにゃ、鯉よりも鰻《うなぎ》ばい。堀干《ほりほ》しんとき獲《と》った鰻を蒲焼《かばや》きしたら、ばさらかうまかったろうが……」と応じると、高次は、うっとりした目つきになった。三又村の味を思い出したのだ。

食べ終わり、勘定もすますと、高次が店の前に立ち、右手を上げて指差しながら言った。

「ほら、この先が浅草六区といって、活動写真、カツドーの観《み》らるるところばい。人通りがすごいやろ。今日は行かんけど、すごいとばい。映画館がずらり並んどっとやけんね」

茂は、そうか、ここなのか、カツドーば観らるっところは、ここにあったのか、ぜひ近いうちに行かなんばい、そう思った。

二人して、おとなしく高次の下宿に戻った。

「さて、明日からどうするね？」

高次がやおら問いかけた。どうするかと訊かれても、茂には何のあてもない。誰かへの紹介状も何も持ってきていない。ただひたすら高次だけを頼って上京してきたのだ。何も隠すことはない。

「うん、うん」と、高次は軽く頭を上下させた。「よかよか。ともかく、明日は1日ゆっくり休んで、月曜日に一緒に俺の職場に行ってみるばい。課長には茂のことは話してあるけんがら……」

茂は少し安心した。あとは当たって砕けろでいくしかない。高次は茂のために貸し布団を一組借りてくれていた。汗はかいてないので、薄い煎餅《せんべい》布団にもぐり込むと、茂はすぐに寝入った。

翌日は茂は一日中、高次の下宿で寝ていた。どこへも出かけなかった。食事は近くに商店街を見つけて、そこの店先にあるものを買って下宿に戻って食べた。そして、また眠った。自分でも驚くほどずっと眠った。

4月4日（月）

朝、茂は自然に目が覚めた。もう疲れはまったく感じない。若いから疲労回復も早いのだ。

2晩もぐっすり眠れば、すっかり大丈夫だ。

高次と一緒に出勤する。寒くないどころか、曇り日のなか、春の陽気を膚《はだ》に感じる。市電に乗る。高次についていけばいいので、今度は心配無用。逓信省《ていしん》の本省というから鉄筋コンクリート造の堂々たる建物のつもりでいると、茂の予想は見事に外れた。鉄筋コンクリート造の建物の先に木造平屋の建物があり、高次は「ここばい」と言って入っていく。

関東大震災で焼失したあと、逓信省は本格的な再建ができないまま、仮庁舎に入っている。茂の目から見ても「仮庁舎」としか思えない。中に入ると廊下も板張りで、黒いタールのようなものが塗ってあり、黒光りしている。廊下を歩くとギシギシ音がする。

逓信省は郵便、通信、運輸を主管する中央官庁だ、1938（昭和13）年に厚生省が設立されるまでは簡易保険も扱っていた。戦後、郵電（二省）分離によって郵政省と電気通信省が成立し、電気通信省は、その後、電信電話公社になった（さらにあとでNTT）。

逓信省は、京橋区木挽《こびき》町に煉瓦造3階建の堂々たる庁舎を構えていたが、関東大震災で焼失してしまった。そこで、千代田区大手町に木造平屋の仮庁舎が建てられた。新しい庁舎建築が政府の予算がなかなか確保できずに延びのびとなり、1943（昭和18）年に鉄筋5階建の飯倉庁舎に移るまで、この大手町の木造仮庁舎がずっと逓信省本省として利用された。

高次のうしろをついて廊下を歩いていく。意外に建てつけの悪いガラス戸を開けて、高次は「ごめんください」と声をかけて部屋の中へ入った。なかは騒然とした雰囲気だ。中央官庁というから、針一本落ちても分かるほどシーンと静まりかえっていると茂は漠然と考えていた。その予想がまたまた見事に外れた。

部屋にいる男性も女性も、誰も高次のことを気にかけず、そのまま書類をめくっては一心に算盤《そろばん》をはじいている。算盤玉の上下する甲高い音が室内の騒音の基調になっている。高次は机の列のあいだを通って、部屋の奥の机に座っている白っぽい背広姿の若い男性の前に立って、茂を引き合わせる。

「やあ、この若者がこのあいだの話の彼なんだな」

「そうなんです。ぜひ、なんとかよろしくお願いします」

先ほどまで机に向かって新聞を読んでいたらしい、この若い男性が部屋の主《あるじ》、課長のようだ。白っぽい背広に黒い蝶ネクタイ、さまになっている。課長の机の上には柳沢課長と書いた金属板の名札が置かれ、黒い受話器が1台鎮座している。それが他の席との一番の違いだ。そして、決済箱に書類が山積みされているが、さすがに算盤はない。

高次が茂を課長に紹介したとき、茂はすぐに頭を深々と下げ、「なにとぞよろしくお願いします」と精一杯の標準語で挨拶した。

「よし、分かった」と課長は応じてくれた。「明日からと言わず、今日からうちで働いてもらおう」と即決した。さすがだ。すぐに大きな声で「係長」を呼び、手招きする。遠くで、「はーい」と返事があり、声の主である小柄な太った男性が入口のほうから急いでやってきた。

「係長、この永尾君に今日からうちの課で働いてもらう。よろしく指導してやってくれたまえ。当分、うちの課の臨時雇い扱いにするから、そのつもりで、よろしく頼む」

係長はすぐさま、「かしこまりました」と、ほんの少しだけ頭を下げた。このやりとりを聞いていた高次は、すっかり安心した表情になり、茂に「それじゃあ、がんばってな」と声をかけて部屋を出ていった。

竹ノ下係長は茂に対して簡単に自己紹介をしたあと、課長席からそれほど離れていない女性の席のほうに茂を連れていった。

「赤ちゃん、よろしく。いろいろ面倒みてやってな」

「赤ちゃん」と呼ばれた女性は茂に向かって、赤木と名乗った。どうやら、この職場の主《ぬし》らしい。この女性に嫌われたら、ここではもうやっていけないだろう。この女性には嫌われないようにしよう。茂は固く心に誓った。

茂は、しばらくこの赤木さんの下で、その補助、つまりは雑用係として働くことになった。なんとか仕事にありつけたわけだ。とてもうれしい。すぐにでも父久平に知らせよう。

赤木さんは、早速、茂を連れて本省内をあちこち連れ回した。雑用を頼むにしても、本省内の位置関係などが分かっていないとウロウロするばかりで仕事にもならない。本省内の各部署をひと通りまわってみる。とても一遍には覚えられそうにない。シーンと静まりかえっている部屋もあれば、人の出入りの激しい部屋もあって、さまざまに様相は異なっている。よーし、早く仕事を覚えて、一人前として認められるようにがんばるぞ。茂は本気で決意した。

4月8日（金）

よく晴れている。風が少し冷たい。株式市場が暴落した。日本銀行（日銀）が台湾銀行に2億円を緊急融資するという法案が国会で否決された。

茂が赤木さんに頼まれた仕事を終えて戻ってきたとき、竹ノ下係長が赤木さんに向かって、小さい声で問いかけているのが聞こえた。

「モラトリアムが発令されたら、俺たちいったいどうなりますかね。またぞろ人員整理なんか始まりますかね。そうなっちゃ困るんですけどね……」

冗談っぽい口調ではあったけれど、竹ノ下係長の目は笑っておらず、真剣そのものだ。

ええっ、何、なに……。モラトリアムって、いったい何のこと……。聞いたこともない言葉だ。茂の知らない用語を駆使しながら二人が真剣に会話しているのを知って、茂は面喰《めんくら》った。

幸いというべきか、赤木さんも何と答えていいのか、分からないようだ。首を傾《かし》げて、「さあ、どうなるのかしらね」と、曖昧《あいまい》な言葉をつぶやいて逃げている。いやはや、世の中には知らないこと、分からないことだらけ、なんだな……。知りたい、分かりたい。そのためには見聞を広めて、地道に勉強していくしかないな、茂はそう思った。

4月11日（月）

曇り。赤木さんから他の中央官庁へ書類を届ける仕事を頼まれた。中央官庁の所在地については赤木さんが簡単な略図を書いてくれた。茂の自慢の一つは、土地勘のいいことだ。歌うほうはまるでダメで、音痴そのもの。音程あわせがまったく出来ない。ところが、一度歩いて通った場所なら、反対方向から進入しても、すぐに、それを察知して、自分の現在位置が分かり、迷うことがない。そうはいっても、今日は前に一度も行ったことのない、他の中央省庁なので、よくよく注意して失敗しないようにしよう。

大手町にある逓信省本省を出ると、周囲には銀行の本店や支店がいくつもある。その一角、通りの向う側に黒山の人だかりが見える。何だろう。少しずつ近づいてみる。騒然とした雰囲気というより、いかにも殺伐《さつばつ》とした感じで、周囲に制服・制帽の警察官が何人か立っている。路上には渋滞しないようにするためか、これまた制服警察官が交通整理している。いったい何なんだ。何が起きているのだろう。

男たちは整然と並んでいるのではない。さらに近づくと、男たちの眼は、まさしく血走っている。手を振り上げ、口から泡を蟹《カニ》のように吹き出している男までいる。よほどの大事が、何か本当に大変なことが起きているのだろう。みると、男たちを騒然とさせている元凶は「東京貯蓄銀行」という看板にありそうだ。どうやら、銀行の窓口に並んで、自分の預けている預金を引き出そうとしていて、おとなしく順番が待てずに騒いでいるのだ。なんで、そんなことで、こんなに焦《あせ》っているのだろう。さっぱり分からない。

茂が書類を無事に相手先の役所に届け終わって部屋に戻ると、柳沢課長が自席から茂を手招きした。

「外の様子で何か変わったことはなかったかい？」

課長から声をかけてもらったことがうれしくて、茂は大きな声で元気よく答えた。

「いやあ、それが大ありなんです」

「ほほう、どういうことかな？」

銀行前の路上で見かけた大勢の男たちの狼狽《ろうばい》ぶりを、茂は息せき切って報告した。

「そうか、銀行の取り付け騒ぎがおさまっていないんだな。やっぱりな」

柳沢課長は予想していたことらしく、冷静に言った。

「当分、この状況が続くだろうな。うん、ご苦労だった」

茂は解放されたので、赤木さんの机のほうに戻った。すると、出入口に近いところに茂が座れるような小机と椅子がこしらえてあった。赤木さんが確保してくれたという。やれやれ、これで、座るところもある。ありがたい。こうやって、今日も無事に終わった。まだまだ慣れない仕事で気をつかって、下宿に帰り着くと、ぐったり疲れていた。銭湯に行ってから早目に寝るとしよう。

4月17日（日）

風もなく、うららかな春の日。若槻礼次郎内閣が総辞職した。台湾銀行への融資が国会で否決されたからだ。

4月20日（水）

今日は朝から風がひどい。代わって陸軍大将でもある田中義一を首相とする内閣が発足した。

4月21日（木）

今日も風がひどく吹いている。十五銀行が休業・閉鎖した。この銀行は明治維新で大きな功績を認められた岩倉具視《ともみ》が華族のために創設したもので、宮内省御用の華族銀行とも呼ばれ、東京五大銀行の一つだ。そんな銀行まで倒産するという状況になって、人々は大変な恐慌《パニック》状態にある。

4月22日（金）

曇り、風が吹いて寒いほど。明日までの2日間、全国の民間銀行が自主的に休業する。そして、田中義一内閣の高橋是清蔵相が3週間のモラトリアムを発令した。モラトリアムとは、債務の支払いを一定期間、猶予すること。とはいっても、全部の支払いを止めてしまったら国民生活がまわらない。それで、国や県など公共団体の債務の支払い、給料・賃金の支払い、1日100円以下の引き出しは制限から除外された。枢密院は全員一致でモラトリアムの発令を認めた。モラトリアムは5月12日までの3週間だ。3週間もの長い支払猶予は世界の金融史上、ほとんど例がないほど長い。モラトリアムは傾いている銀行を政府が救済しようとするもので、政府は銀行に20億円もの貸出を実行させた。

取り付け騒ぎが初めて起きたのは、片岡直温《なおはる》大蔵大臣が3月14日の国会（衆議院予算総会）答弁のなかで「現に、正午ごろ、渡辺銀行がとうとう破綻しました」と失言したため、それを聞いて不安に駆られた人々が渡辺銀行の窓口に殺到し、自分の預金をなんとかしてすぐに引き出そうとした。銀行がつぶれてしまったら、虎の子の預金がなくなってしまう。人々はヒステリー状態に陥った。先日、茂が路上で目撃したのは、この状況だ。4月2日に神戸の鈴木商店が破産したし、昨日の十五銀行の閉鎖もあって、銀行の倒産はありえないものではなく、現実のものだった。

この結果として、銀行の整理が進んだ。1283行もあった銀行が次々に整理され、534行が消滅した。半減したのだ。そして、大銀行に資本も預金も集中した。三井、三菱、住友、安田、第一という財閥系都市銀行が五大銀行と呼ばれ、預金を3割以上、ついには4割近くまで集中させるに至った。

4月24日（日）

目が覚めた。今日は何の予定もない。高次は朝早くから用事があるといって、どこかへ出かけた。よし、今日は浅草六区へ行ってカツドーば観てこよう。このあいだ高次に連れられて浅草の牛鍋屋に行った、その先にあるというのだから心配ない。方向感覚には自信がある。一度行ったところは途中で迷子《まいご》になることはない。

市電を乗り換えて浅草六区に入る。よく晴れた春の日だ。すごい人混みで圧倒されそう。誰かに尋ねるまでもない。向こうに幟《のぼり》が立ち並んでいる。間違いない、あれがキネマ街だ。すごいね、これは……。両側にカツドーを上映する映画館がずらりと並んでいる。まずは端から端まで、人の流れにまじって歩いてみる。

大都劇場、江川劇場、遊楽館、万城館、三友館、千代田館、電気館、金竜館、金車亭、富士館、大勝館そして東京倶楽部……。映画館の前には若い男が立って呼び込みをしている。ばってん、こんな呼び込みなんて必要なかばいた。人々は吸い込まれるように次々に中に入っていく。映画館の入口の両側には、大きなスチール写真が飾られていて、美男・美女の映画俳優が嫣然《えんぜん》とほほ笑んでいる。

そうやんね、今日は剣戟《けんげき》映画の気分ばい。チャンバラ映画にするばい。嵐寛寿郎の「鞍馬天狗」がいま人気らしか。いや、大河内傳次郎《おおこうちでんじろう》の「丹下左膳《たんげさぜん》」もいいかな。さあ、今日は、どっちにするかな……。映画館の薄暗い中に茂も吸い込まれるように入っていく。2階席は1階席の2倍の料金だというので、もちろん茂は1階席。スクリーンの前に舞台があり、その前に楽隊席がある。緑色の笠のついたスタンドの前にヴァイオリン、そして三味線をひく蝶ネクタイした男が見える。

窓の黒い幕が引かれて、場内が真っ暗になる。すると、舞台左手にあるボックスに黒っぽいフロックコートを着た弁士が立って口演を始める。ボックスの前には弁士の名前がしゃれた文字で浮かび上がっている。弁士は活動写真が始まる前に解説を始める。これを「前説《まえせつ》」という。この前説があまり長いと、観客から「分かった、分かった」という声がかかる。もう話を止めて、映画を始めてくれという注文だ。はじめのころの映画はせいぜい20分間ほどのものでしかなかったから、弁士は前説を20分も30分も語って時間を稼いだ。

さてさて、チャンバラ映画が始まる。いやあ、さすがに見事だ。華麗な殺陣《たて》にしびれるばかりだ。「鞍馬天狗」の続きを待ち望む。いやあ良かった、良かった。気分がすっきりした。人々も茂も、満ち足りた思いで映画館を出ていく。

腹が減った。帰る途中にうどん屋の幟を見つけた。うどん屋も満員盛況。東京は、どこもかしこも人だらけだ。東京は不景気だというけれど、浅草は不景気の外にあるらしい。

4月25日（月）

今日もよく晴れている。銀行が営業を再開し、通常の状態に戻ったので、人々は安心した。

モラトリアムが満了するのは5月13日。ようやく市場は平穏になった。

4月27日（水）

晴れ。赤木さんの下の雑用係として、茂は自分でも信じられない失敗をしてしまった。書類の届け先を間違い、別々のところに届けた。宛て先と中味がくい違っていたのだ。よく確かめなかったのが良くなかった。

頭を下げて赤木さんに謝罪したあと、「そりばってんがら、仕方なかったつばい」と忙しかったからと言って弁解しようとした。すると、赤木さんは右手を大きく振って茂を窘める。

「ここでは、そんな方言を使ったらダメよ」

つい九州弁が口から出てしまう茂は思わず赤面した。「分かりました」と答えたものの、それでは何と言ってよいのか分からない。なので、しばらくは「はい」以外は言葉にならず、失語症のような状態になった。

まあ、それでも少しずつ茂は言葉の問題にも慣れていった。

4月29日（金）

晴れ。茂は雑用係の仕事の合い間に算盤の練習を始めた。この簡易保険局の職場でやっていくのには算盤ができないようでは仕事にならない。茂だって三又村にいるとき算盤を扱ったことはある。しかし、ここはみな格段に速い。まるで暗算でもしているみたいだ。なかでも赤木さんは算盤が抜群にうまい。本人も自慢らしく、実際に玉をはじかなくても「空《そら》」で暗算できるという。

「でも、ここでは正確さが一番なのよ。だから、実際は玉を動かさなくてもできるんだけど、念のために玉は動かしているのよ」

なるほど、そういうことなのか。茂は下宿に戻ってからも算盤を動かすようにしてみた。こういうのは、理屈じゃなく、ともかく身体で慣れるのが一番だ。

赤木さんは仕事の手が空いているとき、茂を自分の机のそばに呼び寄せて、帳簿・書類の種類と内容、読み方そして記帳の仕方を少しずつ教えていった。せっかくの赤木さんの厚意を無にしないよう、茂は真剣に取り組んだ。

赤木さんの字は達筆ではあるが、本人の性格をあらわし、とても几帳面で読みやすい。茂は大助かりだ。草書体で流れるような字を書かれると、判読するのに時間がかかってしまう。赤木さんの字なら大丈夫だ。ところが、柳沢課長の字には困った。いったい何と書いてあるのか分からない。茂は本人だって分からないんじゃないの、そう思った。ミミズがのたくったような字で読めたものじゃない。よくぞこれで東京帝大に入れ、高文試験に合格したものだと呆《あき》れてしまう。

竹ノ下係長が「出来る人に字が汚いというのは多いんだよね」と、いかにも困っていると顔を顰《しか》めた。うまい下手《へた》のレベルならまだしも、書かれているものを誤読しないようにしよう。失敗は繰り返さないことが肝心だ。

5月1日（日）

茂は高次の下宿を出て、神田の裏通りで間借り生活を始めた。高次が一緒に探してくれた。神田は学生が多いので、学生向けの安い下宿がある。3畳一間、賄《まかな》いはつかない。寝るだけだ。月3円だから、なんといっても安い。安定した収入が入るようになったら、もう少し広い、せめて4畳半の部屋に移り住もう。

布団は一番安いものを買った。これも高次が付き添ってくれた。東京での買い物に慣れていないので、高次がそばにいてくれると心強い。机も買いたかったが、後まわしにした。八百屋の店先に不要の木箱があるのをゆずってもらって紙を貼り、机と本棚の代用品にした。炊事場と便所は共用。これはどこも同じ。住んでいるのはいちおう勤め人の茂のほか、みんな貧乏学生のようだ。

食事は高次が近くに定食屋を見つけてくれた。学生と労働者が利用する安食堂だ。棚にある皿を手に取って、勘定場のおばさんに代金を支払い、自分の席で食べる。混んでいるときは、まず自分の席を確保しておく必要がある。もちろん、そんなときは相席で、みんな詰めて座って黙々と食べる。

1ヶ月過ぎて、茂も仕事に慣れた。もう書類の届け先を間違うようなへまはしない。いろんなところで出会う相手の顔を覚え、また覚えられたので、仕事は格段にやりやすくなった。とはいえ、仕事の内容は相変わらず赤木さんの下で雑用係として働くだけで、机に向かって何かの事務仕事をしているわけでもない。

5月21日（土）

今日も快晴。仕事をもらいに茂が近寄っていくと、赤木さんが算盤を動かす手を止め、うっとりした目になっている。

「いつか私も、鳥のように空を飛んでみたいわ」

ええっ、何、何のこと……。何を言い出したのかと驚いて茂は赤木さんの顔を見つめた。

「ほら、飛行機に乗って、大空から下界を見おろしてみたいじゃないの。こんな狭くるしい都会を鳥のようにすいすい飛びまわりながら眺めたら、どんなに気分がすっきりすることでしょうね、リンドバーグさんがうらやましいわ」

なーるほどね、やっと分かった。アメリカのリンドバーグが大西洋を無着陸で横断飛行するのに成功し、それが日本でも大きく報道された。でも、鋼鉄の固まりのような重たいものがいったいどうやって空を飛ぶのだろうか。茂はリンドバーグに赤木さんのようには憧《あこが》れない。怖さのほうがどうしても先に立つ。根っからの心配症なのだ。

5月22日（日）

さて、今日もカツドーば観に行こう。曇天で、雨が降りそうだ。今日は浅草ではなく、新宿まで足を伸ばしてみよう。市電に乗って、新宿まで出かける。新宿にも映画館はいくつもあるが、浅草の映画街のようなものはない。あった、あった。武蔵野館を見つけた。木造3階建、タイル張りのおしゃれな外観だ。見てるだけで心が浮き浮きしてくる。

入ると、1階の客席は背のついた長椅子で、きれいな朱色だ。うしろを振り返ってみると、一段高い桝席《ますせき》があり、そこに制服・制帽、そしてサーベル剣を吊した警官が1人、威張った様子で座っている。あとで聞いたら観客の監視を口実とする、警察官の役得《やくとく》の一つとして、無料《タダ》でカツドーを観ているのだという。

スクリーン前のオーケストラボックスから生《なま》のヴァイオリン、ピアノそしてヤロがゆっくり奏《かな》でられると、さざめいていた場内が静かに落ち着いていく。

ここの活弁は徳川夢声だというので期待していると、今日はその名前ではなく、黒紋付《くろもんつき》に袴《はかま》の代役だった。前説は短く、これは徳川夢声の考えで短くなったらしい。すぐにカツドーが始まった。今日もチャンバラ映画だ。大河内傳次郎の「丹下左膳」はシリーズものになっているから、楽しみだ。楽隊席の伴奏も活弁の話を盛り上げる。さすがはプロの仕事だな。観客はお目当ての弁士に野次を飛ばし、弁士も負けじとやり返す。そんな応酬も場内の雰囲気を盛り上げる。

一本目のカツドーが終わって、場内が明るくなると、売店の女性が場内を「えー、おせんにキャラメル」と渋い声をひびかせて呼びかけてまわっていく。空腹を感じた茂はキャラメルを買って、口に放り込んだ。よしよし、次は洋画を観にいくとしよう。外国人の女優は絶世の美女らしい。ぜひとも拝ませてもらいたい。

6月1日（水）

憲政会と政友本党が合同して立憲民政党を結成した。浜口雄幸が総裁となる。

柳沢課長が自分の机で新聞を広げ、声を出して読み上げるのを聞いて茂も知った。その深い意味まで理解できるわけではないが、ともかく耳学問になることは確かだ。課長が新聞を読み上げるときは、なるべく茂は課長席の近くで作業するようにしている。課長は茂が聞いているのを知っても、無下《むげ》に追い払ったりはしない。むしろ茂の向学心を歓迎している気配がある。

7月16日（土）

茂は18歳になった。高次が自分の仕事を終えて、茂の職場にやって来た。神田の洋食レストランで誕生祝いにおごってくれるという。ありがたい。よく晴れていて、風が吹くと涼しい。市電に乗り、二人して神田神保町《じんぼう》の裏通りある小さな洋食レストランに入る。

メニューを示され、「どれがいい？」と訊かれたが、茂には何を選んでいいか分からない。

すると高次が、「今日はライスカレーにするばい」と言った。茂も名前だけは聞いたことがあるが、まだ食べたことがなかった。いかにもハイカラな名前だし、一度どんな味がするのか食べてみたかったので、「うん」と返事した。東京初日の牛鍋は高次にとっても予想以上に高値すぎたらしい。

「いま、東京じゃあライスカレーが大人気じゃけんね。安いし、ボリュームあるけんがら……」

ライスカレーは20銭。ラーメンは10銭だから2倍するけれど、天丼が40銭もするのに比べたら安い。コーヒーは、どこも10銭。

運ばれてきた料理は、平たい大皿にご飯を盛って、そのうえにカレー汁をかけ、匙《さじ》ですくって食べる。カレー汁は口に入れると、ひりひり辛いので、あわててコップの水を喉に流し込んでおさめた。

「ライスカレーなら、新宿でもどこでん、繁華街ならどこだっちゃ食べられるばい」

二人きりだと安心して九州弁で話せる。口中のひりひり感がおさまると、しっかり味わえるようになった。慣れたら、きっと美味しいと思えるようになるだろう。これで茂も東京人に少し近づいた気がした。

7月23日（土）

暑い、暑い。川崎造船所が金融恐慌による経営難を理由として3000人以上の労働者を解雇すると発表した。この発表は労働者側の強い反発を招くのは必至なので、会社側は警察官が厳重に警戒するなかで発表した。

「そりゃあ、労働争議が起きないほうが不思議だろ」

柳沢課長が新聞記事を読み上げながら、つけ加えた。

7月15日、日本共産党は「二十七年テーゼ」をコミンテルンの承認を得て発表した。戦争反対、8時間労働制の実施、など、いくつもの要求を掲げている。

「それはいいとして、君主制廃止まで入っているけど、今の日本には似合わないだろう。こんなの入れて活動できると本気で思ってるのかなあ……」、柳沢課長は、この記事については、最後まで読み上げることはなく、途中から小さいつぶやきにとどめた。

7月24日（日）

雨がしょぼしょぼ降っている。昨日は暑かったのに、今日は夏とは思えない膚寒さを感じる。まるで晩秋だ。

さあて、今日は洋画を観に行くばい。浅草の大勝館が洋画封切館だというのは調べてある。洋画だからといって英語やフランス語を話すわけではない。活弁が日本語で演じるのだから、何の心配もいらない。洋画では主役の男の名前は決まってジミーかトムといい、悪役はロバート、そして女はメリー、なぜかいつもそう呼ばれる。浅草には、もう一つ洋画専門館として東京倶楽部もある。赤坂の葵《あおい》館も西洋物専門だ。ここで活弁の徳川夢声は有名になった。「葵」だから「徳川」と名乗ったのだ。銀座の金春《こんぱる》館はオーケストラが優秀なのが評判だ。

ボックスの楽隊が元気の出る西洋音楽を奏ではじめ、黒いフロックコートの弁士が滔々《とうとう》と口上を述べる。男女の愛の語らい、接吻《せっぷん》の場面になると、胸がドキドキしてしまう。いやあ、本当に西洋の女優は美人だなあ……、茂は口をぽかんと開けて見とれ、ついよだれまで出そうになって恥ずかしかった。もちろん、薄暗い場内だから、誰からも見られたわけではない。

7月25日（月）

梅雨に戻ったかのように朝から雨がしとしとと降っている。

柳沢課長が自分の机で新聞を広げて、いつもより少し深刻そうな顔をしている。どうしたのかな……。柳沢課長が愛読しているのは東京朝日新聞だけど、今日は東京日日新聞を広げている。有名な作家の芥川龍之介が昨日、服薬自殺したという。まだ35歳という若さだ。もったいないことをする、茂はそう思った。

芥川は25歳という若さで花形作家として注目された。天才的な才能があると言われた作家だけに新聞の1頁全面が芥川特集になっている。茂は実のところ芥川の作品をまだまともに読んだことがないのが恥ずかしい。どれかは読んだと思うのだが、論評できるほど読み込んではいない。柳沢課長も芥川も同じ東京帝大卒で、芥川のほうがひとまわり年長なので、お互いに面識はないという。

「なんとも惜しいことをした」と、柳沢課長は繰り返し同じことを言った。

芥川はこのところ不眠症で、ずっと眠れなかったらしい。新聞によると、この1月に芥川の実姉の夫の弁護士が、自宅を放火した疑いをかけられて鉄道自殺したという。

芥川はいくつもの遺書を書き残し、大量の催眠薬（ヴェロナールとジャール）を飲んで自殺した。「唯ぼんやりした不安」と書き残しているというのが茂にも強烈な印象を与える。そんなことで自殺するのか、やはり天才って凡人とは違うんだな……。茂には天才の内面の心の動きをまったく想像できない。

赤木さんが柳沢課長の席のそばに立っている。熱烈な芥川ファンで、いろんな本を読んでいるという。

「とくに印象に残るのは、なんといっても『羅生門《らしょうもん》』です」

茂は、まだこれも読んでいない。いかんな、早速読んでみよう。赤木さんは立ったまま柳沢課長と話している。

「早熟だったらしい。なにしろ小学生のときに同級生と回覧雑誌を始めたというんだからね……」

「それはすごいですね」

「一高から東京帝大、その英文科にいながら、和漢洋全般に通じていたというんだから、すごいよね」

「古典も日本だけじゃないんですね」

「夏目漱石から絶賛されたというのも有名な話だよね。大変面白いとか、文章が要領を得て、よく整っている、上品な趣きがある、とか……」

「あの夏目漱石から絶賛されたっていうのは、すごいことですよね。見直しましたわ」

赤木さんは、うっとりした眼つきになっている。これじゃあ、しばらく仕事にならないな、茂は余計な心配をした。

「芥川龍之介の『羅生門』を読んで、人生を改めて深く考えさせられたの」。自分の席に戻った赤木さんは、うっとりした目つきで茂に向かって話しだした。

「荒れ果てた羅生門のところで下人《げにん》が飢え死にするか盗人になるか悩んでいたとき、老婆が髪の毛の長い女の死骸から1本1本、髪を抜いている。そんな情景描写はあまりに真に迫っているし、ついに、下人がその理由《わけ》を語った老婆の着物を剥ぎとり蹴倒して去っていくなんて、すごいのよね、私には想像も出来ない展開だわ」

茂はまだ『羅生門』を読んでいないというのを白状できず、ただただ恥ずかしい思いだった。その様子を見てとってか、赤木さんが急に話題を変えた。

「そんな天才的な文才を、誰でもが初めから受け容れたわけじゃないのよ、知ってたかしら」

ええっ、そうなのか、夏目漱石が激賞したというから、世の中全般に受け容れられたと思ったんだけど……。

「やっぱり、嫉妬《しっと》よね。二十歳《はたち》そこそこの若造《わかぞう》の書いたものを手放しで認めるわけにはいかないっていうんで、文壇では芥川龍之介をけなすのが大流行したの。おかしな話よね」

赤木さんの話を聞いて、世間というのは一筋縄ではいかないところなんだな、茂はそう受けとめた。

茂の狭い下宿は風通しが悪いので、暑苦しい。帰ったら、すぐ窓を開け放つ。寝るときも開けっ放しだ。泥棒が入ってくるなんて心配は無用。盗られて困るようなものは何もない。少しばかり本があるけど、誰も本なんか持っていかないだろう。開けっ放しにしておいて困るのは蚊だ。これには本当に困る。寝るときには蚊帳《かや》を吊る。暑苦しくはなるが、蚊に襲われるよりは、まだまし。

8月23日（火）

お盆が過ぎても、まだまだ暑い。アメリカでアナーキスト（無政府主義者）の2人がついに処刑された。2人は、サッコとヴァンゼッティというイタリア系の移民。

処刑するな、2人の命を助けようという動きは世界中に起きていて、日本でも声は上がっていたのに……。柳沢課長の読み上げる新聞記事で、茂も知っていた。

「どうやら本当に無実だったらしい。権力もむごいことするな……」

柳沢課長がぼそっと、つぶやいた。でも、本当に無実というのがありうるのか。裁判所は証拠にもとづいて死刑判決を下したはず。裁判所が間違った死刑判決を下すなんて、茂には信じられない。

●自転車と玩具●

茂は他の官庁に何かの書類を届けるときには、逓信省にある自転車を使っている。東京の町なかでは自転車が走っているのをよく見かける。自転車の生産台数は急上昇していて、1928（昭和3）年の生産台数12万台が、1933（昭和8）年には66万台、1936（昭和11）年に100万台に達した。ついに日本の輸出品目の主力商品となり、とうとうイギリスのお株《かぶ》を奪った。モノマネが得意な日本の技術力は、それなりのものがある。

同じように、玩具《オモチャ》も輸出高2600万円（1933年）だった。セルロイド製も、金属製もどちらもあり、電気仕掛けで動いたり、日本人らしい細やかな工夫がしてあるので、輸入した国で評判となり、伸びていった。

9月16日（金）

秋雨《あきさめ》が降り続いている。なんだか、うっとうしい気分だ。千葉県銚子市にある野田醤油に働く総同盟組合員1500人が賃上げと団体協約の締結などを求めて同盟罷業《ストライキ》に突入した。

野田醤油は銚子市の野田町にあり、日本全国の醤油の2割、300万樽を生産している。野田町長は社長の茂木家が占め、茂木家は「野田貴族」と呼ばれる。会社はそれまでの争議に敗れていたことから、労働組合の存在を憎悪した。なので、新設した第17工場に就労させた従業員320人からは、労働組合には加入しないという誓約書をとった。

この争議は第17工場の操業を止められるかどうかが鍵《カギ》だったので、労組側は、体当たりで従業員（非組合員）が入構するのを阻止した。すると、会社は暴力団を雇って投入してきた。暴力団の介入によって負傷者が続出する。そこで、争議団は、自分の子どもたち小学校児童546人の「同盟休」を断行した。

9月19日（月）

曇り。富山県で電灯料の値下げを求める運動が起きて、全国に波及した。大正時代の米騒動のように全国に広がるのだろうか……。

9月25日（日）

晴れ、残暑を感じるほど。普通選挙による初めての地方選挙が実施された。茂の父久平も無事に村会議員に当選したのを、久平からの手紙で知った。

10月10日（月）

今日は一日快晴。茂は算盤のほうは速くなったので、次は暗算だ。赤木さんに秘訣を教えてもらって、ともかく練習する。何万何十万円という数字の加減乗除を暗算でやる。一生懸命練習しているうちに、赤木さんほどうまくはないが、少しずつ自信もついてきた。

職場の階級差は歴然としている。茂もいつまでも最下層の下っ端でいたくはない。なんとかして、這《は》い上がらないといけない。そのために必要な上司へのごますり。これは苦手だ。なかなか簡単ではない。すると、能力を身につけるしかない。

帝大卒は、どうやら独自の情報網があるようだ。私学出身は、そこで出遅れてしまう。講習所出身だと、さらに大学出とは違った扱いを受ける。

みんな人事にすごく関心を持っている。上昇志向が強い。いわば上を向いて仕事をしている。学歴とは別に、出身階級による格差もある。茂のような「ドン百姓の倅《せがれ》」はまあ一番下。都会の金持ちは、地主だったり会社経営したり、みな着ているものから全然質が違う。この格差はあまりにも歴然としていて、どうしようもない。

11月19日（土）

寒さを感じるようになってきた。名古屋の練兵場で陸軍特別大演習があり、その終了時の観兵式のとき、北原泰作2等卒が天皇に直訴した。北原2等卒は「直訴、直訴」と叫び、右手に銃を持ち、左手に直訴文を持って、右足を地につけるという、厳格な折敷という沈着な姿勢での直訴を決行した。

北原が訴えたかったのは、軍隊内の部落差別の存在と解消。北原は全国水平社の岐阜県委員長。この直訴によって北原は師団軍法会議で懲役1年となり、姫路の陸軍刑務所に収容された。

このあと、半年あまりの間に8件もの直訴があり、直訴の時代と言われた。

11月25日（金）

晴れ、風が静かに吹いている。岐阜県一色村での争議のとき、農民が地主宅を襲撃した。赤木さんが茂に小作料の実情を教えてくれた。「小作料って、実収穫高の5割が全国平均なの。ところが、秋田とか東北地方では6割が普通だっていうのよ。それで、小作争議の結果、5割に下がると『刈り分け』といって、『勝った』って小作人が喜ぶんだって。

そして、問題は率だけじゃないの。地主に納めるのは『精選上等米』に決まっていて、小作農民に残るのは、中等下等の屑米《くずまい》なのよ。そのうえ、検査用の『上等米』が別にとられるし、苗代、肥料代、種籾《たねもみ》代、田植・除草・稲刈りで頼んだ男女の雇い賃金を負担しなければいけないわ。このほかにも、稲杭、農具、俵づくりにお金が入り用になるのよね。だから、小作農民って、農作のときでも屑米に雑穀を混ぜて食べているのよ。凶作になったらそれすら食べられない、悲惨な状況になるわ。

ところがね、もう一方の地主のほうは、ちょっとした大地主だと、240町歩を小作に出したら1万俵（今のお金で7700万円）が入ってくるの。地租の税金はすごく安いので、地主はまさに左団扇《うちわ》よね。

問題はもう一つあるの。小作契約って、形は自由契約っていうけれど、その実際は、地主の利益のためのものなので、いつ田を取り上げられても、決して異議は言いませんと約束させられるのよ。そして、裁判所も、それを認めてるわ。『たとえ先祖代々、耕作してきた田であろうと、小作人に小作権を主張する権利はない』なんていう判決が出てるの。

それで、小作料の支払いが遅れたら、1ヶ月に2歩《ぶ》の利子をつけろ、督促人が行ったら、その宿賃と日当分を現金で支払え、納める場所が遠くても馬車賃などの費用は小作人の負担。小作契約どおりに実行しないときには、催促なしで田を取りあげる、そうなってるのよ……」

いやはや、聞きしにまさるひどい内容だ。三又村で、こんなひどい話は聞いたことがない。茂は、自分が知らないだけなのか、自問自答した。

赤木さんは最後にこう言った。「小作していた農民が田を取りあげられると、すぐに別の農民が地主のところに『小作人にしてくれ』と頼み込みに行くのよ。小作人同士の連帯なんてないの。これじゃあ、地主が笑うばかりよね」

うーん、貧しい小作人が団結するって、難しいことなんだね。

12月11日（日）

晴れ、今日は少し暖かい。中国の広州で武装蜂起が起きた（広州コンミューン）が、南京の国民党政府によって弾圧された。

12月18日（日）

朝早くは雪が降っていたが、やがて雨になった。茂が夜、下宿で大家さんのラジオを聴いていると、ジンタ、ジンタ、ジンタカタッタと陽気な吹奏楽が始まった。なんだか楽しそうな雰囲気の番組だ。徳川夢声の「漫譚《まんだん》ジンタ」だ。夢声が映画館の活動弁士として有名なことは茂ももちろん知っている。そうか、映画館だけじゃなくて、ラジオにも出ているのか、たいしたものだ……。

ジンタとは吹奏楽による市中音楽隊のこと。夢声はときに33歳、その声は変幻自在、ときにしんみりホロリとさせ、また腹をかかえるほどのおかしさで、茂は久しぶりに大笑いした。すっかりいい気分になった。

これはホンモノの徳川夢声の活弁を聴きに行かんといかんばい。今度の日曜日は、またカツドーを観にいこう。茂は映画を観ることを決めると、幸せな気分に浸った。今夜はぐっすり眠れそうだ。

12月24日（土）

初めての東京の冬はそれほどでもないなと思っていると、今日は北風も吹いて、やはり寒い。布団が凍えるほど冷たい。

だから、寝る前に炊事場でお湯を沸かし、湯たんぽを仕込んで布団に入れておく。湯たんぽは亀の子型の、ブリキ製で、表面が波うっている頑丈なもの。波形が表面にあるため、寝呆け眼で間違って踏んづけても、どうってことなく、心配不要なのが助かる。あまりに寒いときには湯たんぽを早目に用意して、膝の上に置いたり、足元に置いたり、ときどき置く位置を変えてみる。朝、目が覚めて、顔を洗うとき、洗面所まで湯たんぽを持っていって、そのお湯で顔を洗う。これで、スッキリ、シャキッとする。

銭湯は7銭という安さだけど、茂の下宿から少し離れているため、帰る途中で身体が冷えてしまうのが困る。散髪料は40銭だから、月に1回なんて贅沢すぎるよな。

1928（昭和 3）年

法政大学高等師範部
国語・漢文科

長 尾 茂

1月21日（土）

晴れ、風が強い。民政党が内閣不信任案を上程しようとすると、政友会の田中義一内閣は、対抗して衆議院を解散した。

1月24日（火）

雨が止んで、少し暖かくなった。東京帝大で学友会の運営をめぐって左翼の新人会と右翼の七生社の対立が激化している。学友会は結局、3月29日に解散させられた。

柳沢課長が新聞を読み終えて、「もはや、わが帝大も安穏《あんのん》とはいかないようだな」と、小さく一人言《ひとりごと》をつぶやいた。

2月9日（木）

茂が終業を前に帰り支度をしていると、同僚であり先輩でもある堀之内がそっと近寄ってきた。まだ20代前半で独身の身軽さもあって、あちこちから情報を仕入れてくるのを得意としている。

「おい、茂。今晩、暇《ひま》だろ。いいところへ連れていってやるよ」

たしかに茂は、このあと何の予定もなく、暇だ。堀之内の「いいところ」って、どんなところだろう。好奇心が勝って、茂は何も訊かずに黙って堀之内のあとに尾《つ》いていくことにした。

よく晴れていて、春の気分だ。

堀之内と一緒に市電に乗って向かった先は、料理店でも劇場でもなく、本郷にある仏教青年会館。すでに会館の前にはたくさんの人が集まっている。不思議なことに女性は見かけない。男も若い人がほとんどで、多くは学生服姿。そうでない者はたいていカンカン帽をかぶっている。

会館の前の看板を見て、無産政党の演説会が開かれるのが分かった。そうか、堀之内は政治にも関心があるのか……。

「今日は社会勉強なんだから、黙ってじっとおとなしく聞いてろよ」

堀之内が茂の耳元で小さく囁《ささや》いた。茂は政談演説会なるものは初体験だから興味津々《しんしん》だ。

これまで日本の国会は金持ちのものだった。選挙権があるのは、直接国税を10円以上納税している人だけに限られていた。それを今度は25歳以上の男子日本人なら、納税額は問わず、誰でも投票できることになった。そのため、有権者は300万人だったのが、一挙に4倍近い1250万人になった。さあ、どげんなるとやろか。

茂自身はまだ18歳なので、選挙権はない。演説会に女性を見かけないのは当然のこと。女性は年齢に関係なく排除される。国の政治を決めるのは男性であって、女性は男性が決めたことに従うだけの存在と考えられている。そして、普通選挙が実施されるのと抱き合わせで、政府に楯つく左翼を取り締まるための治安維持法も実施された。支配層も、そこはよくよく考えている。

茂たちは早目に着いたので、会場内に入って椅子席に並んで腰かけることができた。ところが、参加者が続々やってきて、やがて会場内の席は満杯となり、うしろは立ち見になった。かなり前宣伝が効《き》いているようだ。

会場正面の演壇のすぐ脇に、サーベルを腰に下げ、胸に金モールをつけた制服の警官が1人、いかにも威張った様子で、胸をそっくり返して座っている。

「あの警察官を、臨官《りんかん》と呼ぶんだ」と堀之内が茂の耳元に口を近づけて、また囁いた。よく見ると、舞台の袖《そで》にも制服の警察官の姿が何人かいるのが見える。舞台で何事か起きたら、すぐに飛び出せる態勢だ。

開始時間になった。司会が演説会の開始を宣言し、一人目の弁士が話を始めた。一人目は若いが学者のようだ。貧乏人が増えている原因は何か……、政府の政策に問題があると弁士が政府批判を始めたとたん、「弁士注意」と、演壇そばの金モールの警察官が大声を張り上げた。それでも弁士はかまわず話を続ける。

「政府は財閥資本家と軍部当局者に牛耳《ぎゅうじ》られている……」と弁士が言ったところで、「弁士中止」と金切り声がかかった。弁士がひるまず「政府は帝国主義戦争を遂行……」と話し続けていると、舞台の袖に待機していた警察官5人ほどが演壇に向かって突進してきて、弁士を取り囲み、舞台の奥へ引っぱっていった。聴衆はそれを見て憤激し、「警官、横暴」、「弁士の話を聞かせろ」と野次を飛ばす。壇上の金モールの警察官は慣れたもので、平然として動揺するそぶりも見せない。

「次の弁士」

次の弁士が登壇し、演壇に両手をあてて話しはじめる。今度は労働者だな。これから話は佳境に入ると茂が思った矢先、同じように、「弁士注意」が入り、ついには「弁士中止」というパターンが繰り返される。これは呆《あき》れた、これはひどい干渉だ、ひどすぎる。これって明らかに演説会つぶしだよな。茂の正義感が許さない。次に「弁士中止」の声がかかったとき、茂は思わず、「警官、横暴」と大きな声を張り上げた。自分では、それほど大声を出したつもりではなかったが、周囲にいた人々が振り返ってみな茂に注目した。それに気がついた堀之内が茂の服の袖を引っぱり、口に手を当てる仕草《しぐさ》をした。

結局、最後まで話を全部終わらせられた弁士はいたのか、いなかったのか……。もっとも、弁士の話は茂にとって初めて聞く話であったり、難しすぎる話も多くて、その全部を理解することはできなかった。これには、弁士のつかう用語が難解なことが多いということにもよる。

それでも、今の政府は金持ちのことしか考えていない、茂のような、お金のない人、貧乏人のことを考えた政治をしているとは思えない。そこは、茂の日頃の生活実感にあい、共感できるところが少なくない。

弁士の話に茂が耳を傾けていると、横のほうから伝単《ビラ》がまわってきた。なんと「日本共産党」と書いてある。会場内にいる誰かがこっそり持ち込んで、まわしたようだ。

共産党は2月1日に非合法の中央機関紙「赤旗《せっき》」を創刊していた。この当時、共産党員は日本全国で400人ほどとみられている。このころ、共産党の党員になるのは難しかった。厳選主義だ。それでもスパイの潜入は防げなかった。

治安維持法は「国体の変革」を目ざす活動、そして私有財産制度を否認する活動を一切禁止している。「国体」、つまり天皇制、世襲君主制と言ってもいい、に反対したり、国民主権を目ざすような活動は違法として、直ちに検挙される。ましてや、社会主義を志向したり、自由と民主主義を目ざす活動はすべて弾圧の対象となる。ところが、共産党は、これら二つに真向から挑んでいる。なので、そんな共産党の名前で主張を伝える伝単を持つこと自体が恐ろしい。茂は身震いしながら、素知らぬ顔をして隣の人、堀之内の反対側の人に手渡した。もらった人も発行人を見て一瞬ぎょっとした顔をしたものの、こっそり読んでいる。

演説会が終わって、堀之内と2人して、市電の停留所に向かう。十分に消化しきれない思いが残ったけれど、茂にとって、世の中に目を開かせる機会になったことは間違いない。東京は、やはり刺激的なところだ。歩きながら、堀之内に素直な気持ちから「今日は誘ってくれてありがとう」と丁寧にお礼を言った。すると、堀之内は、真顔で応じた。「まあ、深みにだけははまらないようにしてくれよな。俺が今夜の演説会に誘ったおかげで茂の人生を間違えさせた、なんて言われたくないからな」と、これまた素っ気ない先輩口調で返してきた。そうか、堀之内自身は活動家ではないんだな、茂はそう受けとめた。

2月10日（金）

朝、職場に顔を出すと、柳沢課長が茂を手招きした。

「昨夜《ゆうべ》、堀之内と一緒に演説会に行ったんだってな。まあ、洗礼を受けたことになるかな。くれぐれも深みにはまらないよう、用心してくれたまえ」


ええっ、どうして課長が昨夜のことを知ってるんだろう。堀之内が言ったのか、なんでかな。不思議な気がする。それにしても「洗礼を受けた」だなんて、キリスト教の信者になったというのでもないのに、なんで、そんなふうに言われるのかな、よく分からない。それはともかく、政談演説会に参加したこと自体について課長が茂を咎《とが》めるというわけではないことも分かって、少し安心した。

2月21日（火）

外は早くも春風が吹いている。20日の衆議院議員選挙の結果を柳沢課長が自分の机で新聞を大きく開いて声を出して読んでいる。いつものことながら、黙読より音読のほうが頭によく入るという。幼いころから『論語』の素読《そどく》に慣らされていたかららしい。今朝は、みんなに聞かせたいと思ってなのか、いつもより読み上げる声が大きい。

「無産政党から8人も当選しているぞ。これは驚いたな。あわせて49万票だ。有権者の5％も獲得しただなんて、すごいことだよ」

労働農民党が19万票とり、京都1区で水谷長三郎弁護士、京都2区で山本宣治が当選した。

「京都って、左翼が強いんだね。古都のまちなのに、新しいもの好きなのかな……」

これも柳沢課長のつぶやきだ。無産政党から合計して88人も立候補した。そのうちの11人が共産党員で、また、自由法曹団の弁護士が9人もいる。立候補するには供託金が2000円（今の1000万円）も必要だから、広くカンパを集めて供託したのだろう、きっと。

「いやあ予想外に善戦したよな、無産政党は……。ともかく選挙干渉はひどかったらしいのに」

柳沢課長が本心から選挙結果に驚いていることがよくよく伝わってきた。当選者の内訳では、政友会が217議席で、かろうじて第一党になり、次いで民政党が216議席と迫仲している。

2月28日（火）

大阪府の九条会館での労農党主催の「総選挙批判演説会」において、脱営してきた水平社理事でもある中村甚哉が軍服姿・帯剣のまま出席して演説した。

中村は入営して9日目で脱営した。そして、「兵士に政治的自由を与えよ」、「軍隊内の差別を撤廃せよ」と叫び、その場で逮捕された。

3月6日（火）

昨日、3月には珍しく東京に大雪が降った。今日も雪が残っていて、子どもたちが小さな雪ダルマをつくって遊んでいる。

茂は自分も新聞を読みたいと堀之内に相談した。堀之内は、それなら新聞縦覧所を利用したらいいと教えてくれた。有料だけど、高くはないという。茂は下宿の近くに新聞縦覧所を探し出した。

3月12日（月）

神田の岩波書店につとめる少年店員80人と、その向かいにある書店「巌松堂」の少年店員42人が呼応して、同時に同盟罷業に突入した。書店の少年店員のストライキは珍しいので、世間の注目を集めている。

茂の下宿からは歩いていけるところなので、逓信省の仕事を終え、いい天気だったから歩いて見物に出かけた。店の前はちょっとした黒山の人だかりができている。少年店員の訴えを聞いた通行人はたいがい少年店員たちに同情する。

きっかけは巌松堂につとめる少年店員の1人が年長の店員から殴られたことにある。日頃の恨み、不満が爆発し、向かいの岩波書店の少年店員を巻き込んで大騒動になった。少年店員の求める待遇改善要求は、臨時雇制度の廃止、時間外手当の支給、宿舎は1人1畳ではなく1人

2畳とする、玄米飯をやめる、8時間労働制、月3日の休日、殴った者の解雇、店員を「どん」づけで呼ばない、などだ。

どちらの店も少年店員たちの結束は固く、5日後の3月17日、両書店の経営陣が少年店員の要求を基本的に受け入れ、終結した。それを知ったとき、茂も同世代のことなので、素直に喜んだ。

3月16日（金）

晴れあがって春の陽気も感じるが、吹く風はまだ冷たい。先ほどから柳沢課長は机上の電話で誰かとひそひそ、小さい声で話している。いつになく長電話だ。ようやく電話を終えると、竹ノ下係長を手招きして呼び寄せた。二人で同じようにヒソヒソと話している。いったい何事だろうか……。

竹ノ下係長がそばを通りかかったとき、赤木さんが係長を呼びとめた。いったい何が起きているのか……。まだ世間には公表されていないけれど、共産党員が昨日の早朝から、全国一斉に検挙されたという。

さすがに課長は情報が速い。竹ノ下係長は赤木さんに話したうえで、「これは口外禁止だ」と付け加えた。口外禁止といっても、すでに茂にまで伝わっているんだけど……。ともかく、見知らぬ人にまで話したらいけないということなんだろう、茂はそう解釈した。

3月17日（土）

終業後、茂が帰る仕事をしていると、堀之内が声をかけてきた。みると、赤木さんも一緒だ。

「いいところに、一緒に行かないか」

この前は演説会だったけれど、今度は何だろう。赤木さんも一緒に行くというのは、何なのか、何があるんだろう。3人で市電に乗って向かった先は上野だった。ここで地下鉄なるものに乗ろうというわけだ。茂も昨年12月30日に東京で地下鉄が営業を開始したというのは、もちろん知っていた。でも、地下を電車が走って大丈夫なのかな、暗い闇のなかを走って乗客は怖くないのかなと、少し怖じ気《おけ》づいていた。それが今日は、3人で一緒に乗るという。それなら安心だ。営業初日は午前6時の始発の前から乗客が殺到し、午前中だけで4万人が乗車したという。上野から浅草までの2・2㎞を5分足らず（4分50秒）で走る。運賃は10銭（今の60円）、コーヒー1杯分だ。改札口で10銭硬貨を投入すると、鉄棒が回転して中に入れる。

ロンドンの地下鉄は蒸気機関車だったので、排煙に悩まされたらしいが、東京は電気式だから問題ない。珍しい乗り物に茂は大満足。弟妹たちへのいい土産話ができた。浅草で降りたけど、もう1回乗って、上野に戻った。

「地下鉄に働く人たちって、一日中、あの粉塵《ふんじん》の多い地下にいて、地上の太陽を浴びることはないんだよな……」。堀之内の言葉に、茂はハッとした。

3月19日（月）

暖かくて、風も気持ちがいい。毎日の仕事にも慣れ、茂は課内の人間関係を少しは認識できるようになった。柳沢課長はまだ20代、恐らく25歳くらいだろう。東京帝大卒なので、高文行政科試験に合格して3年目くらいで課長になり、これから、省内のあちこちのポストを経験して出世していくはずだ。机に向かっているときは決済書類を素早く処理し、課として取り組むべきことをテキパキ指示すると、机上の電話で話し込んだり、また離席して省内をあれこれ巡回して調整してまわっている。さすがに切れ者の能吏そのものだ。

その下にいる竹ノ下係長は逓信省講習所の出身、いわば叩き上げだ。30歳すぎ、恐らく35歳くらいで、既婚、上昇志向が強い。机上には東京帝大などの講義録がいつも何冊か積み上がっていて、実際にも仕事そっちのけで省内の昇格試験のための勉強に忙しい。これに対して堀之内は20歳代前半だが、逆に上昇志向がまったく感じられない。その日を無難に過ごせばいいというタイプだ。かと思うと、いろんなところから情報を仕入れてきて、それを受け売りしている。好奇心がかなり強いということか……。

女性の赤木さんは40歳前後。結婚に失敗し、今は独身らしい。課内では貴重な戦力なのだが、いかんせん女性なので、出世競争とは無縁の世界に否応なしに置かれている。その不満がときに噴出する。そんなときは茂は同感だと思いつつも、あからさまに同調するのは控えざるをえない。本人いわく、夢みる文学少女だったというけれど、それは決して過去完了形ではないだろう。芥川龍之介にかぎらず、いろんな作家の本を読んでいることが少しずつ見えてくる。茂にとっては貴重な人生の先達《せんだち》の一人だ。

3月20日（火）

外は南風がひどく吹いていて、暖かい。柳沢課長が昼休みに戻ってきた茂を手招きして声をかけた。

「永尾君、きみはまだ若いし、大学に行って勉強したらどうだい」

なるほど、そのとおりだ。茂も、このところそれを考えないではなかった。仕事に慣れてきたとはいえ、それは所詮《しょせん》、赤木さんの下の雑用係の域をこえるものではない。責任ある仕事をまかされているとは決して言えない、いわば下働き、補助作業でしかない。ここ官庁の世界では上下関係がはっきりしているし、学歴が強烈にモノを言う。

柳沢課長は、夜間に通える法政大学が身近にあることも教えてくれた。そうか、それなら昼間の仕事を終えてから授業を受けることができるわけだ。神田にある法政大学は、学費もそれほど高くはない。久平に少しばかり無理をかけることになるけれど、なんとか頼み込んでみよう。茂は中学卒業の資格しかないから、いきなり大学に入学することはできない。なので、まずは高等師範科に入ることにする。教員免許を得ておけば、将来、食べることに困ることはないだろう。実際にも、この資格を生かして茂が代用教員として働くことになったのは、後で紹介する。実は、まだ三又村にいるとき、茂は高等師範学校の入試を形だけ受けたことがある。このときは久平から求められたから、まったく入る気はなかったけれど、入試会場に行ってはみた。その気がないから、ほとんど白紙答案を出したので、見事に不合格となった。これも、久平に上京するのを認めてもらうための茂なりの作戦だった。

だけど、今度は違う。本気で、俄《にわ》か仕立てで受験勉強した。願書を出して補欠の入試試験を受けた。中学まではちゃんと真面目に勉強している茂にとって、それほど難問ということはない。やがて、なんとか合格証書が届いた。

4月7日（土）

4月から銀行が土曜日を半休にするようになった。土曜日の昼に号砲を撃っているので、これを半ドンと呼んだ。この日は晴れていたのが、曇ってきた。

4月9日（月）

法政大学の高等師範部国語・漢文科に茂は入学した。夜間部だ。授業は夕方5時に始まる。職場の前から市電に乗って大学に向かう。課長の了解を得ているから、早退して授業に間に合わせる。朝から曇天だったが、幸い雨は降っていない。

夜9時に講義が終わると、また市電に乗って下宿に戻る。少し頭を冷やして帰路に復習しようと思ったときは市電に乗らず、下宿まで歩きながら、頭の中で講義を繰り返して再現してみる。大学で知りあった学友たちと連れだって、市電で、あるいは歩きながら談笑しつつ下宿に戻ることも少なくない。

茂の学友は日本全国、いや遠くは朝鮮そして中国からも来ている。中国人の留学生は５００0人、朝鮮からは３万人が日本に来ている。学生食堂には、そんな朝鮮人や中国人の学生もよく見かける。茂も大いに刺激を受け、世界がどんどん広がっていく気がして、毎日が新鮮だ。

4月10日（火）

外は春雨がしょぼしょぼ降っている。政府が三・一五事件についての報道解禁とあわせて労働農民党（労農党）、日本労働組合評議会、日本無産青年同盟に対して治安警察法８条２項にもとづき解散処分に付したことを発表した。日本共産党の大衆団体にあたるからという理由だ。同じく、政府は全国の大学で活動している社研（社会科学研究会）の解散も命じた。

4月11日（水）

昨日までの雨が上がり、今日は朝から青空の見える快晴となった。気持ちのいい春到来だ。ところが、やって来たのは暗い知らせだった。

夕刊が早目に届いた。柳沢課長が夕刊を広げて、「おおっ」と大きな声を上げた。ちょうどすぐそばにいた茂は何事かと課長を注視した。三・一五事件について報道が解禁され、大きな記事となっている。帰り仕度をしていた柳沢課長は自分の席に座り直して、いつもより大きな声で、いやときどき黙読して、記事を熱心に読んでいった。

「共産党の一大陰謀が発覚」、「天下共に許さざる」、「不逞狼藉《ふていろうぜき》、言語道断《ごんごどうだん》の輩《やから》」とあり、さらに「起訴400人に上らん。なお逃走中の首魁《しゅかい》、多数」とある。いかにも、おどろおどろしい耳慣れない漢語が羅列していて理解に苦しむほどだ。

いつのまにか近寄ってきていた堀之内が茂に「一大陰謀だとか言われると、何だか怖いよね」と小さい声で話しかけてきた。まったくそのとおりだ。日本共産党ってそんなにたいした一大秘密結社なのだろうか……。茂にとって、2月に参加した無産政党主催の政談演説会で聞いた話は共感できるところが多かった。でも、こんなふうに「不逞」とか「陰謀」とか決めつけられると、反発を覚えるより先に怖いから、もう関わらないでおこうという気になってしまう。

●治安維持法●

3月15日に検挙された人は1600人というが、裁判所の勾引《こういん》状や捜索令状といった正式の令状をとったのはごくわずかで、大半は令状なしの逮捕であり、捜索だった。「承諾勾引」「承諾留置」「承諾捜索」そして「行政検束」といい、「承諾」があるとして警察は「任意」に好き勝手なことをした。これで一体、法治国家と言えるのだろうか。違法じゃないとしても、脱法行為だろう。つまるところ見込み逮捕だったので、その3分の2は、まもなく釈放された。でも、残る3分の1は……。

正式な発表では1道3府27県で、1568人（このうち正式な勾引・逮捕令状は、わずか15人のみ）が検挙された。東京地裁検事局と警視庁が合同して企画・指導し、全国の特高係が動いた結果だ。起訴されたのは、うち525人。自由法曹団に所属する弁護士も5人が連行・検挙され、うち3人が起訴されて裁判にかけられた。柳沢課長が捕まった弁護士5人の名前を読み上げているとき、その1人は個人的なつながりがあるようなことをふと洩《も》らした。

「アカ」は、天皇陛下に対する「大逆」の「陰謀」を試みる兇悪「思想犯」という世論操作が次第に効果をあげている。堀之内が茂の机に通りかかったとき、周囲を見まわして声を潜《ひそ》めて囁いた。

「なんでも80人くらい警察が虐殺したたって話まであるらしいぜ」

ええっ、ま、まさか……。この世の中でそんなことが起きているなんて、茂にはまったく想像もできず、驚きのあまり声も出ない。

思想犯担当の戸沢重雄検事は部内の講演において、この検挙は、いわば共匪討伐《きょうひとうばつ》といったようなものであり、「現在の政権を積極的に擁護伸長せんとする判事、検事、警察官、刑務所、軍隊など、すべての機関は、相互の間にもっとも密接なる連絡と協調のうえ、共同戦線をはって、一つのチームとして活動し、団体的な英雄主義を発揮しなければならない」と強調した。

「思想検察」という言葉があり、「司法部における戦闘部隊として、思想取締の第一線に立つ者として、治安の確保という戦争のために必要な弾丸・兵糧その他をどしどし供給させられたい」とし、「思想国防」とか「思想戦のトーチカ」とか、ともかく勇ましい言葉で煽《あお》り立てる。

これは検事だけではない。判事のほうも同じだ。東京地裁で三・一五事件、四・一六事件の統一公判の審理を担当した宮城実裁判長は、「こういう事件では、敵の陣営と味方の陣営とまったく分かれる。したがって、刑務所、裁判所、検事局、警視庁、みな一丸となって国家権力を発動して、これにあたる必要がある」と講演した。

小林多喜二は、三・一五事件で捕まった人々に対する特高刑事たちの拷問の状況を当事者に取材し、『戦旗』11月号に発表した小説『一九二八・三・一五』で次のように描いた。

「渡は裸にされると、いきなりものも云わないで、後から竹刀《しない》でたたきつけられた。力一杯になぐりつけるので、竹刀がビュ、ビュッとうなって、その度に先がしのり返った。彼は、ウン、ウンと、身体の外面に力を出して、それに堪えた。それが三十分も続いた時、彼は床の上へ、火にかざしたするめのようにひねくりかえっていた。最後の一撃がウムと身体にこたえた。彼は毒を食った犬のように手と足を硬直さして、空へのばした。ブルーッと、痙攣《けいれん》した。そして、次に彼は気を失っていた」

「次に、渡は裸にされ、爪先と床の間が二、三寸位離れる程度に吊るし上げられた」

「渡は、だが、今度のにはこたえた。それは畳屋の使う太い針を身体に刺す。一刺しされる度に、彼は強烈な電気に触れたように、自分の身体が句読点位にギュンと瞬間縮まる、と思った。彼は吊るされている身体をくねらし、くねらし、口をギュッとくいしばり、大声で叫んだ。

『殺せ、殺せーえ、殺せーえ！！』

それは竹刀、平手、鉄棒、細引で殴られるよりひどく堪《こた》えた」

「終《しま》いに、警官は滅茶苦茶になぐったり、下に金具の打ってある靴で蹴ったりした。それを一時間も続け様《ざま》に続けた。渡の身体は芋俵《いもだわら》のように好き勝手に転がされた。彼の顔は『お岩』になった。そして、三時間ブッ続けの拷問が終って、彼は監房の中へ豚の臓物のように放りこまれた。彼は次の朝まで、そのまま、動けずにうなっていた」

自分たちがした犯罪的な拷問の状況を暴露された特高警察官たちは怒り狂い、小林多喜二を捕まえて復讐しようと考えた。

特高警察官たちによる拷問は、もちろん肉体的に痛めつけるものだが、同時に精神的にも大きな打撃を与えた。これによっていろんな病気を併発し、脳に変調をもたらした人も少なくない。小林多喜二や岩田義道のようにひどい拷問を受けてわずか数時間後に死亡させられる人もいたが、釈放（解放）されたあとまもなく死亡するに至った人も少なからずいる。

予審判事は拷問の傷跡を見せられても、それをまともに見ようとはしない。目が開いていても、見えない。見ようとは思わないものは見えないのだ。

特高警察官による凶暴な拷問は長くて10日間が勝負だ。そのとき、絶対に屈服しないという精神力の強さ、有無が試される。それが闘いだ。

いやぁ、それは無理、とても無理なこと。茂は聞かされて怖じ気づいた。尻ごみするしかない。自分にそんな精神力、度胸なんかあるはずがない。自信がない。だから、そんな活動している人たちとは、ほどほどにつきあうしかないだろう。

4月17日（火）

東京帝大で臨時の評議員会が開かれ、左翼学生の団体である新人会の解散を決定した。それでも新人会は翌1929年11月に自ら解散するまで存続した。柳沢課長の弟も東京帝大生として新人会と関わりがあるようで、弟のことを何かと気を揉んでいる。

4月19日（木）

柳沢課長の勧めを受けて、茂は逓信省内の雇員採用試験を受けることにした。なんとか合格することができて、課長の顔をつぶさなくてすんだ。これで茂は単なる臨時雇いの雑用係から晴れて正式な雇員になった。定職があるというのは実に気持ちが落ち着く。腰を据えて、東京人になってやろう。茂は、そう決意した。

茂の机も入口近くの半分しかないものから、もう少しましなものに替えてもらった。これは赤木さんが竹ノ下係長の了解をとってやってくれた。赤木さんには感謝するしかない。

4月21日（土）

野田醤油の大争議が始まったのは昨1927（昭和2）年9月16日で、この4月21日まで、219日間も続いた。戦前最長期のストライキだ。

なかなか話が進展しないなかで、争議団の妻女たちが独断で天皇への直訴を企図し、争議団副団長（堀越梅男）が直訴を敢行した。それもあって会社は、ついに復職300人、手当45万円とする労組側の松岡駒吉弁護士の提案を受け入れることにした。そして結局、労組は壊滅した。ただし、会社のほうも、争議による失費は300万円以上となり、致命的な損失を蒙った。

4月29日（日）

茂は下宿を移った。1週間前の日曜日を予定していたが、その日は一日中雨が降ったので、一週間だけ遅らせた。曇り空なのでちょうどよかった。4畳半ではあまりに狭い。今度の下宿はなんとか6畳だ。そしてオンボロだけど、前の下宿から持ち込んだ机もある。

5月9日（水）

赤木さんが柳沢課長の机の横に立ち、笑顔でうれしそうに課長と話している。茂が何気なしに課長席のそばを通ろうとすると、柳沢課長から声をかけられた。

「おい、永尾君、きみは気がつかんのかね？」

課長に笑顔で問いかけられても、茂には何のことやら、さっぱり分からない。困ったな……。

「ほら、よく見たまえよ、赤木女史の頭を。これがいま最新流行のボブスタイルってやつなんだよ」

ボブスタイルなんて、茂は聞いたこともない。そんなカタカナ言葉は知りませんと返すのも大人気《おとなげ》ない。それで、赤木さんの頭髪をしげしげと眺めた。なるほど、昨日までと違い、すっきりした洋髪だ。それは分かる。街でよく見かける和風の髪形ではない。

ボブスタイルとは、いわばおかっぱ頭のこと。洋髪と日本髪、そして和風束髪《そくはつ》など、女性の髪形にはいろんなものがあることを、赤木さんが笑顔で立ち去ったあと、たっぷり30分間、課長の講釈を聞かされた。赤木さんは去年オープンして注目を集めている、アメリカ帰りのメイ牛山のハリウッド美容室に予約して洋髪にしてもらったとのこと。それにしても、女性って髪の形を変えるだけで、こんなにも印象が変わるんだね。茂は胸を打たれた気がした。

赤木さんは上州の武家の出身らしい。事務処理能力に長《た》けているので、柳沢課長はいつだって「赤木女史」と呼んで頼りにしている。

堀之内は竹ノ下係長には露骨にごまをすって取り入ろうとしているが、意外にも竹ノ下係長は堀之内に対して冷たい気がする。堀之内にはいったい何か魂胆《こんたん》でもあるのだろうか。堀之内は世の中を斜《はす》に構えて見ているところがある。かといって好奇心は旺盛で、いろんなところに首を突っ込んで情報を仕入れてきて、その一端を茂にも洩らす。そのときの相手の驚きの表情を見るのがたまらなく楽しいようだ。ただし、自らは行動に出ようとしない。なので赤木さんは「口先男《くちさきおとこ》なのよね」と堀之内の評価は低い。

5月11日（金）

時に雨が降る天気だ。漢詩漢文の授業を受ける。さすがに茂の通った八女中学のレベルとは段違いに高度な内容で、茂はついていくのがやっとだ。教室でたまたま隣に座って話すようになった水谷という学生は、この難しい内容をすっかり理解しているみたい。茂は講義の内容をノートにとるのに苦労しているが、隣の水谷はいつもすらすらとノートに書き写している。

休み時間に、なんでそんなに理解できるのかと茂が問いかけると、その答えは、小さいころから、意味も分からず漢文の素読をさせられていたからという。親は教員、ともかく漢文は幼いころから身近な存在だったから、ちっとも恐くないし、理解できるのだという。そうか、意味も分からず読んでどうなるものかという根本的な疑問を抱いていたが、こんな効用があるんだね。これまで素読を小馬鹿にしていた自分が恥ずかしい。茂は大いに反省した。

5月18日（金）

晴れ。高次が茂の職場にぶらりと現われた。柳沢課長に挨拶したあと、茂の机のほうにやってきた。うれしそうな顔をしている。何かいいことがあったようだ。

高次は官吏登用試験に合格したので、逓信省から農林省へ異動することになったという。今度は耕地整理を扱う仕事らしい。誘われて、終業後、神田の居酒屋へ2人して出かけた。茂は下戸《げこ》なので、高次ひとりがビール、そして日本酒を飲んだ。焼き鳥そして焼き魚の美味しい店だ。今日も高次がおごってくれるという。昇進したので、自分へのご褒美《ほうび》だと高次は言ったから、茂も納得した。お腹が満ち足りたところで、高次が銀ブラに繰り出そうと言い出した。

銀ブラ。茂も前から気になっていた。一人で行く勇気はないので、行きたい気持ちはあっても、気遅れが先に立って行く機会を逸してきた。それで高次が銀ブラに行こうと言い出したとき、茂はすぐに「行こう、行こう」と応じて、高次をせきたてた。銀ブラとは、これといった目的もないまま銀座に出かけ、店の飾り窓（ショーウィンドウ）を眺め、また行きかう人々の身なり、服装そして傘（パラソル）や持ち物（ハンドバック）などを評価しながら、そぞろ歩きするもの。大正のころ、慶應義塾大学の学生たちが気取って言いはじめたのが流行語になって定着した。

銀座の通りは、それなりの広さがあり、両側に並ぶ商店も高級品を扱う店が多く、ショーウィンドウをのぞくだけでも楽しい。銀座には松坂屋と松屋という二大百貨店がある。まだデパートとは呼ばない。百貨店には、外履きの靴のまま入店できる。靴や下駄を脱がないと店内に立入できないというところではない。それでも、下駄の人は入口で紅白の尾のついた草履《ぞうり》に履き替えさせられ、靴には店が用意した薄茶色の布カバーをはめさせられる。店内が汚れるのを百貨店は嫌った。そして、百貨店内には、子どもも一緒に入れる大きな食堂がある。

百貨店の近くにカフェがある。高次と茂は、居酒屋で飲食して遅くなったので百貨店には入らず、素通りして、すぐ近くの大きなカフェに入った。百貨店に子連れの客が多数やってくるようになると、その周囲にカフェーが、まさしく乱立と言えるほど増えていった。カフェーは、子連れが休むところというより、若い男たちが、同じく若い女性に向かって怪気炎を上げる場所になった。2人して、着飾った女給たちが店内をうろうろしているのを眺めて目の保養をすると、早々に引き揚げた。

5月22日（火）

快晴。今日は漢文の授業を受けた。そのなかで茂の記憶に残ったのは呉《ご》音と漢音の由来《ゆらい》と相違点。呉音は昔の中国の南方音で、漢音は北方音が日本に伝わったもの。仏教は奈良朝より前、つまり漢音が日本に渡来するより前に日本に伝わったものなので、お経は呉音で、読まれてきた。したがって、仏教関係の言葉はだいたい呉音で読む。792（延暦11）年以降、朝廷はこれから漢文は漢音で読むようにという布令を繰り返し発した。ところが、なかなか徹底しない。たとえば、元号についてみると、大正は漢音ならタイセイで、ダイショウは呉音。昭和も漢音ならショウカであり、呉音でショウワとなる。つまり、現実には、呉・漢混合で読まれている。生は、呉音ではショウと読み、セイというのは漢音。

さらに、漢文の読み方は、いろいろあって難しい。捲土重来は「けんどちょうらい」と読むべきもの。ただ、「じゅうらい」と読んだら間違いかというと、そうでもない。この語句は唐の杜牧《とぼく》の詩に由来するもので、土を捲《ま》きあげ、重ね来たらんという意味。

傍若無人《ぼうじゃくぶじん》を「そばに若い人がいない」などと間違って理解している人がいる。本当は、「傍《かたわら》に人無きが若《ごと》し」と読むべきもの。つまり、世間体を気にせず、心のおもむくままに自由に行動することをいう。

御用は、もともとは皇帝が使用するもの、という意味の言葉。明治維新のころ、官尊民卑の風潮なかで、政府のお先棒をかつぐ新聞は、自ら「御用新聞」という看板をかかげ、それによって民衆の信用と尊敬を得ていた。ところが、自由民権運動の高まりのなかで、「御用」の価値が逆転した。それからは、「御用学者」というと、軽蔑の意味が込められて用いられている。

不夜城というのは、たとえば夜の銀座を指して使われたりする。もとは、古代中国の幻の町につけられた名前。遊仙志向の方士が架空の世界をあたかも実在するかのように語り伝えてつくり出した地名。それが、唐の玄宗皇帝のとき、夜も昼間のように灯火が明るく輝いているという意味で使われるようになった。

「春風に坐するが如し」とは、まるで春風にでも吹かれているかのような心地の良さを意味している。いやあ知らなかった。こんなに知らないことが世の中には一杯あるんだね。茂はもっともっと知りたい。

法政大学は創立50周年の記念式典を新装の大講堂で開いた。茂は式典が盛大だったことを後で聞かされた。1880（明治13）年4月に東京法学社として創立され、1903（明治36）年8月に法政大学となった。

6月4日（月）

曇り。満州で中国の有力者である張作霖《ちょうさくりん》将軍を関東軍が鉄道に爆薬をしかけて暗殺した。河本《こうもと》大作参謀らが起こした謀略事件だ。ところが、反響の大きさを恐れて、日本政府は事件の隠蔽を図った。新聞は張作霖の乗った列車が爆弾を投げられて顚覆したが、生命には別條なしとの号外を出した。そして、その後の続報は差し止められ、一般に公表されず、「満州某重大事件」と称している。

しかし、官僚サイドの情報網はすごく発達していて、関東軍が満州で要人をテロしたこと、ターゲットにされた張作霖は既に死亡していることが官僚の世界に広まった。それでも、日本の新聞は、当局の発表どおり中国軍兵士による暴挙だと書きたてている。

6月6日（水）

晴れていたが、曇ってきた。柳沢課長が課長席に戻ると、「ふーっ」といつになく大きな溜め息を洩らした。少し前に尚武局長から呼び出されて局長室から戻ってきたあとの反応だから、何か特別な情報が知らされたのだろう。

竹ノ下係長がいつものように揉《も》み手をせんばかりに課長席にすり寄った。

「局長から何か重大発表があったのでしょうか?」

「うん」と柳沢課長は軽く頭を上下させた。

「満州で関東軍がまたまた独断専行したことが発表されたよ。まったく困ったもんだ……」

茂は、暗い気分に沈んだ。

●財閥と政党の癒着●

田中義一首相は「満蒙《まんもう》は支那本土ではない」とし、「対支政策綱領」を定め、三次にわたる山東出兵を強行した。田中義一は軍人で、陸軍の大将をつとめたあと、政治家に転身して、政友会の総裁となった。政友会は三井財閥と関係が深い。政友会を創設するときは元老井上馨の資金力に頼った。井上は、三井の保護者を自任していて、原敬も政友会だ。三井財閥の総帥・益田孝が山県有朋に政友会との協力を強く進言していた。

政友会が三井財閥と深く結びついているのと同じく、三菱財閥は民政党と結びついている。三井は政友会に200万円(今の10億円)を、民政党に100万円(今の5億円)を貢《みつ》いだ。これに対して三菱は逆に民政党に200万円、政友会に100万円と、それぞれ2対1の割合で拠出して支えた。

田中義一は張作霖を支援したというわけではない。ただ、張のあと誰を充てるのか見通しがもてなかった。だから張を続けさせるのが無難な対処だと考えていた。日本の経済界も張の排除を求めてはいたが、さまざまなことを配慮して表明しなかった。それを、関東軍は、もっとも拙劣《せつれつ》かつ、すべてを台なしにする、爆殺という方法で強行してしまった。

6月21日（木）

中国の新聞は張作霖の死亡を公表した。

6月29日（金）

今年の梅雨は雨が多い。今日も一日中、雨が降っている。国会に治安維持法の改正案が上程された。罰則として死刑と無期懲役刑を追加するという内容だ。

国会では議員たちが大いに問題とした。審議があまりに紛糾したので、政府は法案として成立させるのはあきらめた（審議未了）。そして、代わりに天皇による緊急勅令として発令した。ただ、実のところ勅令を出すためには枢密院の承認が必要なところ、小委員会（精査委員）のなかにも反対意見が強く、本会議でも強い反対意見が出て1日で議論はおさまらない。枢密院の本会議が6月27日と28日の2日間にわたって開かれ、天皇は27日は午前10時半から午後6時まで、28日は午前10時から午後3時40分までずっと立ち会った。これは、きわめて異例のこと。内乱罪との関係で、法体系の整合性が問題となった。内乱の予備・陰謀罪は10年以下の懲役。

暴動の謀議をしても10年以下というのに、治安維持法では国体変革を目的とした結社を組織するだけで、別に暴動の謀議をしなくても、それだけで最高刑が死刑というのは、つじつまがあわないと批判された。それはともかく、刑罰を加重して死刑・無期懲役刑を導入したのは、共産主義の恐怖をあおる演出効果が狙いだ。

柳沢課長は緊急勅令というやり方を納得できないという思いが強い。東京帝大法学部で法律学を勉強した者として一言《ひとこと》はせめて言いたいらしい。

「憲法のもとでは議会の立法権が第一次的なものであり、緊急勅令による立法はあくまで異常・例外的なものだ。ところが、今回は、次の議会を待つことのできない必要性が目前にあるとか、予期しえない突発事件が発生したときという、２つの要件をいずれも満たしていない。上杉慎吉先生も、これはおかしいと反対しておられる」

柳沢課長は、そうつぶやいたあと、首を傾げたまま無言で、じっと固まっている。首の位置を戻そうともしないのが、いかにも奇妙だ。それほど納得できないのだろう。

7月3日（火）

外は俄か雨が降っている。全国の警察に特別高等課・特高係が置かれた。それを知って、柳沢課長がポツリと言った。

「特高係って、結局、捕まえた人間を拷問するんだよな。俺は、そんな仕事なんかご免こうむる」

全国の地方裁判所に思想係検事が配置された。警察の特高係と思想係検事が二人三脚で思想犯にあたる体制が出来あがった。

●木崎争議●

小作争議として有名な新潟県の木崎争議は1924年3月の地主側の立入禁止仮処分申請に始まり、1926年7月の一斉検挙により、小作側の惨敗で終わった。地主は土地を小作人から取り上げ、損害米として滞納小作料を取り立てた。取り上げたあとの再小作も地主側に拒否された。

大地主の真島桂次郎は300町歩を所有し、小作人を700人も抱えていた。「モシモシ亀よ」の替え歌で、子どもたちは次のように歌った。

「モシモシ真島　桂次郎、世界のうちでお前ほど、強欲非道の奴はない。どうしてそんなにひどいのか。何をほざくか　小作ども　そんならお前と腕くらべ。地主に刃向かうやつばらは、土地の引き上げ差し押さえ。何をぬかすか桂次郎、俺にはあるぞ小作権。団結、正義、相互扶助、矢も鉄砲も恐れやせぬ。どんなに地主があせっても　どうせ長くは続かない。金の力がなんのその　権力どうして恐るべき。これは困った、しくじった。そんなに団結強いのか、許してくれよ、小作さん、ホントに私が悪かった。それ見たことか　桂次郎、俺らが言わないことじゃない。今後は必ず気をつけろ、正義に勝てるものはない」

地主と小作人では家族の呼び方まで違った。地主の母親はカカサマで、小作人だとカカと呼ぶ。同じく長男は地主ではアンニャマだけど、小作人はトンという。この違いはきびしく守られていた。

木崎争議における官憲の無法な弾圧に対して、日本弁護士協会は花村四郎弁護士（戦後、法相）など4人を派遣して現地調査した。そして、人権蹂躪《じゅうりん》の事実を確認したので、「当局のとった措置は不当不法と認め、反省を求める」と決議し、法務大臣や検事総長に善処するように申し入れた。

7月16日（月）

茂が19歳の誕生日を迎えたことを知って、竹ノ下係長が新橋駅の近くにある中華料理店で、おごってくれるという。ありがたいことだ。赤木さんは別の用事があると言って断った。堀之内が同じ課内の山元を誘ってつきあってくれた。竹ノ下係長が堀之内に冷たいのをなんとかして改善しようと必死なのだ。

天気は良く、まだそれほど暑くもない。店内に入ると、丸いテーブルを囲むように座る形式だった。茂は初めて、こんな丸テーブルを見た。丸テーブルの上には、人数分の小皿がいくつも置いてある。丸テーブルの上に店の若い女性給仕が次々に料理を運んでくる。大きな皿に盛りつけがしてあって、それを大きな取り箸《ばし》で各自が自分の分を取り分けて食べる。最後に、大きな魚が、その姿のまま出てきたのにも驚いた。草魚というらしい。

「この丸テーブルが、最近の流行なんだ」

竹ノ下係長は新しいもの好きのようだ。

「さてさて、お腹《なか》一杯になったところで、少し銀ブラでもして腹ごなしするか」

竹ノ下係長も銀ブラを愛好しているようだ。市電に乗ったら銀座はすぐだ。銀座の通りに、夜店がずらりと並んでいる。車道側を背にして、庇《ひさし》をつけた店構えだ。300軒をこえると竹ノ下係長が解説する。

夜店では、歩きながらでも食べられるようなものだけでなく、いろんなものが売られている。銀座の両側に並んでいる店舗のような気取った高級品ではなく、日用雑貨そして玩具が主体だ。タオル、下駄、すだれ、電球、そして果物など、そぞろ歩きしている人が、ちょっと立ち停《ど》まって夜店の主《あるじ》と声をかわしたり、手にとって眺めて楽しんでいる。アセチレンカーバイドの光に照らされていて、その臭いに茂は思わず鼻をつまんだ。

「さて、今日は、どのカフェーにするかな」

竹ノ下係長は、銀座のカフェーの常連らしい。

「カフェー・タイガー」は1924（大正13）年9月、尾張町にオープンした。その斜め前には「カフェー・ライオン」が店を構えている。カフェーでは若い女性が給仕してくれる。客は注文した飲食物の代金を払うほか、女給にチップを渡す。銀座のカフェーだと、チップの相場は1円だ。それを聞いて茂は腰を抜かしそうになった。いったい誰がそんな大金を女給に渡すのだろうか。ところが、女給にとって、このチップは収入の副産物というより、収入のすべてだという仕組みの店まで出現した。それは逆に女給のほうが店に対して「お出銭《しゅっせん》」と称し、毎月一定のお金を上納金として払うというシステムだ。だから女給は高価な衣装を買って華やかに着飾り、男たちの歓心を惹こうとする。女給の8割は月60円以下の収入。一見すると、高給取りのように見えるが、衣装代やら化粧品代は全部自分が負担し、店はちっとも負担してくれない仕組みなので、女給の手取り収入は、実はそれほどでもない。

カフェーがはやったのは理由がある。旧来型の店は、客もそれなりの服装をしなくてはいけないし、料金もかなりのものだった。ところが、カフェーはどんな服装でも入れるし、料金も手頃だ。そして、カフェーにもいろんな種類のものがある。神保町には学生向けのカフェーがあり、安い料金を設定して客をどんどん呼び込んで繁盛している。それはいいけれど、大学生がカフェーに入り浸りになって授業に出なくなって、社会問題になった。そんなことで世間から叩かれて警察が介入してくるのは店としても困るので、「学生服、学生帽は入店お断り」と入口に貼り紙したカフェーも出てきた。これはカフェー側の自己防衛策だ。

竹ノ下係長がカフェーの女給たちをうまくあしらっているのを、茂たちは感心しながら身を固くして眺めるばかりだった。

8月1日（水）

文部省が思想問題講習会なるものを企画し、実施した。これが1回目だ。高校・大学で「左傾学生」が目立っているので、それを上から取り締まろうという試みだ。

8月27日（月）

パリで不戦条約が調印されたという。これで本当に世の中から戦争がなくなってくれたらいいのだが……、茂はそう思った。雨が降ったり止んだりしている。

9月3日（月）

残暑はあるけれど、風が吹くと秋の気配を感じないでもない。尚武局長が他の部局へ異動していった。局長というのは茂にとってはあまりに遠い、まさしく雲の上の存在だ。面と向かって話したこともない。局長訓話を講堂で拝聴するので顔を見知っているだけのこと。廊下を歩く姿は局長らしく、背筋を伸ばしてぴしっと決まっている。いつだって、自信にみちあふれた態度だ。40歳台なので、これからどんどん昇進していくのだろう。

柳沢課長とは同じ東京帝大出身で、先輩後輩の関係にもなるので、頻繁に情報を交換しあっていた。

9月27日（木）

赤木さんが築地小劇場に行くのに一人では心細いからと言って茂を誘ってくれた。築地小劇場は、築地の本願寺から少し先、新富町寄りの築地2丁目の市電の停留所から西北に入ったところにある。今夕は風が少し冷たい。

劇場の中に入ると、ベンチが3列に並んでいる。500人は入れるという。場内は間接照明なので、薄暗い。

あとでは、劇場に入る前に特高刑事に身体検査されるようになったというが、茂たちが入ったときはそれはなかった。でも、入り口付近で誰かが見張っているような気がしたけれど、それは単に気のせいだったかも……。

芝居が終わって、それを「はねる」というが、夜9時過ぎになっていて、歩いて15分ほどで銀座通りに出る。それまで、今観た劇の感想を言いあうのだ。茂には、イプセンの「幽霊」は正直言って少し難しかった。ところが、赤木さんはすっかり満足している様子だ。やはり、教養のレベルが違うのだろう。

10月7日（日）

マキノ正博監督の映画「浪人街」が大ヒットしているというので、茂は堀之内を誘って観に行くことにした。すると観客が映画館の前に長い行列をつくっている。

アメリカのパラマウント映画「つばさ」も大変な人気で、これまた邦楽座の前に長い行列ができている。第1回アカデミー作品賞を受賞したらしい。

10月10日（水）

今日もよく晴れた。大審院は福岡連隊爆破陰謀事件について、被告人全員に対して上告を棄却して有罪を確定させた。

この事件は爆破した事件というのではなく、陰謀事件となっているように爆破しようとしたというもの。ところが、起訴状にはダイナマイトとか手榴弾を被告人らが所持していたとされているのに、実は、それらが証拠として法廷に提出されることはなかった。だから、それがあることを前提とする謀議はなかったし、あるはずもない。被告人とされたのは全国水平社の幹部・松本治一郎（後で委員長となる）ほか18人で、１９２６（大正15）年11月12日に検挙され、うち12人が起訴された。福岡地裁は１９２７（昭和２）年６月６日、被告人らの期待と予想を裏切って有罪とした。裁判長は判決文を読み上げるとき震えていたという。自信がなかったからだ。長崎控訴院での第二審のとき、今年２月25日の公判で枝光検事は「断定する根拠はないが、３年とか３年半の懲役では軽すぎる」と論告した。あまりにも乱暴な論告なのに、裁判所は控訴を棄却した。

10月26日（金）

曇天、むし暑さを感じる。株式相場が大暴落した。金解禁即行論の活発化の影響らしい。いつもは鼻息の荒い竹ノ下係長があおりを喰ったようで、まるで元気がなく、しょんぼりしている。赤木さんの軽口に応じることもなく、ニコリともしない。

赤木さんが茂に小声で「係長は株の投資にはまっているのよ……」と解説してくれた。柳沢課長は自席で新聞を脇に押しやって決裁箱を引き寄せながら、「しばらくは様子を見てるしかないな」と意外に大きな声でつぶやいた。

11月10日（土）

京都御所で天皇の即位の大礼がとりおこなわれた。1年がかりの大礼に2000万円（今の600億円）かけた。天皇の行幸期間は3週間にも及び、東京に戻ったのは11月26日だった。この祝賀ムードが全国にあるなかで、県庁が税金滞納の解消を狙って、厳しい取立を実行し、次々に競売にかけていった。競売の場に、商人が参加して、物件を二束三文で買い取り、持ち去っていく。これで多くの農民は泣かされた。これを問題として訴えようとしても、世間の御大典の祝賀ムードのなかで完全に抑え込まれ、泣き寝入りせざるをえない。

●金解禁●

浜口内閣は、金解禁をなんとか実現しようと動いている。これは財閥系銀行が「即時、金解禁」を求めているのに呼応した動きだ。金融恐慌以来、大量の過剰融資をかかえた銀行業界は、それまでの慎重論から一転して金解禁断行論の先端に立った。もともと政府は銀行の代弁者のような存在なので、当然の動きとみられている。大新聞も、こぞって金解禁を求めているが、こちらは産業界の意向を反映したものだ。不況が長引くなか、中小企業も庶民も窮状打開の突破口になることを期待して金解禁に賛同する。

竹ノ下係長は金利の動向を人一倍気にしていて、金解禁派だ。柳沢課長のほうは、意外にもというべきか、「むなしい期待のような気がする」と、冷ややかに突き放している。

12月1日（土）

授業が終わって帰ろうとすると、隣の席になって話すようになった南周命が近寄ってきて「話がある」という。外は曇り空で、少し寒いけれど、歩きながら話すことにした。南は朝鮮出身で、朝鮮の歴史にも詳しいし、その話は茂にとって知らないことばかりだ。南の話は夜の集会に一緒に行こうと誘うものだった。茂は暇だったし、応じることにした。それまで時間があるので、学生食堂に戻り、そこで時間をつぶすことにした。

夕方近くになったので、茂は南と一緒に市電に乗って本郷3丁目まで行った。少し先に東京帝大がある。その手前にある仏教青年会館にたどり着くと、会館あたりはすでに黒山の人だかりがしている。ほとんど黒い学生服姿だ。

「暴圧反対学生大会」、黒々と大書された大看板が正面入口脇に立てかけられている。関東学生雄弁連盟の主催する集会だ。学生たちは学内の暴圧に怒っている。一切の不当な言論・研究の自由への圧迫に絶対反対、学内演説会におけるスパイの横行を糾弾する、社研の解散命令を撤回せよ……。

開会時刻の夕方6時の時点で既に会場内は満席。ところが、学生たちがあとからあとから詰めかけてきて、立見でも会場内にはもう入れない。あぶれた学生は帰らず、会館の外を十重《とえ》二十重《はたえ》に取り囲んだ。

演壇上の臨官は本富士警察署長自らが座り、弁士に対して、次々に「弁士注意」そして「弁士中止」を連発する。弁士はどれほども話ができない。ついに聴衆の学生が怒り出し、大声で抗議の声を上げはじめる。

「横暴だぞ、弁士に話させろ」

「そうだ、そうだ」

すると署長は待ってましたとばかり、「即刻、解散」と叫んで壇上に仁王立ちになった。それを見て、学生の誰かが叫んだ。

「よーし、それなら、みんな外に出よう」

「おーう」

一斉に学生たちは外へ出る。黙って帰るのではない。隊列を組んで街頭示威活動するのだ。仏教青年会館の前の車道で4列縦隊をつくって行進に移る。軍事教練を受けている学生も少なくないので、隊列をつくって行進するのは手慣れたものだ。

先頭の隊列が進みはじめると、仏教青年会館に入れず歩道上で待機していた学生たちも次々に車道におりて隊列を組む。もはや数千人にもなろうかという血気盛んな学生の隊列なので、その場にいた十数人しかいない警官たちは呆然として見送るしかない。とても止められない勢いだ。

学生たちの隊列は大通りを本郷3丁目から御茶ノ水に出て、さらに駿河台から靖国神社の方に向かった。そして、ようやく神社前で流れ解散していった。

茂も南と一緒に腕を組み、最後まで歩き通した。なので、下宿に帰り着いたのは夜もかなり遅くなっていた。それでも何事もなく無事に帰れたし、なにより何千人もの学生と一緒に大学当局そして警察の暴圧に対する抗議の意思表示が出来て、胸がすっきりしたし、日頃の鬱憤《うっぷん》が晴れ、気分は大いに昂揚していた。疲れてはいたが、疲労感はなかった。

この学生大会を主宰したのは中央大学の大森詮夫《あきお》（のちに弁護士になった）、明治大学の三木武夫（戦後、首相になった）だ。茂は、南からあとで教えてもらった。

12月18日（火）

今日は一日よく晴れていた。東京朝日新聞が昨日、日本で初めての陪審裁判が東京地裁であったことを大きく報道した。

●陪審裁判●

陪審裁判が10月1日から施行された。この日は、今も「法の日」として残っている。戦争が始まった

1943年4月1日、陪審法は廃止ではなく、施行が停止された。実際には、その前の1933年には運用が停止されていた。

死刑・無期懲役にあたる事件は陪審裁判の対象となるが、被告人には辞退が認められている。長期3年を超える有期刑については請求したときのみ陪審裁判となった。治安維持法違反の事件は途中から陪審裁判の対象外とされた（1929年5月に陪審法4条が改正された）。治安維持法の罰則に死刑または無期懲役が入ってからは、陪審裁判の対象となっていた。しかし、法廷で官憲による拷問の事実が暴露されたりしたらまずい、それで陪審裁判の対象から外された。

陪審裁判の判決には控訴が許されない。被告人からすると、判決に不服なときに控訴できないというのは不安をかきたてるようなものなので、請求陪審事件については請求しにくいし、法定陪審事件については辞退するものが多い原因となった。

陪審員になれるのは、直接国税3円以上を納める男子に限る。裁判が終わるまで陪審員は専用の宿舎に缶詰めにされる。陪審裁判は対象となる2万5192件のうちの2％、484件だけが適用された。東京地裁の12月17日の陪審裁判は放火事件で、被告人は美人の女性だった。

いつものように柳沢課長が新聞を読み上げるのを聞いていた茂が、正直な疑問を課長にぶつけた。

「素人がいったい人を裁けるものなんでしょうか。少し無理があるんじゃありませんか？」

「そりゃあ難しいさ。難しいに決まっている」

柳沢課長は間髪《かんはつ》を入れず即答した。

「だったら、なんで、そんな難しいものを今やるんですか？」

「うん。日本が一流国家の仲間入りを目ざす限りは、やらなくてはいけない試練の一つなんだよ。アメリカだって、ヨーロッパだって、やってるからね。日本はやりませんって言っても通らないんだよ」

「ふーん、そういうものなんですか……」

茂の疑問は尽きない。

「それにしても、せっかく陪審員が話し合って出した結論なのに、それを裁判官が気にくわんと言って別の陪審にまわすことができるというのも、よく分かりません。そんなやり方を認めたら、陪審員が怒り出すんじゃないでしょうか」

「うん、まあ、そういうこともあるかな……。ともかく始まったばかりだから、みんな様子を見てるってところじゃないの……」

柳沢課長は立ち上がって、別の課へ調整に出かけた。

1929（昭和4）年

治安維持法

1月23日（水）

晴れて寒い。国会で野党が「満州某重大事件」について鋭く追及する。

永井柳太郎（民政党）代議士は、「なぜ、政府は内外に声明を発表して責任がないことを明らかにしないのか」、「政府は日本帝国の潔白を立証すべきではないか、そのための行動をとっているのか」と政府を問い詰めた。恐らく永井は張作霖爆殺は関東軍のやったことだと分かっているのだろう。しかし、政府が表面上は中国側がやったことだとしているからには、その矛盾をついたほうが良いと判断したのだ。自ら確証もないのに犯人は関東軍ではないかという質問はできない。迂闊《うかつ》なことを言ったら、あとが大変だ。

1月26日（土）

快晴、なんとなく暖かい。同じく中野正剛（民政党）代議士も国会で語気鋭く問い質した。田中義一首相は「調査中」というのみで、まともに答弁せず、のらりくらりと身を躱す。

1月28日（月）

曇り、寒い。国会での問答を紹介する新聞記事を読み上げながら柳沢課長はつぶやいた。「大きな声では言えんけど、軍部はなんでいつまでも隠しているんだろうか。中国側はとっくに公表しているし、後手にまわったら、かえって怪しまれるだけじゃないのかな……」

政府も軍部も、満州で国民に知られたら困るようなことをしているんだな、きっと……。茂は政治への不信感を強めた。

1月31日（木）

快晴で寒い。逓信省内の人事異動が発表され、柳沢課長は他局へ転出した。代わって着任した後任の芳永課長は中央大学卒で、同じ私学の法政大学に在学中の茂を何かと気にかけてくれる。ありがたいことだ。

2月1日（金）

曇りのち晴れ。預金の金利が年5％から4・5％に引き下げられた。

日頃から投資に手を出し、市場の動向をいつも気にしている竹ノ下係長は利下げを知って、朝から機嫌が悪い。ひとり、ぶつぶつ言っている。ぶつぶつ言ってるだけなら人畜無害だが、茂が仕事の指示を仰ぎに行くと、いつもなら問題にしない些末《さまつ》な手続上のミスを取り上げ、茂にネチネチと嫌味《いやみ》を言い立てる。勘弁してくださいよ、八つ当たりしないでください。茂は心の中で言って、早々に他課へ「用足し」と称して逃げ出した。

2月11日（月）

晴れ、風が冷たい。外は晴れていて、一段と寒く、吹く風も冷たい。昨日付の無産者新聞なるものを誰から入手したのか、堀之内が課内に持ち込んで芳永課長に届けた。

芳永課長が、黙って一読すると「おっ、これはすさまじいな」と、思わず洩らした。音読する前に、ざっと内容を確認するようにしているのは、慎重な性格だということ。2月2日に札幌地裁で開かれた治安維持法違反事件の公判の様子が詳しく紹介されている。

法廷内の傍聴席にスパイが座っているのを発見した傍聴人が、「ここにスパイがいる」と叫んだ。すると、傍聴席にいた青年が長椅子の背の横木を取り外してスパイに向かって振りまわして殴りつけ、他の傍聴人も総立ちとなってスパイに向けて殺到した。そのスパイ、実は警察官で、糾弾の嵐を恐れて、慌てて法廷の外へ逃げ出す。逃げていくスパイを傍聴人は追わず、法廷の窓ガラスを叩き壊し、また一斉に目の前の柵内の被告人席の方へなだれ込んだ。満席だった傍聴人が我も我もと被告人席に入っていくのを警備の警官たちは押しとどめることができず、傍聴人は被告人たちと手を取りあい、口々に励ましの言葉をかける。

呆然としていた警官たちが我を取り戻して、ようやく傍聴人を法廷外へ押し出した。なんとか騒ぎがおさまり、予定より30分も遅れて判決が宣告された。こんな顚末《てんまつ》だ。札幌の裁判所ですごいことが起きたものだ。黙って聞いていた茂は驚いた。

2月15日（金）

晴れ、風は暖かい。法政大学にもあった社会問題研究会が大学当局から解散を命じられた。この研究会も全国社研に加盟していた。昨年4月、政府は全国の社研に解散を命じていたが、まだ活動していた。解散命令が学生控室の掲示板にひっそり貼り出された。この貼り紙を見つけた学生が、大きな声で、「おいおい、こんなのが出ているぞ」と叫んだので、たちまち貼り紙の前に学生で黒山の人だかりが出来る。

大学には大正デモクラシーの自由な雰囲気がまだいくらかは残っていると、先輩たちが学生食堂で語りあっているのを茂は聞いたことがあった。でも、こんな貼り紙が出ているのを見て、そんなものはいったいどこにあるのか、不思議でならない。

2月19日（火）

春風がどんどん暖かくなってきた。茂は国語・漢文科に所属しているから、現代文・古文そして漢文を教わる。同時に、漢文学も勉強しなければならない。さらに比較対象として海外の英文学を学ぶのは必須科目だ。ところが、大学の英語はさすがにハイレベルで、ついていくのが大変。どうにも茂は苦手だ。八女中学のときは、なんとか授業についていけたし、むしろ英語は好きな科目でもあった。しかし、大学ではシェイクスピアなど英文の原書が指定されて何十頁も読んで訳しておくこと、なんて宿題が出され、それを前提とする講義なので、もう大変だ。思わず「ギャーッ」と、悲鳴を上げてしまう。

三省堂が英和大辞典を定価7円のところを特価5円50銭で売り出した。これは、目の玉が飛び出るほど高いけど、間違いなくお買い得《どく》だ。もう少し英語力をつける必要があると考え、思い切って購買部で買い求めた。茂にとっては清水《きよみず》の舞台から飛び降りるほどの大変な決断だ。食費をしばらく切り詰め、間食もできるだけやめよう。お酒の飲めない茂は甘党なので、万十とか甘い物をつい買ってしまうのだ。

英和大辞典は、2680頁もある、本当に大きな辞典で、ずっしり重たい。重さに負けないよう、勉強するしかない。右脇にかかえて大事大事に下宿に持ち帰る。

2月23日（火）

快晴、冷たい風が吹いている。このところ世間を騒がせていた「説教強盗」がついに捕まった。まず、今月6日に説教強盗の二世が逮捕された。いわゆる模倣犯というやつだ。続いて、今日、ホンモノがついに捕まった。29歳の左官（妻木松吉）が正体だった。

被害者は必ず中流以上の家庭で、黒装束姿の犯人は、凶器は持たずに夜、忍び込むと、そこに居あわせた家人に対して、慇懃《いんぎん》な口調で「お金を出しなさい」と迫った。決して手荒なことはしない。それどころか、お金を盗ったあと、「戸締りをきちんとしなさい」「番犬を飼いなさい」などと説教することから説教強盗と呼ばれ、世間一般に妙な人気を集めていた。この手口で90件以上もの忍び込みをしたという。

説教強盗が逮捕されたとき、なんとなく同情的な世論があると茂は感じた。同じ強盗でもネズミ小僧次郎吉など、いろいろあるんだよね……。

3月5日（火）

曇り、今日も風が冷たい。国会で治安維持法が大きく改悪されようとしている。労農党の山本宣治代議士は国会で反対討論し、三・一五事件で捕まった人たちが警察署内で大変な拷問にあっていることを国会で再び明らかにして告発しようと考え、演説原稿を念入りに準備した。すでに2月8日の議会で、山本宣治は、三・一五事件における拷問の事実を具体的な状況を明らかにして追及したので、その第二弾だ。

「鉛筆を指の間に挟《はさ》み、あるいは三角形の柱の上に座らせて、そうしてその膝の上に石を置く、あるいは足を縛って、逆さまに天井からぶら下げて、顔に血液が逆流して、そうして悶絶《もんぜつ》するまでうっちゃらかして置く、あるいは頭に座布団を縛りつけておいて竹刀で殴る。あるいは胸に手を当てて肋骨の上を擦《こす》って昏迷《こんめい》に陥れる。あるいは生爪《なまづめ》を剥《は》がして苦痛を与へる」

こんな生々しい事実にもとづく山本宣治の追及に対し、議場は「国賊！」「馬鹿野郎！」などという罵声《ばせい》がとび、騒然となった。答弁に立った秋田清政内務政務次官は、山本宣治の指摘する事実のあまりの凄惨《せいさん》さに顔面蒼白《そうはく》となり、「そういう事実は認めません、認めませぬ」と繰り返すばかりだった。

ところが、今回は、山本宣治が反対演説をする番になる直前、政友会が討議打ち切りの動議を提出した。国会で警察の拷問の実態が再び暴かれるのを恐れたのだ。動議が可決されたため、山本宣治の出番はなくなった。衆議院は賛成249票、反対171票の賛成多数で、緊急勅令による治安維持法改正を承認した。

そのあと、山本宣治は西神田小学校で東京市議会議員候補者の個人演説会に参加して応援演説した。候補者は自由法曹団に所属する中村高一弁護士。連日の活動の疲れと寝不足から、ただでさえ身体の弱い山本宣治は一足先に演説会場を抜け出し、近くの神保町にある定宿の「光栄館」に戻った。ここは宿泊費が1日2円という安宿だ。

まずは、部屋に戻って夕食をとろうとしていた。夜の9時半ころ、宿の女将《おかみ》が来客だと知らせてきた。誰だろう、こんな夜更《よふ》けに……。「自分は労働者で、ストライキについて山本代議士に相談したいから取り次いでほしい」というので、女将はいったんは断ったものの、男の粘りに負けて断りきれなかった。山本宣治も、それなら会おうと言って階段をおりていった。

紺絣《こんがすり》の着物を着た大柄の、青年というより壮年の男が玄関口に立っている。階段をおりてくる山本の姿を見るや、いきなり「斬奸状《ざんかんじょう》」を突きつけ、懐中に隠し持っていた短刀を突き出す。山本宣治が避ける間もなく、短刀は山本宣治の頸動脈を切断し、骨に達する致命傷となった。それでも山本宣治は男の着ている羽織《はおり》の袖口をつかみ、左手を男の襟《えり》にかけて武者ぶりつく。

男は山本宣治の鮮血に染まりながら逃げようとし、2人は階段をもつれるようにおりていった。山本宣治は引きちぎった男の袖《そで》を右手に握ったまま玄関の上りぐちのところで倒れ、息を引き取った（39歳）。犯人の男は「七生義団」という右翼の黒田保久二（37歳）。

美濃紙に毛筆で書いた斬奸状は、山本宣治が治安維持法に反対して赤化運動を容易ならしめた罪、国会の開会式において無産政党の代議士として礼服を着用せず「天皇に対する不敬の行為」をした、などを問題としていた。

黒田は、山本宣治を殺害した足で旅館から歩いて一ツ橋交番まで行って自首した。その後、黒田は殺人罪で起訴されたが、4月30日には保証金30円で保釈された。7月12日の判決は求刑どおりの懲役12年だった。ところが、翌年9月の恩赦で懲役9年に短縮され、そのうえさらに1937年12月末、仮釈放されて自由の身となった。

仮釈放されるまで、黒田は小菅《こすげ》拘置所で服役していたが、ここに河上肇博士も収容されていた。入浴のとき、同じ湯舟につかりながら、黒田と話したことがあり、その印象を河上博士は次のように語った。

「皮膚の浅黒い、筋骨の逞《たくま》しい、無学な若者という以外に、何の特徴も取柄《とりえ》もない男だった」

黒田には、「成功報酬10万円という約束があった」とか、「共産主義者を殺しても、どうせ無罪になる」、「政党の幹部に引き立てられる」などの甘言があったという。

山本宣治の葬儀は東京では本郷の仏教青年会館と労農葬として青山斎場で、そして京都ではキリスト教青年会館で執《と》りおこなわれた。いずれも弔辞の朗読は禁止され、少なからぬ参加者が特高警察官から検束された。ひどいものだ。

山本宣治の墓は京都府宇治市の小高い丘にあり、毎年、命日には記念の集いが今も開かれている。「山宣ひとり孤塁《こるい》を守る。だが、私は淋しくない。背後には大衆が支持しているから」と、同志だった大山郁夫が書いた墓碑銘が見事に大きな自然石に刻まれている。

山本宣治（山宣《やません》というのが愛称）が暗殺されたあと、緊急勅令による治安維持法の改正が貴族院でも承認された。衆議院は賛成多数の可決だったが、3月19日の貴族院では誰も反対することがなかった。これによって治安維持法に最高刑として死刑が導入され、また「目的遂行罪」が付加されるのも正式に承認された。

3月11日（月）

晴れ、今日も風が冷たい。芳永課長は、この「目的遂行罪」には問題があると考えているようで、赤木さんに対して解説しているのが茂にも聞こえてきた。

「この目的遂行罪なるものは、第一線の特高刑事にとっては打出《うちで》の小槌《こづち》みたいに融通無碍《ゆうづうむげ》に使えて便利きわまりないもの。つまり、主観とか目的意識にかかわりなく、その者の行為が客観的にみて結社の目的遂行のためになっていると当局が認定したら、罪にあたることになる。これって、法律を少しでもかじった者からすると、いかにも危険で、あまりに国にとって都合が良すぎる……」

いつだって冷静かつ沈着な芳永課長がそこまでいうのだから、きっとそうなんだろう。ところが、そんな法律が、国会で問題点も十分に解明されることもなく成立するのだから、世の中って、本当に怖いものだ。思わず茂は身震いした。

3月16日（土）

晴れ、まだ風は冷たい。学生食堂で茂が食事しようとすると、教室でよく隣になる水谷が近づいてきて、一緒に食事しながら、話がはずんだ。水谷は長野出身で、近いから、ときどき実家に戻っていろいろ世間話を仕入れてきて茂たちに披露してくれる。

「聞いた話なんだけど、労農党に対する警察の弾圧って、まさしくえげつないものらしい。治安維持法違反で警察がひっぱるのは、まだましかもしれないんだって」

「ええっ、それって、ど、どういうことなんか……」、茂は驚いて、すぐに訊き返した。

「うん。労農党の事務所に出入りする党員の金銭の動き、商品売買やら貸借関係があるのを知ると、何の客観的根拠もないのに、詐欺罪とか横領といった罪名で検挙して取り調べを始めるんだ」

「それは、ひどいね。全然、別の罪名で逮捕するっていうのか……。そりゃあ驚いたね」

「まだある。居住している市から一歩でも出たら、それだけで、浮浪罪として29日間も拘留してしまう」

「いやあ、それはたまらんね」、茂は深い溜め息をついた。お茶を飲もうとした手が震える。

「そうだろう。次には、私服刑事が連日、党員の自宅を訪問して、党から脱退するよう勧誘・勧奨というか、実のところ強要する」

「それに従わなかったら、どうなるんだい」

「拘留、投獄、そして就職先の妨害とか、考えられるかぎりの嫌がらせが続く」

「ひどい、ひどい。聞きしにまさるひどさだね」

茂はあまりのひどさに、胸がつぶれてしまいそう……。

「そうなんだ。たとえば天皇の臨席する陸軍大演習が予定されたとなると、あらかじめ無産運動の活動家は、１週間以上、１ヶ月以内の検束あるいは県外追放になる」

「いやあ、まいったね。治安維持法を使わない、弾圧の仕掛けがいろいろあるってことなんだね。しかも、それって効果は強力だよね」

「まったく、そのとおり」、水谷は茂がきちんと理解してくれたことを知って、つけ加えた。

「ともかく、当局は、あの手、この手で弾圧してくる。ひどいもんだよ」

3月19日（火）

雨がひどく降る。漢文の講義が終わって学生控室に茂が行くと、筆記用具を借りたことから仲良くなった纐纈《こうけつ》が茂を認めて近寄ってきた。茂が水谷から教えられた内容を教えてやると、纐纈も、そんな警察の裏技《うらわざ》に詳しいようで茂に解説してくれる。

「警察処罰令に拘留というのがある。これは未決勾留と似ているけれど違うやつだ。こっちの拘留は刑罰の一つなんだ。違警罪即決例という法令があって、これによると警察署長は刑を言い渡すことができることになっている。ただし、30日未満という制限がある。そこで、警察署長は29日間だけ拘留する。このとき警察は代用監獄として執行する。

『住所不定諸所徘徊』として29日間、拘留しておき、外に出さないまま、また、『諸所徘徊』として次も29日間の拘留として引き続き拘留する。こうやって何回も繰り返したら、2年も3年も警察は拘留を続けられる。これって、実際に特高がやっていることなんだ」

「いやあ、ほんとうにひどいね。恐るべき運用だね」

纐纈は「判事も検事も、警察と同じようにひどいんだよ」と話を先に進める。

「警視庁で調べたものを、東京地方裁判所検事局の思想検事が扱う。検事局は裁判所の中にあって、実のところ、検事のほうが裁判官より威張っている。思想検事が起訴状を書いて予審判事にまわす。すると、予審判事は起訴状と一緒に送られてきた一件記録を読む。そして予審調書をつくる。そのうえで、公判手続にまわす。予審判事の作成した予審調書は、公判期日では無条件で証拠能力があるとされる。予審判事は弁護人の立ち会いなしに被告人を尋問して予審調書を作成する。そのうえで、予審終結決定書をつくり、このほかの警察・検察官による調書や本人の手記などと一緒に公判担当の裁判所に送る。

検事自身が拷問を加えることはしないんだ。その必要なんかないからね。検事は被疑者を前にして勝手に調書をつくっていく。『ああ、きみは知っているけれど言いたくないんだろう。よしよし、ぼくが代わりに言ってやろう』てな調子で調書をでっちあげていく。証拠なんか、ろくに見ない。警察の調書があるし、他人の調書も引用しながら、バタバタとやっつけていく。被疑者が否認したら、警察に差し戻せばいい。すると、警察が『とんでもない、ふてえ野郎だ』といって、拷問する。その結果、改めて『自白』すると、検事は安心して予審判事にまわす。予審判事の前に出たときには、すっかりあきらめているから、被疑者が今さら『実は……』なんて言い出すこともない。万一、言い出しても予審判事はまともに取りあわないし、差し戻すこともない。この時点で、身柄は警察から刑務所に移る」

話は今度は刑務所の処遇の実際に移った。どうして、縷縷はこんなに詳しいのか、茂は不思議でならない。

「北海道の刑務所では転向した囚人と非転向の囚人とでは明らかに処遇が異なっている。転向したら累進処遇令の適用を受けて、それなりに優遇されるんだ。北海道の冬は厳しい寒さなので、獄衣の上にメリヤスのシャツと股引《ももひ》きの着用が許され、風呂の回数も多い。食事にしても、別菜と称して羊羹《ようかん》とか鰊《にしん》の丸焼き、コロッケなど、別のものが与えられて食べていい。そして、工場とかで看護や雑役をするにしてもストーブを焚《た》いているところで作業できる。これに対して、非転向の囚人は、紅色の獄衣を着せられ、いま言った特典なんて、もちろん何も受けられない。1級は霜降りの獄衣、2級は空色の獄衣だ……」

いやあ、北海道で冬にストーブもない獄舎に過ごすなんて、茂にはその苛酷さを想像もできない。

「赤い獄衣と青い獄衣があるっていうのは聞いたことがあるけれど、そんな違いがあるんだね」

茂が言うと、纐纈は、「うん、うん」と頷《うなず》いた。「転向して青い獄衣を着た者には、日曜とか祭日には、娯楽や講話を聴くためにみんなが集まる場所に参加できるけれど、赤い獄衣の非転向者は監房から一切出してもらえない」。

いやあ、ひどい。こんなに露骨な差別があるんだな……。茂は息が詰まりそうで、何も言えない。

3月30日（土）

曇り、風が冷たく、冬に戻ったようだ。大学を卒業したあとの就職先を得るのが非常に困難な状況にある。もちろん、日本全体が不況にあるからだ。就職率は5割を切って、3分の1ほどしかない。映画『大学は出たけれど』（小津安二郎監督、田中絹代・高田稔主演）のとおりだ。というか、現実を映画で描いたのだ。世の中の不景気なことは茂にもひしひしと感じている。漠然とした不安は大きくなるばかりだ。

4月16日（火）

晴れ、暑いくらい。芳永課長が机のそばに竹ノ下係長を呼び寄せて、２人して難しい顔をしながらヒソヒソ話をしている。「また、ですか……」という係長の驚いた声が聞こえてきた。いったい何だろうか、「また」って……。

共産党員が全国一斉に早朝から大々的に検挙された。1道3府24県で７８０人が捕まった。しかし、まだ、これは表向きのニュースとしては流れない。

芳永課長も前の柳沢課長と同じく情報収集にはとても熱心だ。官僚の世界は情報が生命《いのち》に次ぐくらいに尊ばれている。

4月19日（金）

曇り、風が吹いている。茂は仕事にかなり習熟したと認められ、簡易保険局としての貸し付け申し込みの審査にあたることになった。これで単なる雑用係ではなく、省務遂行の一翼を茂も担うことになったわけだ。赤木さんが係長に推薦し、竹ノ下係長が芳永課長の了解を取り付けた。

茂が担当するのは九州ではなく、遠く離れた北海道方面だ。九州だと利害関係人がいないとも限らない。人情の入りこむ余地が考えられない北海道を担当させられたのは、省の見地からして当然だろう。15円の貸し付け（融資）の申し込みが酪農家からあると、まずは必要書類が全部そろっているか、形式要件を満たしているかを確認する。そして次に内容においても要件を充足しているか審査する。このとき、なるべく融資する方向で審査にあたる。申し込みを拒否しないで、受理する方向での審査だ。そうしないと結果を一日千秋の思いで待ちわびている国民の期待を裏切ってしまうことになる。そんなことはしたくない。茂なりに融資の可否を判断すると、すぐに竹ノ下係長にまわし、そこから課長の決裁印をもらったら、貸付を実行する係へ書類をまわす。書類審査で分からないときには、これまでと同じで、赤木さんに教えてもらう。北海道の農家にとって、15円の融資を無担保で受けられるかどうか、きっと死活問題なんだろうと茂は推量した。

ところが、茂の職場が課全体として扱う金額は桁《けた》がいくつも違うほど大きい。この差には愕然《がくぜん》とする思いだ。

5月9日（木）

雨。新宿の映画館「武蔵野館」で日本初のトーキー映画が始まったという。これまでの無声映画ではなく、スクリーンの俳優が声を出して話すという。どんなものなのか、よーし、今度行ってみよう。

5月11日（土）

晴れていたのが、夕方から雷鳴がひどい。土曜日は昼に「ドーン」という号砲が鳴って、午後から仕事が休みになるので「半ドン」といっていたのが、号砲ではなく、サイレンに代わった。

5月13日（月）

晴れ、風は静か。茂が学生食堂でお昼のワカメうどんを食べていると、同じ学科の南命周が近寄ってきて、テーブルの真向かいに座った。何か話があるのかなと思っていると、一緒にクラス委員をやろうともちかけてきた、クラス委員は4人で誰かがすすんでなるというものではない。4月に仮決めされていたのを、正式に決めようという。

なぜ南が動いているのか、背景は分からないけれど、クラス委員といっても別にたいしたことをやるわけじゃない。だから、「ああ、いいよ」と茂は気軽に返事した。あと2人は既に確保していると南は言った。手まわしがいいな。ともかく、顔見知りになって十分に分かりあえたらいいよね、茂はそう考えた。あと2人は岐阜出身の纐纈東弐《とうじ》と、長野出身の水谷統夫《ともお》だ。

南は朝鮮の京城《ソウル》から来ている。両班《やんばん》の出身ではないという。なので、日本の法政大学という有名大学を卒業したことを実績として朝鮮に戻るつもりだ。故郷では教師として、子どもたちに漢文を教えるのが夢だという。堅実というか、目標を決めて着実に歩んでいるのが、茂にはうらやましいというか、眩《まぶ》しい。これまでも、学生食堂で一緒に食事をしながら、朝鮮王朝の華麗な歴史、そして裏面の権力抗争の陰惨な状況をも教えてくれた。茂の知らないことばかりで、とても興味深い。学校では教わらなかった話ばかりだ。茂のほうから逆に南に教えてやれるような日本の歴史とか裏話というものがないのが、茂には残念だ。

東大に新人会があるように法政大学にも扶信会という左翼学生の団体があり、早稲田大学は民人建設者同盟、京都大学には老学会がある。みんな大学当局が禁止した。茂は入学以来、扶信会の存在は知っていたが、身近に勧誘されたことはない。

5月16日（木）

曇り。南と学生食堂で一緒になった。南は興奮している気配だ。どうしたんだろう。

「おい聞いたか、きのう東京帝大の学生が３０００人も集まって決起したらしい」

茂は頭を左右に振った。天下の帝大生が３０００人も集まって何かモノを言うなんて想像もできない。

「きっかけは東京帝大が授業料を80円から１００円（年間）に値上げすると発表したからなんだって」

うん、なるほどね、それはよく分かる。自分たちの払う授業料の値上げに学生はいつだって敏感だ。自分のことであり、また後輩たちのことでもある。それにしても３０００人とは……。

それで、どうなったんだろう。

「授業料の値上げに反対するだけでなく、大学当局の日頃の反動政策を厳しく批判し、あわせて思想善導に反対すると叫んだらしい。そこに、例によって学内に張り込んでいた私服警官が『弁士中止』を命じたので、あとは大騒動になったらしいよ」

そうか、天下の東京帝大生も黙ってはいないんだな……。

5月19日（日）

晴れ、風が冷たい。軍部のなかの私的団体として「一夕会」が結成された。河本大作、永田鉄山、東條英機、山下奉文、石原莞爾《かんじ》などがメンバーだ。「陸軍の人事を刷新し、満蒙問題の解決に重点を置き、荒木貞夫、真崎甚三郎、林銑十郎という非長州系3将軍をもり立てながら、正しい陸軍に立て直す」とする。

6月10日（月）

晴れ、風が吹いている。茂と一緒にクラス委員になった纐纈はいかにも貧乏学生で、いつもケチケチしていて、無駄な出費をまったくしない。見上げたものだ。かつては裕福な地主一族だったらしい。それが祖父の代で投機に手を出し、失敗して山林も家屋敷も手放してしまったという。それでも纐纈自体は、茂と同じく、上京してきて大学に入れたわけだ。岐阜の山間部に実家（生家）はある。もっとも纐纈一族というのは今もそれなりの有力地主らしい。そして、親戚筋の人が警察の大物幹部に出世していて、時に遊びに行くと、ご馳走してくれ、また、いろんな情報を教えてもくれる。茂とは生真面目な面が共通していることもあってとても気が合い、食堂で一緒に食事をしながら、そして授業のあいまに食堂の無料のお茶を飲みながら、よく話す。

情報をもらうばかりなのが茂は残念なので、なんとか九州に関わる政治情報の入手に努めている。共産党の機関紙「赤旗」が復刊されたという極秘情報まで纐纈は茂に教えてくれた。

6月12日（水）

晴れ、風が冷たい。秋に戻ったようだ。クラス委員の4人が集まった。大学との関係で決めるべきことを決めたあと、雑談になった。

長野出身の水谷が身内の法事で京都に行ってきたという。そのときに出会った婚礼の話を聞いても茂は、まるで想像できなかった。それほどの衝撃を受けたのだ。

「嫁入りの荷送り自動車行列に出会ったんだけど、ともかく、びっくりしたよ。先頭は宰領《さいりょう》という監督役の乗用車で、そのうしろを荷物を満載した小型自動車が続いていく。嫁入りの荷物が荷台に積み上げられているんだけど、ともかく、ぎっしり満載なんだ。ただ、上に油単《シート》をかぶせているから、どんな品物なのかは詳しくは分からない。紅白の幕をかけて、ところどころに人夫が乗っている。いやあ、驚いたよ。あんな豪勢な行列が今どきあるんだね、信じられんかった」

さらに、「聞いた話」と前置きして、「結婚式の前にお見合いがすすめられるときは、まず『釣《つ》り書き』が手渡される」という。

「えっ、何だい、その釣りなんとかって……」

茂は、その方面にはとんと疎《うと》い。

「身上書、つまり経歴書のことさ」

「なんで経歴書を釣り書きなんて呼ぶんだい？」

「上のラインをそろえて書く書式を誰かが見て、上のラインがそろっているのが文字を吊るしたように見えるかららしい」

なーるほどね。茂の疑問はそれだけではなかった。

「経歴書のほかには……、写真は？」

「もちろん顔写真もついている。見合い写真だと、東京の森川愛三写真館が一番だね」

茂も、見合い写真を撮ることで有名な森川写真館の名前は、前に、どこかで聞いたような気がする。

「いや、そうなんだよ。なにしろ半年も前から予約しないといけないんだって。九州からでも北海道からでも、列車を乗り継いでやって来る人がいるらしい」

「ともかくすごい、大評判の写真館なんだよ」

「まあ、確かに、写真は実物どおりじゃないからね。現物を見て、びっくりというのはよくある話だよ」

「修正をうまくするのが写真館の腕前なんだろうね」

話は続いて、結婚式の服装に移った。花嫁は、文金《ぶんきん》高島田、角隠《つのかくし》、それから、紋服に黒留袖か黒振袖。そして、金持ち連中は新婚旅行とやらに出かける。夜の東京駅8時55分発の神戸行きの特急列車はそんなカップルが多いんだそうだ。茂にとっては夢のまた夢の話。

7月1日（月）

快晴、それほど暑くはない。天皇は「満州某重大事件」についての政府のとった措置に納得がいかない。田中義一首相は陸軍の圧力を受け、事件の責任者である河本大佐について停職処分にとどめた。田中首相が宮中にやってきたとき、天皇は「おまえの最初に言ったことと違うじゃないか」と詰め寄った。

田中首相は5月中旬、「いろいろ取り調べましたけれども、日本陸軍には幸い犯人はいないことが判明しました」と天皇に上奏していた。

田中首相は「違い」を釈明できないまま退出せざるをえない。田中首相が退出したあと、天皇は鈴木貫太郎侍従長に対して、「田中総理の言うことはちっとも分からない。再び聞くことは自分は嫌だ」と言った。もちろん、すぐに田中首相に伝わる。田中首相は涙を流して恐懼《きょうく》した。

田中義一は陸軍大将であり、明治軍閥の総帥・山縣有朋の懐刀《ふところがたな》として活躍してきた。そして、ごりごりの天皇主義者だ。その崇拝する天皇からの叱責はひどく田中にこたえた。

田中義一の名前をひっくり返して読んで、「一つも義《よ》いことは中っ田」つまり、「よいことはなにひとつしなかった」というのが、今や流行語となっている。

首相を辞任した3ヶ月後、田中義一は狭心症を再発し、9月29日に66歳で亡くなった。

7月2日（火）

晴れ、風がある。田中内閣が総辞職にしたのを受けて、民政党の浜口雄幸が首相に就任し、民政党内閣が誕生した。

7月16日（火）

暑い、暑い。茂は20歳になった。うれしくもあり、徴兵検査を受けなければならないので、怖くもある。そんな検査など受けたくはないけれど、逃げ出すわけにもいかない。

茂が20歳になるのを知って、竹ノ下係長がお祝いしてくれるという。堀之内を誘って、３人で出かける。斑気《むらき》のある性格なので、気が向くとこんなこともしてくれる。

「まずは腹ごしらえだな、うん」

竹ノ下係長が２人を連れていったのは、上野の精養軒。洋食の老舗《しにせ》として名高い店だ。関東大震災で被災して、まだ復興の途上だ。精養軒の中定食は１円４銭で、夕食だと２円もする。そんな贅沢は茂には縁がない。

大衆食堂だとライスカレーが20銭、玉子丼なら25銭。朝定食は10銭だし、昼定食でも25銭ですむ。寿司屋に行くと、にぎりが25銭で、ちらし寿司だと30銭。うなぎ料理は並みでも1円50銭もする。

サラリーマンの平均月収は１００円。ところが、三井や三菱といった大企業だと、課長級でも年収１万円（今の５０００万円）もらう。大変な高給取りだ。

3人は精養軒で高くない一品料理を食べたあと、お次は銀ブラだ。市電に乗って銀座に向かうと、相変わらず銀座はお祭りでもあっているかのような大変な人出だ。いったいどうなっているのだろう。日本は今、深刻な不景気だというのに、銀座の通りを行きかう男女を見ている限り、そんな不景気なんて、どこの国の話なのかとつい思わせる。

まずは、松屋百貨店に入ってみよう。前に来たときは夜遅かったので入れなかったけれど、今度は大丈夫。昔は店内に入る前に靴を脱がされていたというが、今は土足のまま入れる。いや、靴に覆いをつけさせられた。百貨店内にはエレベーターがあり、エスカレーターもある。店内は吹き抜けになっていて、見通しがよいし、広々とした空間が大きく広がっているので心地良い。店内には大きな食堂があり、子ども連れを含めて満席のようだ。アイスクリームをなめている光景が見えてくる。日用品も食料品も扱っていて、誰でも散歩がてらふらりと気軽に立ち寄れる。もう少ししたら冷房が入るらしい。そのときにまた来よう。

さてさて、久しぶりの銀ブラだ。今日は3人そろってほとんど同じ格好で決めている。まずは帽子。竹ノ下係長はパナマ帽で、茂と堀之内はカンカン帽だ。カンカン帽は麦わらを堅く編んでつくる。頭頂部は平たく、まわりに小さくて平たい、つばがついている。パナマ帽のほうが少しだけ高級で、熱帯アメリカ原産のパナマ草を編んでいる。

竹ノ下係長は白いパナマ帽をかぶり、今日は涼しそうな麻の白い背広をパリッと着こなしている。その姿は、まさしくモボ（モタンボーイ）だよね。

翌日、職場で茂が感嘆したと言うと、赤木さんから茶々が入った。

「本物の『モボ』っていうのは、裾ひろがりのラッパズボンをはいてね、頭のほうは中央で真っ二つに分けて、頭髪はポマードでテカテカに塗り固めているものなのよ」

うん、たしかに前日、そんな格好の男性2人連れが歩いていたな。茂は思い出した。そして、女性のほうは……。

「女性は『モガ』（モダンガール）と呼ぶわ。おかっぱ頭で、耳たぶがちらっと見えるほどに切りそろえた断髪に、短いスカート・ワンピース姿なのよ……」

どちらも三又村では絶対に見られない格好だ。さすがここは東京だから、流行の最先端を行っている。

堀之内は職場から退庁するとき、着替えていた。頭にカンカン帽をかぶり、甚平に、紺のステテコ姿だ。いかにも東京人らしい、軽快な装いで、本人も自信たっぷりだ。

銀座通りの向こう側からやって来た女性は、日傘《ひがさ》をさして、あっぱっぱを着ている。そして、靴ではなく、下駄か草履だ。そのあとをロングスカートの若い女性2人組が歩いていく。茂が2人組に見とれていると、竹ノ下係長が何やら下心ありそうなふくみ笑いをしている。

「さあ、ここだ、ここ。ここに入るぞ」

竹ノ下係長が行きつけだというカフェーに入っていくので、堀之内と茂もあとに続く。中に入ると、女給がそこそこ目立っている。

「ここはチップが1円だなんてところじゃないから安心していいよ」、茂を安心させたあと、竹ノ下係長は席にやって来た女給に話しかけた。そうか、チップはなくてもいいのか、助かった。

店内に「東京行進曲」が流れている。今、日本全国で大流行中だ。映画の主題歌で、ソプラノ歌手の佐藤千夜子が出身地の山形なまりも少し入れて歌う。映画の主題歌がレコードになった第1号で、売れに売れて、なんと25万枚も売れた。歌詞にある、「昔恋しい銀座の柳」というのは、ヨーロッパ帰りの詩人・西条八十《やそ》の作詞で、関東大震災によって銀座の柳が焼失してしまったことを指す。そして今、銀座には再び柳が少しずつ復活している。

銀座には「ライオン」とか「タイガー」とか勇ましい名前のカフェーがある。カフェー「タイガー」は美人女給を多くとりそろえた作戦が見事に成功し、銀座界隈《かいわい》の中心地となった。しかも、カフェーの女給はこれまでは和服に白いエプロンが定番だったが、「タイガー」は洋装のうえ洋髪を女給に許して評判だ。「東京行進曲」の次にはやった「銀座行進曲」には「タイガー女給さん、文士《ぶんし》が好きで」と歌われるほど、「タイガー」には文士が集まった。

カフェーの女給は基本賃金と客のチップの一定割合というところと、基本賃金なしでチップ収入だけという二つがある。この区別は客には分からない。

竹ノ下係長が女給を横にして怪気炎を上げると、相手の女給はしきりに相槌を打って話を合わせている。でも株の相場の話を女給が本当に分かっているのだろうか。茂はさっぱり分からないことなので……。コーヒーを飲みながら、まあ、これも人生勉強だよな、そう思った。

「さて、帰るとするか」、竹ノ下係長が腰を上げたので、茂はほっとした。懐具合を考えてチップをはずむつもりはないから、長居は無用だ。茂たちを促し、竹ノ下係長はさっさと勘定をすませて外に出て行った。濃い化粧の下にあどけなさの残る若い女給が茂と堀之内の手を軽くにぎって「また来てくださいね」と誘いかけてきた。茂は若い女性のひんやりした手の感触に心地良さを感じながら、(また来たいんだけど、先立つものが……)と思った。

店の外で竹ノ下係長が待っていて、「今日はもう引き揚げるぞ」と声をかけ、すたすた市電の停留所を目ざして歩いていく。茂もなんだか疲れている。早く下宿に帰って、銭湯でさっぱりしたいものだ。3人は停留所のところで別れた。

8月4日(日)

暑い。新宿の映画館「武蔵野館」が改装され立派になったと聞いて、茂は堀之内を誘って行ってみた。好奇心旺盛の茂は、世間で話題になっているものは、何でも自分の眼で見て確かめたい。なるほど、確かにすごい。4階建てのすごく立派な建物で、圧倒される。定員1200人という広さだ。

「実録忠臣蔵」も良かったし、次の嵐寛寿郎の「鞍馬天狗・山嶽党篇」も素晴らしい出来で、しっかり堪能した。

日本では上映される映画の8割は日本製の邦画だ。アメリカでも6〜7割が自国のものらしい。日本人は映画をよく観るだけでなく、次々に映画をつくっている。人口6000万人(1929年に6346万人)の1人あたり年に4回から5回は映画を観に行っている計算だ。そして、この1929年だけで、818本もの映画が日本でつくられた。

剣戟映画、つまりチャンバラ映画には「七剣聖」と呼ばれる映画俳優がいる。剣戟王と呼ばれる阪東妻三郎(ご存知、「ばんつま」)のほか、嵐寛寿郎、市川右太衛門、大河内傳次郎、片岡千恵蔵、月形龍之介、そして林長二郎(のちの長谷川一夫)だ。

8月14日(水)

井上準之助蔵相は金解禁の実現を目ざし、全国を行脚《あんぎゃ》して各地で演説会を開いて訴えている。大阪の中之島公会堂で開いた大阪毎日新聞社主催の演説会には、雨にもかかわらず聴衆が5000人も参加して超満員となった。それだけ、金解禁による景気回復を人々は期待している。大いに盛り上がり、最後には参加者全員が「万歳、万歳」を叫び、井上蔵相を感激させた。

8月19日（月）

晴れ、風があると涼しい。茂の職場は朝からみんなそわそわしていて、仕事に身が入らない。芳永課長は昼すぎ出張に行くと言って姿を消した。

ドイツの誇る最新鋭の大型飛行船がドイツからやってきて、今日の午後、東京の上空を飛ぶというのだ。「ツェッペリン号」は、全長237メートル、気球容積は10万5千立方メートル。ゴンドラは幅6メートルで長さは30メートルもある。10の客室に乗客20人。時速110キロ、プロペラ推進だ。2500ドル（5000円）で世界一周旅行する。8月15日にドイツを出発し、4日たった今日、日本の上空にやって来る予定だ。東京の上空に午後、その雄姿を現すというので、銀座の百貨店・松坂屋をはじめとするビルの屋上はどこもかしこも人々で満杯だ。市内各所に日独国旗が飾られている。

午後、それまで曇っていたのが少し晴れてきた。午後4時半、東京の北東方面から、千住、上野、神田須田町そして銀座の上空600メートルをゆったり泳ぐように現れた。鈍色《にび》に輝く葉巻の格好をした超大型飛行船が上空に悠然と姿を現すと、人々が一斉にどよめく。市電に乗っていた乗客もみな降りてしまい、空《から》の市電が走っていく。

茂は「来た、来た」という声が外から聞こえてくるのにつられて、外に飛び出し路上に立った。そして上空をゆったり通過していく飛行船を仰ぎ眺めた。いやあ、すごいものだ。すごいものを見た。ドイツっていう国はとてつもない力を持っている。

芳永課長の「出張」とは、ツェッペリン号が着陸する霞ヶ浦海軍飛行試験場まで出かけて、身近に飛行船を見ようというもの。10万人の観衆が詰めつけた。夕方6時半、まだ明るさのあるなか、飛行船が着陸した。

8月20日（火）

芳永課長は巨大飛行船を間近に見た感激を、まるで実況中継するかのように職場で話した。よほど圧倒されたのだろう。

この飛行船は、8年後の1937（昭和12）年5月、アメリカで突如として爆発・炎上し、乗員・乗客97人のうち35人が死亡するという大事故を起こした。それで、一気に人気を喪った。

8月25日（日）

午前中は雨。午後からは蟬《せみ》が鳴いている。今日も映画を観にいく。今日は上野に行ってみよう。

上野公園を抜けて広小路に出る。上野の山からおりた右側に上野日活がある。その少し先に寄席《よせ》の「鈴本《すずもと》」がある。落語を聴くのもいいね。まっ、今日は映画だ。嵐寛寿郎の「鞍馬天狗」は、やっぱりすごいよ。胸がすっきりする。そして、「敵討《かたきうち》槍諸共」だ。剣の殺陣が見事で、思わず手に力が入った。

8月31日（土）

昼間は風があったが、午後から暑い。茂は近くの小学校に行き、そこの体育館で徴兵検査を受ける。

先輩から聞いていたので、散髪して丸坊主になった。丸坊主なんて小学生のとき以来だ。頭がすうすうして風通しがいい。夏はいいけれど、冬は寒くないかしらん。防寒帽でもかぶらされるのか……。長髪でやってきた後列の男は憲兵から怒鳴りつけられて慌てて外に出ていった。下着はいつものパンツではなく、久しぶりのフンドシだ。この格好でずらりと並ばされる。さすがに東京は受ける男が多い。それでも次々に行列は進んでいく。軍医の前に立つと、陰茎をしごかれ、「よし」と言われ、次は前屈になって尻の穴まで見られる。まるで犬猫の扱いだ。

軍医そして全体を取り仕切っている軍曹が大威張りなのはいつものこと。これだから軍人は嫌なんだ。茂は百姓がきつくて耐えられないから、こうやって東京まで逃げてきたが、上命下服、問答無用で上官の命令に従わなくてはいけない軍人はもっと嫌だ。兵隊なんかに絶対なりたくない。

徴兵検査が終わったとき、軍医は「甲種合格。おい貴様、喜べ」と宣告した。なにが喜べか、喜べるはずがない。それでも茂は卑屈な愛想笑顔となり、黙って大きく頭を上下させ、あたかも喜んでいるかのような格好を見せた。我ながら情けない。一刻も早く、この会場から抜け出そう。いったいどうしたらよいだろうか。甲種合格になったからといって、すぐに兵隊にひっぱられることはないんだよね。自分はまだ大学生なんだし……。この甲種合格の宣言は、まさか「死への招待状」じゃないんだろうな……。真夏なのに、体の芯が冷えてきた、ぞくぞくする。兵隊を召集する赤紙を「1銭5厘のハガキ」と言う人がいる。でも、赤紙はハガキではない。ちゃんとした書類だし、必ず役所の兵事係から本人に手渡される。そうではなく、徴兵検査の呼出状の切手代が1銭5厘だということ。これと混同されている。

9月1日（日）

昨日の徴兵検査の苦痛を笑い飛ばしてやろう。茂は思い立って浅草まで出かけた。エノケンを観たかったのだ。「水族館」に入ってエノケンの演技を楽しむ。ただ、ちょっと大袈裟《げさ》で泥臭い感じがして、周囲の爆笑に茂はついていけなかった。

9月2日（月）

今日は曇天で、まだまだ暑い。法政大学の予科で、授業料値上げと大学当局の左傾学生処分に抗議して学生たちが「同盟休」で対抗した。

9月15日（日）

国鉄が特急を東京から下関まで延伸したと発表。といっても、実は下関までの直通ではなく、それまでの神戸までの特急を、神戸から下関まで別の特急でつなぐということ。

東京を朝9時発の特急「燕《つばめ》」に乗ると、夕方6時に神戸に到着する。わずか9時間しかかからない。そして、神戸から下関までは特急「櫻《さくら》」に乗る。神戸を夜10時37分に出て、下関に翌朝8時35分に着く。10時間ほどで着くわけだ。

単純にいうと、東京から下関まで特急は19時間あまり。とはいっても神戸での待ち時間が4時間半あるので、結局、東京と下関は、丸々24時間、1日かかるというわけだ。

特急列車に「燕」とか「櫻」、「富士」という愛称がついたのは、このときから。ちなみに、東京から大阪まで3等列車で行くと、運賃は5円だ。

10月16日（水）

昨日、政府が月額100円以上の官吏の俸給を1割減俸すると閣議で決定した。その動きを聞いて、まず検事たちが反対して動きはじめ、次に司法省の判事たちが裁判所内で集会をもって強硬に反対した。東京朝日新聞は、判事たちの抗議の動きを大きく報道している。

芳永課長も俄然《がぜん》元気だ。「よーし、判事たち、がんばれ」と、自分の机から大きな声援を送った。いずれは自分にも関わることなので、課長の叫びにみなが同感《どうかん》、至極《しごく》だ。1割も給料を減らされるなんて、とんでもない。明日は我が身に降りかかることだろう。茂も、これは、ひどい、やめてくれと叫びたい。

10月22日（火）

すると、強い反対運動が功を奏して、政府は減俸方針を撤回した。それをいち早く知った竹ノ下係長が「やったー、やったぜ」と喜びの声を上げた。芳永課長も、一瞬、突然の大声にびくっとしたが、減俸撤回を喜ぶ叫び声だったことを知るや、とたんにニコニコ、恵比須《えびす》顔になった。もちろん、茂もうれしい。赤木さんも笑顔が溢《あふ》れている。

政府が一度決めたことでも、こうやってひっくり返ることがあるんだな。茂は正直いって驚いた。あきらめるのは早すぎるということなんだね……。

10月24日（木）

ニューヨーク株式市場（ウォール街）で株が大暴落した。あとで「暗黒の木曜日」と呼ばれるようになった。世界恐慌が始まったのだ。芳永課長は新聞を手にして固まっている。蒼《あお》い顔をしたまま、何も言わない。竹ノ下係長は自分の机に向かったまま、これまた動かず、頭を両手でかかえている。顔を上げることができないようだ。

11月5日（火）

晴れ、風なし。大阪報知新聞が号外を発行した。四・一六事件の報道が解禁されたのだ。なんと半年以上もたっている。三・一五のときは1ヶ月後だったのに……。

「大検挙、1年有半、日本共産党撲滅さる」「起訴、実に825人」「思想犯罪、空前」という見出しが踊っている。

11月13日（水）

アメリカは、恐慌のクライマックスにある。

11月21日（木）

大蔵省が金解禁を発表した。

11月22日（金）

晴れ、風が冷たい。東京帝大の新人会が自ら解散した。これは自称「戦闘的解体」だそうだ。

11月23日（土）

晴れ、北風がひどく吹いている。

「検蒸《けんむ》しって聞いたこと、あるかい？」、纐纈が学生食堂で一緒に食事しながら、茂に向かって問いかけてきた。

「ええっ、何のこと、毛虫ならもちろん知ってるけど……」

「違う、違う。毛虫なんかじゃないよ。検束の蒸し返しの略語だよ。どこそこを徘徊していたから検束するっていうのを繰り返すんだよ」

「ええっ、何それ。何のことなの……」

「主義者を検束する口実さ。どこかを徘徊していたっていうんだけど、それは書類上のことで、実際には留置場にずっと留め置かれているんだよ、本人は……」

「それって、ひどいね、信じられない」

「うん、そうなんだ。でも、実際に、1年も1年半も留置場から出れなかったという人だって珍しくないんだそうだ」

「まったく信じられないな」

「それからもう一つ。行政執行法では1条に『翌日の日没後に至ることを得ず』となっているから、警察は日没になると、留置場から引っぱり出して、そして、出口のところで、『まわれ右』といって、留置場に入れ戻すんだよ」

「ひどいね、ひどいよ」、茂は信じられない。世の中には想像を絶することが、いかに多いことか……。

●特高警察●

すべての県に特高課が置かれ、警察署には特高主任か特高係事務官がいる。

特高警察は内務省が人事の任免権を握っている。各道府県の特高課長は指定課長、指定警視と呼ばれ、内務省が府県知事に任命すべき人物を指定した。特高警察の活動費は機密費とされ、中央から直接手渡される。各地で収集された情報は内務省の警保局に集中される。警察制度そのものが中央集権的だが、特高警察はさらに中央集権的であり、特高警察官は警察官のなかのエリートだ。

警視庁の特高部には最多600人、大阪に150人、大きい警察署だと7人から8人、小さい署でも2人から3人はいる。特高警察は在外公館に勤務する人間をふくめると5000人にものぼる。

特高警察は本の出版だって差し止める。出版法によって「安寧《あんねい》秩序」を「紊乱《びんらん》」する本を販売差止する。実際、500点から800点以上が発売できなかった。

12月5日（木）

東京市電が争議に突入した。この6月に東京市電の労働者は東京交通労働組合（東交）に統一し、組合員1万3000人を擁する最大の単一組合となった。東京市が不況による営業不振を理由として、賞与の2割減、昇給無期延期を発表したのに抗議し、労組（東交）は「5日怠業《サボタージュ》、6日スト」の指令を出した。

6日の早朝からストライキに入ったところ、特高警察が介入してきて、労使双方を警視庁に呼び出し、警視総監が調停案を示した。それは、賞与は1割減、昇給停止は4ヶ月、被解雇者の復職、争議中の1日分の給与は支払うというもの。双方とも受諾して解決した。

特高警察が、労働争議の調停までするとは、いったいどういうことなの、そんな権限まであるんだろうか……、茂は首をひねった。

12月6日（金）

晴れて、寒い。芳永課長が、いつものように自分の机に新聞を広げて読みあげている。そのなかで「不良弁護士の逮捕」というのが聞こえてきた。弁護士が非行して、次々に逮捕されている。この1年間に20人の弁護士が逮捕されたという。罪名は、背任、横領そして詐欺などだ。

堀之内が茂に向って、小声で囁いた。

「弁護士って、俺たちと違って金持ちのはずだろ。なんで、こんなに弁護士が捕まるのかな」

茂も、同じ思いで、首をひねるばかりだ。

「うんうん、いったいどうしてなのかなあ……」

暮れにかけて、東京は長雨が続いている。農家が長雨のために被害にあっているらしい。芋が腐っているとか。長雨にも困ったことだ……。

12月10日（火）

曇り、風なし。茂の生活費は月に55円。6畳1間の下宿代（賄いなし）が9円50銭。食費はなるべく削りたくない。神田あたりで食事すると、1食に15～20銭はかかる。かけソバ10銭、ラムネ1本5銭、餅とか万十は1個2銭だ。もっと下町の、たとえば押上あたりだともりかけソバは5銭で食べられる。

茂は定食屋ではカレイの煮つけや魚フライを安いからよく食べている。銭湯は7銭。夏に汗をかいたとき、そして冬の寒いときには毎日でも風呂に入りたい。でも、そんな贅沢は許されない。

●学生生活●

茂は親から月に40円の仕送りを受けている。生活費で足りないのは逓信省からもらう俸給でまかなう。辞めたとき、首になったときのことを考えて、少しずつ貯めるようにしている。だから、いつだってケチケチ、切り詰めた生活だ。カフェーには、たまにしか行かない、行けないのだ。

どうしても足りないときには質屋を利用する手があり、友人たちはよく利用しているらしい。着古した女物の銘仙の着物を1着、質屋に持って行き、客が2円を求めると、店は1円だと値ぶみする。それでも1円も借りられたら、当座はしのげる。久平から上京するときに餞別としてもらった懐中時計は「いざ」のときのためにとってある。幸い、まだ質屋にもっていったことはない。

この当時の学生が親から仕送りを受けている平均は月45円で、生活費として60円かかるので、茂は東京で、まさしく平均的な学生生活を過している。授業料は月10円で、食費に月20円かけている。

家庭教師をしている大学生は少なくない。学生食堂で耳にした話によると、東京帝大生のなかに、華族の子弟で中学生になったばかりの子を教えて、月に10円ももらっている学生がいるらしい。まったくうらやましい。信じられない金額だ。さすが帝大生だし、華族だ。茂の住む世界とは無縁の別世界がこの世にあるんだね……。

12月23日（月）

前年6月の満州某重大事件、つまり張作霖爆殺事件の処理をめぐって、軍内部に下剋上の風潮が強まっている。大佐とか中佐クラスの将校たちが団結し、内閣つぶしに動いた。その結果として、元の長洲閥の親玉である田中義一首相まで倒したのは皮肉な結果だ。

1930（昭和5）年

昭和恐慌

1月11日（土）

今日も快晴。ところが、世の中は大変だ。政府が金解禁すると、たちまち日本社会に大混乱が起きた。5ヶ月間のうちに2億2000万円もの正貨が海外に流出していった。物価は予想をこえて暴落し、証券市場が値崩れした。企業の倒産が相次ぎ、人員整理そして賃下げが頻発し、そのため失業者が巷《ちまた》にあふれ、国民生活は窮乏し、破綻した。

失業者はこの年（1930年）の430万人が翌1931年には800万人と急増し、1932・33年には、さらに1・5倍の1200万人に達した。失業率は25%。

世の中の不景気のため、「見切品」「格安品」「特価」があふれ、流行語となっている。1932年1月までに累計で4億5000万円もの金が国外に流出した。2年間に8億円の正貨を日本は失った。この金解禁は「嵐に向かって雨戸を開け放ったようなもの」と酷評された。

茂は金解禁が是か非かはよく理解できないけれど、不景気がひどくなっているのは周囲を見まわすだけで実感する。芳永課長は自席で腕を組んで渋い顔をしていることが多い。いつもの歯切れよい寸評をしない、出来ないらしい。茂は、なので、参考とすべき指針が得られず、どう考えたらよいかまとまらなくて困るばかりだ。

2月20日（木）

ところが、金解禁によって世の中はいい方向にまわっていくというマスコミの論調は変わらず、そのまま、総選挙の投票日を迎えた。

選挙の争点は、当然、金解禁の是非だ。マスコミの煽動に庶民の多くは乗せられ、金解禁によって生活が向上するという幻想がふりまかれたままだ。

2月21日（金）

その結果、金解禁を積極的に主張する民政党は100増の273議席を得て、大勝した。その逆に、金解禁に消極的な政友会は237議席という絶対多数だったのが、174議席という少数派に転落した。世論というのは世の中の意見を正確に反映しているものと思っていたけれど、実は案外操作されやすいものなんだね。茂は懐疑的な心境だ。芳永課長の懐疑論に茂も染まっている。

「マスコミが幻想をふりまいて一般大衆が乗せられてしまったから民政党が大勝利をおさめた。でも、本当にそれで良いのか、大いに疑問だぞ、これは……」

マスコミの論調は今なお金解禁推進だけど、冷静沈着な芳永課長の指摘のほうが一理も二理もあるとしか思えない。茂は困惑させられるばかりだ……。

無産政党は合計52万票とり（1928年の前回より3万票の増）、5人の当選者（前回は8人だったので3人減った）を出した。大山郁夫、西尾末広、片山哲など。

2月26日（水）

曇っていたら、雨が降り出した。共産党がまたまた全国で大々的に検挙されたらしい。芳永課長が電話で誰かと話しているとき、「共産党って、まだまだそんなに残っていたんだね」と言っているのが聞こえてきた。

　茂が何かを言おうとすると、赤木さんが人差し指を口にあてて、「しっ」と発言しないよう注意してくれた。そうか、世の中には、何も言わないほうがお互い、余計なものに関わらなくてすむ、面倒を引き起こさないいんだね。おお難しいな、世渡りって……。

3月2日（日）

晴れ。生糸相場が暴落し、繭《まゆ》の値段もひどく下がったようだ。おかげで養蚕《ようさん》農家は大打撃をこうむっている。アメリカ市場に依存している生糸は輸出が半減し、価格も最高値1400円が1180円に、そして500円台まで6割も下落した。そのため、日本の生糸業界そして繊維業界は大打撃を受けている。果たして、業界として立ち直れるのかしらん……。

　株価も全面的に崩落し、ついに東京株式取引所は立会停止となった。

3月10日（月）

小雨が降っている。法政大学に新しい校友会館が完成した。第1校舎に隣接する、鉄筋4階建ての斬新《ざんしん》なデザインなので、学生そして市民の目を惹きつける。水谷が茂を誘ったので、否応なく、二人して新しい校友会館に入って見学した。

「大学って、そんなに景気がいいのだろうか……」、茂はふと疑問を抱いた。

麻雀《マージャン》が大流行している。茂も誘われて、四角い卓に向かった。基本的なルールは何も知らないので、教わりながら卓について、様子を見ながらなんとか牌《ぱい》をまわそうとしてみた。でも、茂には賭け事のセンスが欠けているのだろう。何回かやってみたけれど、面白さが分からないうちに、茂は負け続けた。負けるとやはり悔しい。茂は負けず嫌いなのだ。勝った奴が鼻歌なんかうたうと、余計にむしゃくしゃ癇《かん》に障《さわ》る。

そのうち、じっと座っていると、腰のあたりがむずむずして、背中も妙に固くなってしまった。もう、やめた、やめた。麻雀なんか、これっきりしないでおこう。茂は代わりの面子《メンツ》を見つけて身を退《ひ》くことができた。いやあ、もうこりごりだ。二度とやらんぞ。茂は固く心に決めた。すると、誘われることもなくなった。学生たちが大学近くにある麻雀屋（雀荘《じゃんそう》）に吸い込まれるように入っていく。大学近くだけではない。麻雀するのは学生だけじゃないから、通りのあちこちに雀荘がいくらでもある。

「東京市内だけで２０００軒はあるらしいぜ」、南は雀荘にはよく行っているようだ。そして、生来の勝負師なのか、かなり強いらしい。

警視庁は麻雀屋の新規開店は認めない方向で取り締まりに乗り出したという噂が流れている。

3月23日（日）

晴れ。茂が下宿に戻ると、廊下の突きあたりに座机が立てかけてある。どうしたのかなと思って近づくと、下宿を出ていった学生が残していったもので、「欲しい人に譲る」というメモが貼りつけられている。

「これは、ありがたい」。茂は、黒光りする、年代物の座机を自分の部屋に引っぱり込んだ。机に何かを書き込み、それを削り取った跡がある。少し表面がデコボコしているけれど、もちろん立派に使える。国文・漢文の辞書を机上に置いて、すぐに調べものができるようにした。英和大辞典も置く。あとで法律学科に入学してからは六法全書を国語辞書をのけて置いた。机の上にあまりに本を置いて、積み重ねてしまうと混乱のもとになる。座机の横に八百屋で譲ってもらったリンゴ箱を本棚の代わりに据えて、そのなかに講義の教科書などを収納する。

冬の寒いときには、座机のそばに小さな火鉢《ひばち》を置き、ヤカンをかけて蒸気を出させ、部屋を温め、乾燥を防ぐ。それでもまだ寒いときは縕袍《どてら》か丹前《たんぜん》を着こんで机に向かう。

4月6日（日）

晴れて暑さを感じるほど。春うららかな陽気を感じながら水谷が用事を足そうと四谷あたりを歩いていると、モダンな建物が目を惹いた。そばに寄っていくと、布施辰治弁護士の法律事務所だった。4人の弁護士の名前が掲示してある。この4月に、青年弁護士が3人も同時に入所した。大森詮夫、河合篤、小林恭平だ。翌年4月には、東京帝大卒の青柳盛雄も入所する。

事務所の前には掲示板があって、演説会の日時・場所が告知されている。布施辰治はこのとき50歳で、日本全国、そして朝鮮半島にまで行って精力的に活動している。四谷荒木町に事務所を構えたのは市ヶ谷刑務所とは500メートルしか離れておらず、近いので、被疑者・被告人の面会が容易だからだ。布施辰治は刑務所によく行くので、顔が売れている。

この事務所の外観はまるで「ブルジョア弁護士」だよね。水谷には人権派弁護士というイメージとのあいだで違和感があった。まあ、たいしたものだ。水谷は、それでも布施辰治は偉いと思っている。

4月14日（月）

昼食をとろうと、茂が学生食堂に入っていくと、何やら騒々しい。食事をしているだけではなく、見慣れない新聞を手にしている学生の周囲に人が集まっている。そのなかに纐纈を見かけたので、「何があったのか」と尋ねた。誰かが無産青年新聞を持ち込んだらしく、それに気がついた学生が、書かれている記事の内容についていろいろ議論しているということが分かった。そう言えば、先ほど南が茂とすれ違ったのに素知らぬ顔をして食堂から出ていったな……。

無産政党は2月の総選挙で得票を増やした。失業者が増えているので、世の中に不満を持つ人々が増えているのは間違いない。茂はそう思った。

このとき、法政大学に50部、東京帝大に100部、無産青年新聞が配布されたという。

4月20日（日）

曇り。東京市電の従業員1万3000人が同盟罷業に突入した。給与の支払停止、賞与1割減に抗議するストライキだ。残念ながら、前のときのようには展開せず、4月25日、労働者側の敗北によってストライキは終結した。

東京市電の売上が減少しているのは、省電（国電）が延長され、地下鉄が出現し、さらに「円タク」が市電の競争相手として登場したことによる。市電の片道7銭に対して「1円タクシー」は高価格だが、1円でほとんど全市内を走っている（まだメーターはない）。また、「円タク」は多いうえ、料金を50銭とか30銭に自ら値下げして客を呼び込んでいる。

●労働争議●

労働争議、小作争議が全国で次から次に起きている。この年、労働争議は2400件、参加者15万4000人。これは戦前最高、つまりピーク。これ以降は下り坂、つまり減少していった。労働組合員は最盛期で42万人いる。

紡績会社は不況のため賃金カットと大量の人員整理をすすめている。紡績会社の賃金の切り下げは、1929年に男工が1円59銭、女工1円13銭だったのが、この年は男工1円40銭、女工98銭となり、1

932年には男工1円36銭、女工79銭（いずれも1日の賃金）に下がった。そのうえ、労働時間も朝4時30分から夜7時30分までの15時間という長時間となった。これでは労働者がストライキに踏み切らないほうが不思議だ。

4月5日　鐘紡の36工場で6月5日までストライキ。
5月　岸和田紡績の堺工場でストライキ。
6月　富士紡績の川崎工場でストライキ。
7月　富士紡績の保土ヶ谷工場でストライキ。
9月26日　東洋モスリン亀戸工場でストライキ。

紡績工場でストライキが起きると、会社側は巧妙な手口で若い女子工員の切り崩しを図った。「ハハキトク」「チチシンダ」というニセ電報を打って郷里に帰らせ、争議から離脱させる。父親を郷里から呼び出し、女工になっている娘を連れ戻させる。会社やお上《かみ》にたてつくなんて、畏《おそ》れ多いことだという素朴な心情につけこむのだ。

小作争議のほうは「冬」の時代に突入したまま。

ロンドンで開かれている軍縮会議に日本の世論は賛成している。この世論を背景に新聞も軍縮賛成を展開する。これに対して軍部が強硬に反対し、これを受けて枢密院も反対にまわった。軍縮条約賛成の新聞は、軍縮に反対する枢密院を「時代遅れの存在」「前世紀の遺物」扱いする。民政党の永井柳太郎代議士は国会で枢密院について、「耄碌爺《もうろくじい》の集団」と公然と悪態をついた。枢密院の無力化は、もはや誰の目にも明らかだ。

元老の西園寺公望は軍縮条約賛成の立場から根回しをすすめる、黒幕的な存在だ。また、天皇の侍従長をつとめている海軍出身の鈴木貫太郎も同じく軍縮条約に賛成なので、海軍軍令部長の加藤寛治《ひろはる》が阻止しようとするのを事前に察知し、それを回避した。どうやら天皇自身が軍縮条約に賛成のようだ。

4月22日（火）

晴れ、風が吹いている。ロンドン軍縮会議で、日本はついに海軍の軍縮条約に調印した。あくまで反対する軍人や野党の政友会に属する犬養毅や鳩山一郎も党利党略のために尻馬に乗って天皇の統帥《とうすい》権を干犯《かんぱん》していると騒ぎ立てている。

5月1日（木）

曇り空で、風が冷たく感じる。茂が頼まれて大蔵省へ書類を届けに行く途中、日比谷の交差点で旗を掲げ持った集団とすれ違った。立ち停まって眺めると、メーデーの行進だと分かった。東京はいかにも平和的な行進だったが、川崎のほうは物騒な集会になったという。

全協の指導部が過激な檄《げき》を飛ばした。「全工場の労働者は武装ストライキとデモで白色テロルを叩きつぶし、資本家どもを震えあがらせ、今度こそメーデーを葬式行列に終わらせるな」。

ここで「白色テロル」としているのは、特高警察による検挙（弾圧）のことで、「葬式行列」というのは、平和的な行進を悪しざまに罵《ののし》った言葉だ。

これを受けて、川崎のメーデーに、日本共産党日石鶴見製油所細胞の労働者20数人がピストルを所持し、竹槍70本を手に持ってメーデーの会場に乗り込み、それを阻止しようとした警官隊ともみあいになり、ついに流血の惨事を引き起こした。この結果、検挙された労働者たちは最高で懲役15年の刑となるなど、全員が重刑を科された。

この武装メーデー方針を推進したのは、この年1月に23歳の若さで日本共産党委員長になった田中清玄だ。田中清玄は東京市電の争議では「ダラ幹」の暗殺も計画するなど、過激な暴力路線を推進・実行していった。田中清玄は、あとで極左路線をとったことで厳しく批判された。7月15日に検挙され、転向したあと、日本の敗戦後は右翼として活動するまでに転落した。

夕刊を読んで川崎の武装メーデー騒ぎを知った芳永課長は「とんでもないことをしているな」と厳しく切って捨てる寸評を加えた。堀之内が茂の耳元に口を寄せて、「おっかないな、これって……」と囁いた。茂も、まったく同感だ。二人がひそひそ話をしているのを赤木さんが勘違いしたらしく、「あんまり近寄らないようにしてよね、あなたたち……」と声をかけた。若い2人が暴走しないように親切心から釘を刺したつもりなのだろう。赤木さんの忠告はうれしくもあり、誤解される素地があるというのが、茂はひっかかった。

曇り、夜から雨が降り出す。憲兵司令部が日本憲兵創立50周年記念として「思想展覧会」なるものを企画し、治安維持法違反事件で押収した文書を展示した。

5月9日（金）

有名な学者が一斉に治安維持法違反として検挙された。東京帝大の山田盛太郎・平野義太郎教授そして法政大学の法文学部哲学科の三木清教授、また中野重治。これらの学者、知識人は共産党にカンパし、その資金源になっているというのが罪とされた。たとえば平野義太郎教授は選挙同盟に200円をカンパしたという。200円というのが一時金だとすると、茂にとっては、とてつもない大金だ。

5月20日（火）

学生食堂はいつにも増して、騒然としている。とはいえ、黙々と食べるだけの学生も少なくない。「我、関せず」として我が身を守ろうとしているのだ。今日は一日、快晴だったが、茂の心中は晴れない。

5月22日（木）

法政大学で、「同盟休」が呼びかけられた。授業料を値下げせよ、「左傾学生」の処分に反対すると要求して、授業をボイコットしようという。

茂がどうしようかと迷っていると、呼びかける学生たちの中に南を見つけた。南も茂の顔を見て、声をかけてきた。茂は、こうなったら授業には出られないなと決断し、図書館に足を向けた。

「三木清の授業に出たとき、『自分について語るのは危険なこと、それは卑《いや》しいことであり、少なくとも悪い趣味だと言われるが、自分は本を書きながら自分について書いた』と言ってたよ。いったい、どういうことを言いたかったんだろうか……」

図書館で会った上甲は首を傾《かし》げた。

「うーん、自分について語るのが危険だとか、卑しいことだと言われてもなー、さっぱり分からんな」

茂も困ってしまった。

●三木清と戸坂潤●

三木清が検挙されたあと、その後任の哲学科の講師となったのは、同じく京都帝大文学部出身の戸坂潤。三木清も戸坂潤も、ともに東京第一高等学校（一高）から西田幾多郎のいる京都帝大の哲学科に入った。

三木清と戸坂潤の考える哲学はかなり違っている。三木清は『哲学入門』において「ひとつの現実として、現実の中にある人間が現実の中から現実を徹底的に自覚してゆく過程が哲学である」とする。三木清は、どこまでも現実の中から、また現実に即して論理を構成し、現実を論理によって証明するという役割を自分に課した。これに対して、戸坂潤のほうは『現代哲学講話』のなかで、「哲学というのは、一切の現象を批判の対象とするような、生活の一種の態度そのもの、あるいは少なくとも思想の態度そのものを意味する」とした。つまり、戸坂潤は、哲学を一切の現象を批判の対象とするような生活思想の態度そのものと考え、現実に対して不動の視座を構え、現実を徹底的に批判していく役割を自分に課した。

このように、三木清と戸坂潤の二人は、同じく哲学者であっても、現実とのかかわりについて、理論的には対照的な姿勢で世界と人生に向き合った。ところが、まるで合理性のない、非寛容な時代風潮のなかで、二人とも不当に罰せられ、獄中で非業の死を迎えた。

戸坂潤は1931(昭和6)年に法政大学で哲学科の講師になったあと、1934(昭和9)年8月に「思想不穏」を理由として解職されるまでつとめた。そして1938(昭和13)年11月に検挙され、日本敗戦直前の1945(昭和20)年8月9日、長野刑務所で獄死した。

三木清は7月に有罪だけど執行猶予2年の判決を受けた。だから、再び教壇に立てるかと思うと、文部省が大学に「しばらく復職を見分けられたし」と指示してきたので、教壇に戻れなかった。三木清は、その後、1945年3月に再び検挙され、日本敗戦後の同年9月26日、豊多摩刑務所で疥癬《かいせん》と腎臓病から、むくみと水ぶくれによって死亡し、ついに社会復帰も教壇への復帰もできなかった。GHQの政治犯釈放令が10月4日に出る1週間前に亡くなったのだから、実に惜しい。

5月30日(金)

晴れて、暑いくらい。中国で間島《かんとう》事件が発生。満州の朝鮮人が反日をかかげて蜂起した。

茂が学生食堂で南と会うと、南は、いつになく興奮している様子だ。

6月10日（火）

午前中だけ仕事をして、昼から大学に行くと、講師の都合で休講だという。そこで、下宿に戻ったあと、いつもの新聞縦覧所に新聞を読みに行く。今日も、いい天気だ。珍しいことに、今日は先客としてカフェーの女給が2人いて、座って牛乳を飲みながら新聞を手にしている。とはいっても、心ここにあらずで、読み耽《ふけ》っているというのではない。誰か来るのを待つあいだ所在なさそうに新聞をいじっているという状況だ。この2人とも、茂も行ったことのある、神田のカフェーの女給なのは間違いない。

茂は店の女主人に料金を払うと、いつもの席に腰かけ、東京日々新聞を読みはじめた。すると、まもなく学生2人が息せき切って駆け込んできた。名前は知らないけれど、2人とも顔に見覚えがある。どちらも法政大学の学生だ。なんだ、なんだ、この新聞縦覧所を女給との逢い引き（ランデブー）の場所として利用しているのか……。神聖な場所とまで言うつもりはないし、言えないだろうけれど、こんなところを男女の出会いの場として利用する学生がいるのを知って、鼻白む思いだ。まあ、半分はやっかみだけれど……。

大学生たちは茂に気がつかないふりをして、女給たちと一緒にそそくさと立ち去った。新聞を読むつもりは初めからないので、女主人に軽く頭を下げるだけで、料金を支払った様子もない。それでも女主人は心得たもので、愛想良く4人の男女を送り出した。

この新聞縦覧所は5銭払うと、1時間以内、どれだけでも新聞を好きなだけ読むことが出来る。カフェーではないので、コーヒーは出ないけれど、湯茶は無料で飲める。新聞を月極めで購読すると90銭もかかる。それより、ここで何日分かまとめて読めば、しかもいろんな新聞を読めるので、断然お得感があり、茂は重宝《ちょうほう》している。いつも煙草の煙が室内に充満していて、頭が痛くなるのだけが難だ。

6月18日（水）

晴れ、吹く風は涼しい。ロンドンで軍縮条約交渉に参加していた若槻《わかつき》礼次郎全権代表がようやく調印にこぎつけたあと、日本に帰ってきた。

その帰国を歓迎しようと、東京駅に大群衆が参集した。その数、十数万人、無数の幟が駅前の群衆の中に林立し、若槻代表を歓呼《かんこ》の声で迎えた。不景気が続き、ますます深刻化していくなか、軍縮条約が成立したということは、当面、日本は戦争しなくてよい、戦争に巻き込まれることはないと、多くの人々が期待した。軍縮条約は戦争を遠ざけるもの。多くの国民は戦争にならないことを願っている。軍部の思うどおりに戦争へつき進むことを願ってはいない。

茂の職場からも赤木さんが仕事にかこつけ、東京駅に出かけていった。そして、東京駅から戻ってくると、興奮さめやらない様子で、熱狂的な群衆の反応を茂に話してくれた。

「だって、身近な人が死んだら嫌でしょ。今のうちに戦争にならないように声を上げておかないと、先々、後悔することになるんじゃないかしら。そんなの、私は嫌よ」

大丈夫なのかな、こんなことを大声で話したりして……。茂は真面目に心配した。芳永課長が黙って赤木さんの話を聞いているところから推察すると、どうやら赤木さんと同じ気持ちのようだ。

7月16日（水）

いやあ暑い、暑い。今日も朝から暑いな。茂は21歳になった。入川を出たとき17歳だったから、もう丸3年たって4年目になる。東京での生活も、かなり慣れてきた。モダンボーイにはほど遠いけれど、東京人の感覚はかなり身についてきたと自分では思っている。

堀之内が誕生祝いを兼ねて映画を一緒に観に行ってくれるという。二人とも、チャンバラ映画がメシより好きなので、新宿駅前でソバを食べたあと、武蔵野館に吸い込まれた。4階建ての大きな建物が超満員だ。1階はスクリーン近くまで観客が埋め尽くし、2階も3階も客が鈴なりで、あふれた客が下に落ちてこないか心配するほどだ。今日も午前9時の開場、打ち込みと言った、その前から長蛇の列ができていたという。

同じチャンバラの映画でも、茂と堀之内とは好みが少し違う。堀之内は大河内傳次郎の「丹下左膳」シリーズがいいと言うけど、茂は嵐寛寿郎の「鞍馬天狗」シリーズがたまらない。天狗のおじさんが馬に乗って早駆けして杉作《すぎさく》少年を助けに向かう場面になると、活弁《かつべん》の声は絶好調だ。場内の観客も、それに負けずに、手を叩き、声を張り上げる。

弁士と言えば、やはり徳川夢声だ。声がいいし、抑揚のつけ方がさすがにうまい。音楽の伴奏はスクリーンの前の楽団が生演奏している。川のシーン、雪の降る情景には大太鼓がゆるやかに打たれて、その雰囲気を十分に醸《かも》し出す。名月、そして人が死ぬときには寂しげに笛が吹かれ、さもありなんという風情《ふぜい》になる。

「いやあ良かった、良かった」。二人とも大満足して映画館を出る。小腹《こばら》が空《す》いているので、駅前でパンを買い、道々それを食べながら市電に乗り、茂は下宿に戻った。

7月17日（木）

風が吹くと、少しだけ暑さもやわらぐ。子爵の大河内正敏は東大教授、貴族院議員を経て理化学研究所の所長となり、今や60数社を擁する理研コンツェルンの総師として君臨している。ところが、その長男の信威《のぶたけ》は18歳前後から左翼芸術に傾倒し、１９２８年にナップ（日本無産者芸術連盟）の書記となって活動中だ。この日、正敏は親族会議で信威を廃嫡し、自らは貴族院議員を辞職した。会社のほうは辞めない。

それでも、信威は華族からの廃嫡なんかにひるむことなく、ナップの活動を意気盛んに続けている。弟の信敏も小川三郎というペンネームで活動していて、この1月、省線（山手線）五反田駅近くに開設された、貧しい者のための日本初の無産者診療所である大崎無産者診療所を書記（事務長）として支える。

8月4日（月）

炎暑が続いている。アメリカの恐慌が日本にも普及してきた。日本は、ますます景気が悪化し、失業者は急増している。深刻な不景気は当然のことながら、子どもにも影響が及ぶ。学校に昼の弁当を持ってこれない子どもが目立って増えている。そんな子どもは、仕方がないので、昼休みになると、教室からさっと外に出て遊び始める。ひもじさは水を飲んでごまかし、我慢するしかない。そして、修学旅行に参加できないという子どもが出てきた。旅行どころではないと親に言われたら、仕方がない。ついには、学校に来なくなり、店などで働きはじめる。

昨年11月、銀座6丁目の交詢社ビル1階にオープンしたカフェー「サロン春」は初めから高級路線だ。交詢社それ自体が上流階級の社交倶楽部であり、それをターゲットにしている。集めた女給は容姿端麗《ようしたんれい》な若い女性のみ。客のターゲットは、学生とか庶民ではなく、インテリ層に絞る。

これに対抗するように、大阪から大衆路線の大規模カフェーが銀座に進出してきた。「美人座」が6月、10月に「日輪」、11月には「銀座会館」がオープンした。それぞれ1店舗に100

人もの女給を抱えるほどの大衆向けカフェーだ。銀座通りの北側は派手なネオン街に一変した。女給たちも競いあった。女学生風、芸妓風、優しい、浮気そう、色々とりどりだ。店内はジンの匂いとタバコの煙が立ちこめる。女給も立って給仕するだけでなく、客と一緒のテーブルに腰かけるようになった。

女給のチップ収入は、月200円が相場（平均）のところ、「サイゼリヤ」の出川京子という女給は月580円もらっていると評判だ。

銀座のカフェーは、作家をふくむインテリ層は「サロン春」を、一般の会社員や学生は大衆的なカフェーを利用するという、棲《す》み分けが出来ている。

夜の銀ブラがすっかり世間に定着した。もちろん銀座には夜店がずらり並んでいる。銀ブラは一度行くと、病みつきになって、大勢の中毒症「患者」を生み出した。

この4月、銀座4丁目角に三越百貨店が開店した。それまでの松坂屋と松屋という二大百貨店から、三大百貨店となり、銀座はますます人を呼び寄せる。

8月12日（火）

今日も晴れ。堀之内が茂に近寄ってきた。笑顔で「今晩ヒマだろう?」と訊いた。いつだって何の用もない茂は終業後、二人して銀座に出かける。カフェーに入って少し落ち着くと、堀之内が「ダンスホールに行こう」と言い出した。ははん、今夜は銀ブラというより、本命はダンスホールだったんだな。茂は堀之内の魂胆《こんたん》をすぐに見破った。まあ、それでもいいやな。騙された振りでもないけど、茂も一度は行ってみたかったので、すぐに応じた。

二人してダンスホールに入っていくと、店内は客とダンサーで満員盛況に近い。世の中は不景気だというのに、ここは別世界だな……。

店内の中央は広いフロアーになっていて、いかにもサラリーマンという背広・ネクタイ姿の男性が洋装のダンサーと組んでワルツを踊っている。もちろん茂はワルツなるものが何かを知らないし、踊ることもできない。あとで、堀之内から、「あれがワルツというものらしい」と教えられただけのこと。堀之内も自信なさそうではあった。

茂はフロアーで踊っているサラリーマンとダンサーをしげしげと見続けていた。堀之内も同じで、フロアーに出て踊ろうとはせず、ただビールを飲んでいる。

あれっ、あの若い女性は、なんだか見覚えがある気がする……。どこかで会ったな、きっと。茂はすぐに思い出せず、じっとじっとダンサーの顔を見続けた。ダンサーと目が合った瞬間、茂の記憶がよみがえった。そうだ、間違いない。茂が三又村から3年前に上京して来たとき、大阪からの特急列車で相席になった2人の若い女性のうちの1人、活発だった君江のほうだ。派手な服装と化粧だけど、間違いない。

若い女性は2人とも新宿にある百貨店だか呉服店に縫い子として働くことになっているという話だった。その縫い子が、いつのまにか銀座のダンスホールのダンサーになっているというわけだ。

縫い子の募集広告には1日35銭とあった。それだと月に10円ほどにしかならない。募集しているのは25歳から30歳までの若い女性。月収10円だと、下宿代を支払ったら、東京では生活できない。寄宿舎に入って集団生活するしかない。

ところがダンサーになったら、一晩で9円、月に200円も稼ぐことができる。客からもらったチップは別にして……。カフェーの女給と違って、店がチップを召し上げることもない。ただ、ダンサーも女給と同じで、衣装代や化粧品代などの必要経費はかなりかかるけれど、それはすべて自己負担で、店はまったく負担しない。そんなわけで、月10円しかもらえない安い縫い子より月に200円にもなるダンサーに転身するのは当然の成り行きだ。

とはいっても、誰でもダンサーになれるというものではない。条件がある。なんといってもダンスを踊れるというセンスが不可欠。運動神経の鈍い女性には向かない。そして、ダンサーを続けるのには運と意思の力が必要だ。ダンサーは稼げるからこそ、悪い男につかまって、うしろからヒモとしてお金を吸い上げられる危険がある。そうならない男の見分け方を身につけておかないといけない。いつのまにか大金をもっているはずが、借金まみれになってしまう女性が少なくないのも現実だ。その先にあるのは身を売る世界だ。

茂は君江に声をかける勇気はなく、黙って店を出た。

9月4日（木）

晴れ。水谷と学生食堂で一緒になると、悲しそうな顔をして言った。

「今年は豊作飢饉《ききん》らしい。かなりひどい状況になっている」

東北の村役場の前に、「娘を身売りする前に相談してください」と書いた紙が貼り出されているというのは茂も新聞を読んで知っていた。どうして、豊作だというのに、そんなことになったんだろうか……。

9月6日（土）

急に秋風らしきものが吹いて驚く。今日はお腹の調子が良くないので、仕事にも大学にも行かず、下宿に籠っている。茂は横になって天井を見上げた。

茂は自分でも胃腸が強くないことは自覚している。でも、少しくらい身体不調になっても、医者にかかるのは極力避ける。医者代を支払う余裕はないから、富山の薬売りが下宿に顔を出したときに置き薬を購入する。腹痛にはゲンノショウコやセンブリの煎じ薬を服用する。めったにないけれど、頭痛のときは「ケロリン」、また、こめかみに梅干しを貼りつける。

水谷が長野の実家から持ってきたという梅酒、そして梅肉エキスを譲ってくれて助かっている。お酒を飲めない茂でも、梅酒なら薬と思って猪口《ちょこ》1杯を飲む。身体が温まって、いい気分だ。

9月14日（日）

茂は気晴らしに浅草へ出かけた。いつものように堀之内と二人だ。雨が降りそうなので、傘を用意していく。今日も浅草の映画街はすごい人の波だ。ここだけは世の中の不景気が嘘のようだ。

チャンバラ映画が始まる。お家乗っ取りを企む悪家老《あくがろう》が悪徳商人とつるんで、邪魔者の武士の娘を誘拐。そこへ正義の味方があらわれ、人質となった気の毒な娘の救出に走って駆けつける。観客は拍手し、「早く早く」と掛け声をあわせる。主人公が悪人どもに囲まれながらもばったばったと斬り倒し、斬り伏せていく。なぜか決して血は流れない。観客の拍手はさらに高まり、ついに悪家老も悪徳商人も退治されるクライマックスを迎える。一段落すると、主人公はすがる娘にさよならを言って旅に出る。

映画のあと、松竹座に行って若い女性たちの歌と踊りを見ようということになった。二人して心が浮き浮き、うっとりした目つきで松竹座をあとにした。

9月18日（木）

今日も雨。軍人たちの不穏な動きが目につく。ロンドン軍縮条約成立に抗議して割腹した軍人がいるというのを知って茂は驚いた。軍人て、人の生命を軽く扱っている気がする。草刈英治という少佐だ。

海軍軍令部は、ロンドン軍縮条約は統帥権を干犯していると主張する。その根拠は二つ。一つには、対米7割の軍備がなければ、日本の国防に責任がもてない。その二は、兵力量を決定する権限は統帥部にある。

参謀本部第2部ロシア班の班長である橋本欣五郎中佐が中心となって、「桜会」なるものが結成された。この会は、「国家改造を終局の目的とする。そのため、必要なら武力行使を辞さない」というもの。

9月26日(金)

小雨が降っている。東洋モスリン亀戸工場で同盟罷業が始まった。会社側が500人もの人員整理を発表したことに抗議するストライキだ。女工2500人が工場を占拠した。白鉢巻、紅い襷《たすき》姿で気勢をあげている女工たちの様子が写真つきで大きく報道された。

会社は恐慌による事業不振を切り抜けるには工場閉鎖と大量解雇しかないという。しかし、女工たちは、長野や東北の農村からやって来ている貧農の娘たちだ。その故郷は貧窮のどん底にあり、首切られても戻る故郷はないから、断乎として会社と闘うしかない。

9月28日(日)

争議団員2500人は、薄暗くなった亀戸の街にくり出し、示威行進を敢行した。すると、周囲の工場から争議団に同情・共鳴する人々が加わり、なんと1万人近い大行進となった。警官隊が争議団の行進を阻止しようとして、一部を検束したが、争議団員と応援する人々の怒りをかき立て、行進を停めることはできなかった。

9月29日（月）

争議団の女工たち2000人は、白鉢巻に紅襷をかけて、午前8時、工場内を四列縦隊となって腕を組み、太鼓を打ち鳴らし、メーデー歌をうたいながら練り歩いた。翌日から、午前と午後、女工たちの場内デモが日課となった。会社側は、これに水道のホースで水を浴びせかけて妨害する。

会社は、ここで軟弱な態度をとったら、他でもストライキを助長し続発させることになると意思一致し、父兄をひっぱり出すことにした。

「若き男女が昼夜の分かちなく自由に交通接触した結果、日を経るにしたがい、風紀を乱す者が増加する傾向にあり、争議後には女工員の妊娠者が300人を下らないだろうという噂があり、はなはだ憂慮にたえない」と書いた書面を送り、あわせて往復旅費を同封した。すると、父兄が続々と上京してきて、娘たちを引き取っていく。女工たちはスクラムを組んで阻止しようとしたが、泣き叫びながらも、かつがれ去っていく女工が日ごとに増えていった。そして、会社は争議団の中心と見込んだ男女137人に解雇を通告した。

10月8日（水）

晴れ。東京控訴院で、四・一六事件の統一公判、二審の第1回公判が開かれ、布施辰治弁護士ほか19人の弁護士が出廷した。

被告人は裁判所の法廷に入る前、編み笠をかぶらされ、手錠をはめられ、腰紐《こしひも》でつながれ、看守に導かれているところを写真に撮られ、新聞で報道される。こうやっていかにも極悪犯だと世間に印象づける。

被告人団は事前に会議を開いて、被告人のうちの2人が保釈中に争議の関連で検挙され、本日の裁判に出頭していないことを問題とした。

「2人が欠席しているのに審理を進めるのは統一公判の趣旨に反しているから、公判の延期を求める」

これに対して、日下部《くさかべ》義夫裁判長は被告人団の公判延期要求を拒否し、2人の被告人については、公判分離を宣言した。そのうえで、残る被告人に対する人定質問を始める。被告人たちが人定質問に対する答弁を拒否すると、日下部裁判長は「裁判の公開を停止する」と宣言。これに対して、弁護人の一人がすかさず立ち上がり、「日下部裁判長を忌避する」と申し立てた。

傍聴席は今日も満席だ。その中央あたりに座っていた丸髷《まげ》姿の小柄な女性がやおら立ち上がり、裁判長に向かって「裁判長、不当！」と叫んだかと思うと、いきなり、大きな声で「ああ、インターナショナル」と歌いはじめた。すると他の傍聴人も唱和しはじめ、ついに大合唱となった。

あっけにとられ、しばらく呆然としていた日下部裁判長はすぐに気を取り戻し、「全員退廷！」と叫び、廷吏を総動員して傍聴人を法廷の外へ押し出した。

この勇気ある女性は長髪の山代吉宗被告の母親だというのがあとで判明した。

10月24日（金）

曇りから秋雨が降りだした。東洋モスリン亀戸工場のストライキが大変なことになった。女工たちの争議団はいよいよ追い詰められ、支援労働者とあわせて2000人が街頭を行進しているところに警官隊300人が襲いかかって大乱闘となった。これを新聞は「市街戦」と報道した。

警察は186人を検挙し、騒擾《そうじょう》罪を適用して75人もの大量起訴に踏み切った。このとき、現場近くに警視庁の丸山総監も来ていて陣頭指揮をとっていた。ということは、警察は初めから争議を鎮圧するつもりだったのだ。

結局、このストライキは11月21日、警視庁の調停を受け入れ、組合側の惨敗で終息させられた。

10月27日（月）

台湾の山中（台中州霧社。今の南投県）で日本人多数が現地住民によって殺害された（霧社事件）。この日は「台湾神社祭」の前日で、日本人たちは小学校で連合運動会をしようと集まっていた。そこへ霧社地区の一つの部落であるマヘボ社の頭目モーナ・ルーダオの率いる高砂族とも呼ばれるタイヤル族が襲撃し、日本人134人を殺害した。日本人の警官のいる駐在所が13ヶ所も一斉に襲われた。つまり、この日の早朝から日頃の日本の圧制に対する反乱が始まったということ。

事件発生を知ると、日本は軍隊を出動させ、大々的な山狩りを展開し、武力でたちまち鎮圧した。反乱に参加したタイヤル族の6部落の半数650人以上が殺され、また山中で自死し、残った人々は別の場所に移され、痛めつけられた。

ようやく事態が収拾し、日本軍が撤退したのは2ヶ月たった12月26日のこと。

10月30日（金）

茂がいつになく騒々しい学生控室で掲示板を眺めていると、纐纈と水谷が連れだって喜びにあふれてやってきた。「さあ、今日はお祝いだ」という。はて、何のお祝いか……。六大学野球リーグ戦で法政大学が昨日、初優勝したのをみんなで祝おうというのだ。茂はスポーツも苦手だけど、それくらいはさすがに知っていた。まあ、一杯やって騒ぐ口実だね。茂も加わることにした。

11月8日（土）

エノケンの熱烈なファンである赤木さんが、茂と堀之内を誘い、3人で浅草の玉木座へ出かけた。よく晴れた土曜日の夕方でもあり、今日も人通りは多い。エノケン（榎本健一）、シミキン（清水金太郎）そして淡谷のり子らが「プペ・ダンサント（踊る人形）」を11月1日に旗あげしたばかりだ。エノケンたちの軽快な動きに笑いころげて、三人はすっかり満足した。

赤木さんは「それほど……」というが、茂も堀之内も淡谷のり子の味わい深いソプラノで歌う美声の虜《とりこ》になった。胸がしめつけられる思いがすると茂が言うと、堀之内も同じだという。珍しく意見が一致した。

帰りに、赤木さんが二人に甘いお汁粉をおごってくれた。堀之内が茂に「議会カフェーに行ってみよう」と誘うので、カフェーには行かないと言う赤木さんと別れた。

10月にオープンしたカフェー「日輪」は、外観は大阪式の五色のネオンで飾り立て、女給80人をピンクと白の2組に分け、民政党と政友会とした。「議会カフェー」という異名がつき、政治好きの連中が押しかけて繁盛している。女給の名前まで、「浜口雄子」「犬養つよ子」としているのを知った茂は圧倒され、女給とろくに話もできずに堀之内ともどもすぐに退散した。

11月10日（月）

学生食堂に入ってきた水谷の姿に驚いた。すっかり意気消沈している。手招きして近くに座らせ、どうしたのかと尋ねると、いつになく元気のない声で水谷が言う。

「信濃銀行が破綻したんだ。とても信じられないよ。信濃銀行といったら、長野では知らない人がいない銀行なんだ。預金者6万人、預金高3000万円という銀行が経営破綻しただなんて、いったい誰が信じるかい。ありえないことだぜ……」

水谷は「郷里が心配なので、今日は、これから実家に行ってくる。様子を見に行かないといかん。こんなところでのんびりなんかしておれないや」と、寂しく笑った。

何日かして水谷が戻ってきて、学生食堂で話すことができた。長野は大変なことになっているようだ。元気のない水谷をどうやって慰めたらよいのか、茂には見当もつかない。

11月14日（金）

風もなく、よく晴れた日だ。午前8時55分ころ、東京駅で午前9時発の特急列車「燕」（神戸行き）に乗り込もうとしていた浜口雄幸首相がピストルで撃たれて、重傷を負った。

この日、浜口首相は岡山へ軍事演習の天皇視察に随行する予定で、東京駅の4番ホームを歩いていた。そこに、久留米絣《かすり》の着物、紺の袴《はかま》を着て、下駄《げた》ばきの壮士風の男性（佐郷屋留雄、愛国社、23歳）が2メートルという至近距離からモーゼル式8連発挙銃で浜口首相の腹部を狙って命中させた。犯人はその場で捕まった。同じホームにたまたま居あわせた幣原《しではら》喜重郎は浜口首相と中学以来の親友だったから、駅の貴賓室に横たわっている浜口首相のそばに行って声をかけた。すると、浜口首相は「男子の本懐《ほんかい》だ」と絞《しぼ》るような声で言ったという。浜口首相は、翌1931年8月26日に死去（62歳）。

11月24日（月）

晴れ。警視庁がエロ演芸取締規則を制定し、取り締まりを始めた。「エロ演芸」とは、股下2寸未満のズロースや肉襦袢《じゅばん》の着用の禁止、また腰を前後左右に振る所作を禁止するというもの。

「警察が芝居小屋の内容までチェックするというのは、いくらなんでもやりすぎではないかな……」

南のコメントに茂は同感すると同時に不安を感じだ。このところ、胸がザワついて仕方がない。

11月25日（火）

晴れ、風が冷たい。東京地裁で朝鮮共産党日本総局並高麗共産青年会日本部事件の公判がはじまった。東京地裁の広い陪審法廷が使われた。被告人は金漢郷ほか30人で、非公開の分離公判だ。神垣秀六裁判長は弁護人からの忌避申立を却下すると、被告人を1人ずつ地下の監房から引き出して法廷に立たせる。法廷の床が監房の天井になっていて、その蓋板を押し上げて被告人が出てくる仕掛けだ。

被告人が「コミンテルン万才」を叫び、さらに分離・暗黒（非公開）裁判に抗議すると、神垣裁判長は即座に「発言禁止」と叫び、それでもなお被告人が発言を続けると、すぐに「退廷」を命じる。周囲にいる看守が数人かかりで、有無を言わさず元の地下監房に連れ戻す。

被告人1人に1分もかからないほど、次々に「発言禁止」と「退廷」が連発される。弁護人の一人、谷村直雄《ただお》弁護士がたまりかねて、「もっと裁判らしく進行されたい」と抗議すると、神垣裁判長は谷村弁護士をきっと睨《にら》みつけ、怒気を含んで、「弁護人は、当裁判所が無慈悲で不親切だとでも言うのですか」と詰問する。別の弁護人が何か言おうとすると、弁護人に対しても被告人と同じように「発言中止」そして「退廷」を命じた。

この神垣裁判長は検事の求刑より重い刑を判決で言い渡すので有名だ。意識的重刑主義と呼ばれる。そのことを問われた神垣判事は、「転向は将来のことに属するにすぎない。そして五・一五事件との振りあいもある」などと、訳の分からない釈明をした。

このようにして、被告人不在のまま、有罪立証の証拠調べがすすめられた。

世界恐慌が日本に普及し、昭和恐慌と名づけられた。

輸出が総額で34%も減った。なかでも生糸のアメリカへの輸出は激減した。また、銀貨が暴落したことにより綿糸布輸出も減少した。

11月28日（金）

晴れて、今日は少し暖かい。

河上肇博士の『第二貧乏物語』が発刊された。南は雑誌『改造』に連載中から読んでいたという。1929年春から1930年夏まで連載された。

河上博士が大正6年に発刊した『貧乏物語』は大いに注目され、よく売れた。茂も読んでいる。この本では、多くの人々が貧乏に苦しんでいる原因は所得分配の不均衡と消費の自由主義とか、今の社会の営利主義的な生産活動に結びつくところにあるとしている。そして、社会に貧富の差があまりに大きいこと、金持ちが濫《みだ》りに贅沢《ぜいたく》品を買いあさっている限り貧乏は根絶できない。河上博士はこう強調した。

「それで、今度の本では何か新しいことを河上博士は言っているのかい？」

茂は南に問いかけた。すると、南は、「河上博士は1928年4月に京都帝大を辞めて、これからは実践活動をしようと決意したらしい」と言った。ええっ、学者が研究活動ではなくて、実践活動をするというのか……。茂には想像できない。

「それはともかく、本の内容はどうなんだい」

茂が重ねて問うと、南は苦笑した。

「いや、それがちっとばかし難しいんだよ。前の本と違って、なんだかマルクス経済学の解説書みたいで、固苦しいし、よく分かんなくて困ったよ」

なんだか、経済学の教科書のようだという。

「資本主義社会が資本主義社会であるかぎり貧乏はなくならない」と河上博士は今度の本で断言しているという。そうか、南が難しい本だと強調するので、茂はすっかり読む気を失った。

茂は、南が何度も勧めるので、マルクスの本も少しずつ読んでいる。「賃労働と資本」「空想から科学へ」はだいたい理解できた。でも、「フォイエルバッハ論」は少し難しかった。

12月11日（木）

外は雨が降っている。纐纈が学生食堂で茂を見つけて近づいて話しかけてきた。

「三池炭鉱って、茂の実家のある大川市から遠くないんだろ？」

えっ、なんで急に大牟田の三池炭鉱のことが話に出てくるのかしら……。纐纈は、ほほ笑《え》んで、「いや、なに、囚人労働者を使うのを止めるって聞いたからね」と説明する。

茂は初耳だった。三池炭鉱は三井財閥が近代的大資本として確立するのに重要な役割を果たした蓄積（産業）基盤だ。ところが、今や炭鉱労働も機械化が進んでいる。それは採炭現場も運搬も両面で……。すると、囚人労働そして女性の労働者は採算があわない。というのも、囚人だと看守を置いて逃亡阻止の人員と施設、護送に費用がかかって、とても採算があわない。そのうえ機械の操作をまかせるのも無理。そこで、三井は、機械化を押し進め、40％という人員整理を断行することによって出炭効果を向上させた。

恐慌下の合理化なので、誰も文句を言いにくい。こうやって、三池炭鉱は近代的な重化学工業の基盤として確立した。

●三井財閥●

三井財閥の起源は江戸時代の三井両替店と越後屋呉服店にある。つまり、高利貸し業務と商業の二つによって立つ。明治に入って、それは三井銀行と三井物産という形をとった。その後、この二つに三井鉱山が加わった。

団琢磨《だんたくま》は、58歳で三井合名会社のトップ、理事長となり、三井コンツェルンの総帥として君臨する。会社は4倍になり、その資本金合計は6倍にもなった。そして、三井財閥は、権力そのものを自己の番犬として奉仕させることに成功した。

三井の財力がどれくらいのものであるかは、三井八郎右衛門（高棟）宅を見ると分かる。敷地は1万5000坪、もちろん東京の下町なんかではなく一等地だ。そこに建坪1500坪もの広大・華美な邸宅を構える。使用人は100人を超え、車庫には最高級の自家用車が10台、ずらりと並んでご主人様のお声がかかりを待つ。

邸宅には、たとえば電気冷蔵庫がある。氷で冷やすというものではない。少なくとも600円から800円（今の百数十万円）するから、新しい自動車が1台は優に買える値段だ。

1931（昭和6）年

軍事教練

1月1日（木）

目が覚めると、外がいやに白っぽい。窓の外を見ると、雪が降っていて、地面は真っ白だ。寒いぞ、すぐ窓を閉める。今日は正月なので、まずは年始まわりだ。市電に乗って、下町の堀之内の下宿に行った。そして、江東区に住む堀之内宅から今度は杉並区の住宅街のはずれにある竹ノ下係長宅に向かう。市電のなかは茂たちと同じように年始まわりをする乗客がたくさん乗っている。すでに酔って赫《あか》い顔も少なくない。

竹ノ下係長宅に着くと、先客がいて、茂たちを見ると、竹ノ下係長は上機嫌で、「さあさあ、飲んで、食べてくれ」と招き入れた。正月は、こうやって上司の家をまわってただ酒を飲むのが楽しみだし、風習になっている。路上にもそんな連中が何人かずつ連れだって歩いている。

下戸の茂はお猪口1杯を口につけたくらいで、食べるほう専門だ。お酒のほうは堀之内が茂の分まで飲んでくれる。

竹ノ下係長は「相場が思うようにいっていないのが残念だな……」と先客と話している。先客も同じような状況に苦しんでいるらしい。相場仲間だな、きっと……。

茂と堀之内は、おせち料理を詰めた重箱のなかをひととおりいただくと、係長の妻君《さいくん》に丁寧に頭を下げて引き揚げることにする。外に出ると、まだ雪は細々《ほそぼそ》と降っていて、路面は滑りやすい。なので、そろそろと気をつけながら市電の停留所に向かう。市電に乗って、乗り換えて浅草に向かう。映画を観ようというのだ。今日もまたチャンバラ映画だ。悪漢どもを正義の味方がバッタバッタとなぎ倒す場面は何回観ても小気味よい。気分が爽快になる。茂は昨年10月に観た市川右太衛門の「旗本退屈男」以来の右太衛門ファンだ。といっても嵐寛寿郎から乗り換えたというのではない。2人ともいいのだ。浅草は今日も大勢の人で、ごった返している。映画街にはあとからあとから人がやって来る。正月は書き入れどきだ。

　映画館を出たところで、堀之内が、「よーし、今度は劇場だ」と叫ぶ。また松竹座で若い女性たちの踊りを見て浮かれようという。でも、茂は懐具合いと相談して、今日は下宿に戻ることにした。堀之内と別れて、ひとり下宿に戻り、早々に寝る。

1月9日（金）

寒い。雨が降り続いている。茂たちクラス委員はアルバム委員と共同して卒業アルバムづくりに取り組んでいる。アルバムには卒業生全員の顔写真をのせる。本人から提供してもらうが、手持ち写真がなければ、写真館まで一緒に行って撮《と》ってもらう。学生課から学生名簿を提供してもらって、手分けして下宿を訪ねていく。始めてみると、事前に想像していた以上に手を焼く作業だということがたちまち判明した。

　講義を受けに大学に出てくる学生は大学の食堂や控室などでつかまえたらいいので簡単だ。問題は大学に出てこない学生が少なくないこと。その理由の多くが、御多分《ごたぶん》に洩れず経済的事情による。不況のため郷里の実家から仕送りが途絶えると、学生は収入を求めて働かざるをえない。飲食店や町工場で働いている学生がいる。下宿にほとんど戻らずに働いている学生については、留守の下宿に置き手紙をしても、確実に連絡のつく保証はない。このほか、ノイローゼに陥って下宿に籠っている学生がいる。また、何を求めてか旅に出ている学生もいる。いやあ、実にさまざまだ。在籍し、卒業する見込みである限り、なんとしてでもアルバムに顔写真を載せたい。茂たちは必死の思いで、毎日、市内を駆け巡る。

クラス委員は茂を誘った南のほかは、岐阜出身の纐纈と、長野出身の水谷だ。南は朝鮮の慶北安東郡の出身だから、日本に来てから卒業するまで郷里に帰ることはないという。旅費が高いので、馬鹿らしいのだ。茂も、この点は実は同じ。

南はいつ会っても忙しそうで、せかせかしている。それは性格から来るものもあるだろうが、いったい何で、そんなに忙しいのかと茂は尋ねたことがある。

南は一瞬、答えに詰まったが、すぐに笑顔になって、「いやあ、いろいろあるんだよ……」と答えをはぐらかした。その言い方から、ひょっとして日本からの独立を目ざす独立党の活動家かそのシンパではないのか……、そう疑った。もし、そうだとしたら、茂は南のことを知らないほうがいいことになる。「知らぬが仏」、これが茂の身を助ける。

1月31日（土）

アルバム作成の目途がなんとか立った。それでクラス委員4人は安堵《あんど》して、一晩、夕食をともにすることになった。晴れて暖かい夕べだ。

神田にある学生向けの安い居酒屋で卓を囲む。いろいろ話の出るなかで、茂は南から朝鮮の人々の置かれている状況をさらに知ることができた。そのなかで衝撃的だったのは、日本が朝鮮の山林や農地を合法的に取りあげているという事実。これまで集落で共同使用してきた山林・農地が法律上の無主物とされ、誰の所有でもないのなら国家つまり日本のものにされていったという。

そんなことはおかしいだろうと、南は酔った勢いもあって、激しい口調で言い切った。茂も、たしかにそれはおかしいと思った。酒に酔っている場合じゃないんじゃないか、茂は真面目に受けとめた。

纐纈と水谷は居酒屋を出ると、二人して近くの麻雀屋に入っていった。茂は麻雀はしないと高言していたから誘われなかったたし、南は早く帰りたいと言って断った。

2月2日（月）

今日は妙に暖かい。まだ、春にはなっていないのに……。茂は来月一杯で大学を卒業する。このころ、大学は3年制だ。昼休みに入って茂が食事に出かけようとしているのを芳永課長が手招きした。何だろう。茂が課長席の前に立つと、芳永課長は開口一番、問いかけてきた。

「永尾君、きみは大学を出たら、どうするんかね。就職先は決まってるのかな？」

驚いた。芳永課長が茂の進路を心配してくれるとは、思いもよらなかった。うれしい。

「まだ何も決めていません。どうしようかなと考えあぐねているところです」

「そうか」と芳永課長は言って、続けた。「それなら高文試験を受けてみたらどうだい」

ええっ、高文試験か……。高等文官試験というものがあることはもちろん茂も知っている。目の前の芳永課長も高文試験に合格したからこそ、今こうやって課長席に座っているわけだ。考えたこともない進路をいきなり示され、茂は何とも答えられない。そんな茂を見て、芳永課長は続けた。

「それで、そのために法学部に入り直したらどうなんだい」

まったく押しつけがましいところのない提案だった。官僚か……。官僚も悪くないかもしれないな。なにより食うに困ることはないだろう。茂の頭の中で、ぐるぐるといろんな思いがめぐり、言葉にならない。ようやく、「考えてみます。自分のような者まで気にかけていただいて、本当にありがとうございます」と言って、深々と頭を下げた。

食事を終えて、自分の席に戻ったとき、今度は竹ノ下係長が近寄ってきた。

「さっきは何の話だったんだい。課長から何か言われたのかい？」

茂は「高文試験の受験を勧められ、そのため法文学部に入り直したらどうかと言われたんです」と正直に打ち明けた。すると、竹ノ下係長は「課長はきみを買ってるからな」と、茂には意外なことを言い出した。そして続けた。「芳永課長は高文試験を悪くない成績で突破したらしい。でもね……」、思わせぶりに話を区切った。「ただ、よく考えたほうがいいと思うよ。高文試験に合格したとしても、私学出身者はいつだって帝大出身者の下位に立たされてしまうばかりなんだから。芳永課長も前の柳沢課長と違って、なかなか苦労しているみたいだよ。本人は言いたがらないけれど……」

なるほど、そういうこともあるのか。逓信省講習所出身の竹ノ下係長も、同じように悔しい思いをしたことがあるのだろうか……。

「それでね、永尾君」、竹ノ下係長はまたもや意外なことを言った。「同じ高文だけど、司法科試験というのがあるし、受けるのなら、断然そっちのほうがきみのためになるんじゃないかな。ほら、弁護士になったら、全国どこでもやれるし、それなりの収入はきっと間違いないだろうからね」

なるほど、なるほど。茂は漠然と高文試験を考えていたけれど、そうか2つあるのか。行政科より、確かに司法科のほうが面白そうだし、自分にあっていそうだな、そう思いを巡らした。

茂は、下宿に帰って、久しぶりに銭湯に行った。さっぱりしたところで下宿に戻りながら、うん、そうだな、高文の司法科試験を受けることにしよう、よし、そのためには法文学部に入り直すことにする。たちまち茂は決意した。そうなると、肝心なことは軍資金の確保だ。

夕食をすませると、茂は郷里・三又村の父久平に宛てて手紙を書きはじめた。つまるところ、月40円の仕送りを、あと3年間ぜひ続けてもらう必要があるので、それを請い願うということ。これは久平にとって大変なことだ。それは茂も分かっている。弟妹たちもどんどん大きくなっていて、その学資を確保しなければならない。いくら長男だからといって、茂にだけ、これ以上の特別扱いはできないだろう。

久平は長男の茂が3月一杯で大学を卒業してくれることをひたすら楽しみにしている。それが3年先になることを伝え、その間の援助つまり仕送りを継続するよう懇願する。これを受け入れるのは親にとっては辛いことだ。父久平は、祖父の久蔵から、小口の金融業を引き継いでいる。ただ、自宅を拠点とする、少額の貸し付けなので、たいして大きなもうけは期待できない。そのうえ久平は悪どいことはできないし、やる気もない。「金色夜叉《こんじきやしゃ》」の「貫一、お宮」に出てくる高利貸のような、貧乏人の布団をひっぺがして持ち去る、そんな悪どいことはとてもできないし、久平の性分にもあわない。

まあ、それでも、お金を貸すときに土地を担保に取っておき返済不能になったときには、その土地を取りあげるくらいのことはやったし、やっている。代物弁済というものだ。これは「三五日さん」と言われるほど働き者として名を売った久蔵がかなりやっていた。「三五日さん」というのは、1ヶ月が35日もあると思われるほど、他人《ひと》より余計に働くことからくる呼び名だ。そのおかげで土蔵が二つもある。たいしたものだ。

久平の小金《こがね》貸しが茂への仕送りの有力な源資になっていることは茂も承知している。百姓はサラリーマンと違って、定期的な現金収入があるわけではないから仕方のないことだと、それを知ったとき、茂は割り切った。

しばらくして、久平から承知したと返事が来た。長男の茂からのたっての頼みに応じないわけにはいかない、そういうところだろう。それにしても妹たちをどうやって丸めこんで納得させたのだろうか。いやいや、そこまでは考えないようにしよう。きりがない。割り切ろう。ここは、いわば長男の特権だ。

2月7日（土）

風が吹いて、寒い。法文学部の編入試験を受けた。手ごたえは確かにあった。即席、俄か勉強だったけれど、なんとか合格できた。

さて、いよいよ法学部生だ。今度は夜学ではなく、昼間の大学に行く。軍資金を貯えるため、今の仕事は夏ころまでは続けることにしよう。課長に通告しておいたらいいだろう。芳永課長は、その点も異議なく了解してくれた。勧めてくれたのだから、当然といえば当然のことだ。

3月20日（金）

晴れ、春の風が吹いて気持ちがいい。茂は国語・漢文科を無事に卒業した。200人中80番目だった。半分より少しましの成績ということ。これじゃあ、就職のときに困るな。もう少し成績をアップさせておかないと、困るぞ……。就職戦線は依然として大変厳しい状況にある。日本も世界も、相変わらず深刻な不況のままだ。

大学卒の初任給は高くて月70円。東京帝大だと月80円だ。早稲田、慶応大学なら65円、私立大学は60円だという。司法官試補も同じくらいらしい。巡査は月45円、中尉は85円だけど、1等給だと月100円だという。さすが上のほうの兵隊は高給取りだ。

弁護士の初任給も同じく月に70円。ところが、布施辰治事務所には、週1回、日曜日だけ出勤して、月30円もらっている岡林辰雄という弁護士がいるそうだ。労働組合（日本労働組合全国協議会（全協））のオルグ活動が中心という猛者《もさ》で、誰もが出来ることではない。

3月30日（月）

花曇りの空。桜会を結成した橋本欣五郎中佐と結びついていた大川周明が宇垣一成陸相に働きかけ、クーデターを計画した（三月事件）。これは政友会と民政党の本部、そして首相官邸を爆破し、さらに議会を軍隊が包囲して若槻内閣を総辞職させ、宇垣陸相が政権を握るというストーリーだった。ところが、宇垣陸相が変心して失敗した。1万人のデモ隊を組織するという話も出ていたらしい。よくあることで、話だけはえらくデカい。

芳永課長と竹ノ下係長のひそひそ話が茂にも伝わってきた。

4月6日（月）

桜は満開だ。いい天気で、少し風が出ているので、桜吹雪《ふぶき》になって気分がいい。

茂は法文学部法律学科に入学した。今度は昼間部だ。逓信省の仕事は高い学資そして生活資金稼ぎのため、もう少し、夏ころまでは続ける。これは芳永課長の了解を得ているので、心配ない。昼の講義は、仕事しながらなので、当面、最低限のものだけ受講する。

4月8日（水）

晴れ、風が冷たい。今日は、朝から竹ノ下係長の機嫌が悪い。ブツブツ言って、八ツ当たりする。理由は明らかだ。預金利率が4・5%から4・2%に引き下げられたからだ。それが気に入らないからといって、周囲に当たりちらすのはどうかと思う。でも、文句は言わず、茂は黙って従う。とかく宮仕《みやづか》えは辛いものなのだ。

4月10日（金）

よく晴れた春の日。芳永課長が転出し、後任に桑野課長が着任した。今度も私学出身で、明治大学卒。茂が法政大学の法文学部に通い始めたことを知ると、嫌な顔をすることなく、むしろ励ましてくれた。ありがたい。

5月16日（土）

若槻内閣が官吏の減俸を再び提案した。今度も月額100円以上の俸給を1割前後減らすというもの。今回は逓信省と鉄道省が中心となって強い反対運動が起きている。新任の桑野課長は自分のことなのに、なぜか日和見だ。様子を見ながら動くとしか言わない。竹ノ下係長は自分も減俸の対象なのだろうか、今度も反対の声を上げ、省内をせわしく動いている。

4月13日（月）

曇り。法律学科の講義は２００人も学生が入る大教室で講師が話すのを学生たちが必死で書き取っていく方式がほとんど。これは国語・漢文科とあまり変わらないな。大学って、どこでもこんなものなんだろうか。学生が発問して教授と問答するなんてことはないのかな……。

まずは法学入門編。講師が法律学を学ぶことの意義として、物事を体系的に整理し、これを的確に表現する力を養うことにある、こう力説した。うむうむ、なるほど、そうだとしたら、これは必要な力だな。茂は大いに納得した。

民法の講義のなかで、近代私法の三大原則が紹介された。契約自由の原則、私的所有権絶対の原則、過失責任の原則だ。これから、その一つ一つを具体的に細かく勉強していくことになるという。これは楽しみだな、茂は大教室のうしろの片隅で、そう思った。

「ともかく、民法を制する者は法律学を制す。民法を身につけないことには、法律学を学んだとはいえない」

これはきっとそうなのだろう。民法学の若い講師は胸をはって、自信たっぷりだ。

条文そして法律用語の読み方は意外に難しい。読み方を間違えると、何も知らない素人《しろうと》と笑われてしまう。嫡出子《ちゃくしゅつし》、庶子《しょし》、私生児《しせいじ》、など……。

そして、意味の点でもきちんと区別する必要がある。講義のなかで、反対解釈、類推解釈、縮小解釈、拡張解釈の説明がなされた。そうか、言葉というか文章を解釈するにしても、いろいろあるんだね。まったく世の中は単純ではないんだな……。この区別をきちんとつかんだら、少し応用というか活用してみよう。茂は少しばかり元気が湧いてきた。

4月29日（水）

一日中、細雨が降りやまない。解放運動犠牲者救援弁護団の結成総会が神田駿河台下にある「ブラジル会館」で開かれた。

5月5日（火）

外は快晴だが、大教室内は暗い。法学概論は面白くない。よく分からないし、砂をかんでいる気がしてくる。味気ないこと、おびただしい。法哲学も敬遠したい講義だ。カントやら西洋の人名がやたら登場して、ノートを取るのに苦労する。あまり聞いたこともない難しい概念が頻出《ひんしゅつ》するので茂の頭には、こんがらがってばかりで、すんなり入ってこない。イエーリングは『権利のための闘争』のなかで、権利は生まれながらに保障されているものではなく、絶え間ない努力によってのみ獲得・維持されるもの。権利を保持するためには、常に権利侵害に抵抗し、自らの権利を行使する闘争が必要だと強調した。そうなのか……。でも、法律は何のために存在するのか、そんなことが抽象的に議論されても、茂の頭にはちっともピンとこない。これは法文学部に入ったのは間違いだったかもしれない。この分野は自分には向いていないかもしれんぞ……。茂は少し後悔し、気分が落ち込んだ。

これに反して刑法学の入門講座は少し興味が持てそうだ。条文解釈のイメージが少しだけつかめた。「セ・シ・ス・スル・スレ」という活用がある。「ス」はした、すんだ。「セ」は今からしようとする態勢にある。こんな違いがあるんだね。こんなことは国語・漢文科では教えられなかった。いや教えられたけど、忘れてしまったということかな……。こんな使い分けは世の中で生きていくうえに必要な知恵として、きっと役に立つんだろう。法律解釈って、案外、面白いのかも……。茂はちょっぴり安心した。日々、迷いがある。いったい、これでよいのだろうか……。

5月12日（火）

雨が降り続いている。刑法学の講義のなかで一厘《いちりん》事件なるものが紹介され、茂の興味を惹《ひ》いた。1910（明治43）年10月11日、大審院が無罪判決を出した、有名な事件だ。

栃木県の農民が自分の畑で、こっそりというより堂々と葉煙草《タバコ》を栽培し、自分でキセルに詰めて喫《す》って楽しんでいた。それが発覚して刑事事件になった。煙草はアヘンと同じように専売制になっていて、自由に栽培したり喫ったりすることは許されていない。近所の人がやっかみ半分で通報したらしい。通報を受けて専売局が告発し、煙草専売法違反として検事が起訴して裁判になった。一審は無罪判決が出たが、検察官が控訴した。すると、二審では有罪となり、罰金刑が言い渡された。被告人はすぐに上告した。そして大審院は、無罪とした。

葉煙草は、このころ1枚が1厘しかしなかったので、一厘事件と呼ばれている。窃盗罪などは財物をとったことで罪に問われるが、その財物について、価値を有する必要があるかどうか、また、まったく無価値ではなくても価値がきわめて微小なものであったらどうかが問題になった。こんなわずか一厘しかないものでも刑事裁判の対象になることがあるんだね。茂はびっくり、信じられない思いだ。教室から出るとき、倉持という学生とぶつかりそうになった。茂と違って都会派のタイプだけど、なんとなく気が合い、親しく話すようになった。

5月20日（水）

晴れ。東京朝日新聞が号外を出した。記事が解禁になったのだ。

「日本共産党再建、組織的陰謀の発覚。173人起訴」

「陰謀」か……。茂が号外を手にとって読んでいくと法政大学で哲学を教えている三木清教授が逮捕されたとあるのを見つけた。なんといっても自分の大学の教授が捕まったのは、とても身近に感じ、危機感がひしひしと迫ってくる。茂自身が何をしたということでなくても他人事《ひとごと》とは、とても思えない。

共産党は学者や知識人からカンパを集めているという。活動資金だ。それは月に2万円（今のお金で1億円）にもなる大金だ。太宰治はシンパとしてカンパしていた。菊池寛も共産党を支持しているとは思えないが、カンパの要請には応じていたという。

5月21日（木）

教室で隣に座って話すようになった上甲《じょうこう》悦次から裁判所を見に行こうと誘われた。本物の裁判所の法廷を一度見てみたいと茂も思っていたので、すぐに誘いに乗った。晴れて、気持ちのいい日だ。

東京地裁の屋根には、大きな菊の紋章が飾られている。建物の中に入ってみる。法廷に入るのには許可がいるのだろうか、どこで許可してもらうのか、二人して心配しながら廊下をうろうろしていると、法廷からちょうど人が出てきた。廷吏のようだ。

「きみたち、どうしたの。法廷に入りたかったら入っていいんだよ」

二人とも薄汚れてはいるが、ともかく学生服姿だったからだろう。すんなり法廷に入ることが出来た。中では刑事裁判が進行中だった。

法廷の正面にも大きな菊の紋章が飾られている。天皇の名において裁判していることを象徴するエンブレム（紋章）だ。法廷の正面、一段と高いところに裁判官席があり、少し離れて検察官も同じ高さで座っている。弁護人はどこにいるのかと思うと、被告人席のうしろに置かれている長椅子に座っている。その前には長いテーブルがあり、そこに記録が積んである。裁判官席の下のところに裁判所書記がいて、そのうしろには検事局の書記もいる。

裁判官も検察官も、そして弁護人までも、いや立会書記官まで、みな黒い礼服を着用している。黒地のガウンだ。何かの拍子に光線があたると、高価な服だからなのか、テカテカと黒光りして反射する。

裁判官は頭に冠《かんむり》をかぶっている。刺繍《ししゅう》が入っていて、唐草模様《からくさもよう》だ。その模様は、裁判官は青色、検察官は赤色、そして弁護人は白色と、きちんと色分けされている。弁護人の法服には白い刺繍がしてあるので、派手だし、よく目立つ。弁護人が被告人質問をはじめた。うしろから訊かれるので、被告人はうしろを振り向いて答えはじめた。すると、裁判官が正面の壇上から、「被告人はこちらを向いて話すように」と怒気を含んだきつい声で被告人に対して注意するというより訓戒をたれる。

裁判官は法廷で被告人の氏名を呼び捨てにし、「お前」と呼びかける。明らかに目下の扱いだ。自分と対等の人間として扱うべき存在だなんて、はなから念頭にないのがありありと見てとれる。

法廷の進行を検察官がリードしているのは、しばらく傍聴席に座って裁判の展開を眺めていると、すぐに理解できた。裁判官は検察官の顔色をうかがいながら審理を進めている。

弁護人が被告人に質問していると、検察官はいかにも威嚇《いかく》的に介入し、平気で尋問を妨害する。あとで上甲から聞いた話では、弁護人が被疑者・被告人と警察署で面会するときは、一般人の面会と同じで立会人がいる。ただし、弁護人面会のときは、看守のなかでも金ピカのモールを胸に飾った警部クラスが立ち会う。そのうえ、立会警察官は面会内容をメモするだけでなく、途中で、「その話はしちゃいかん」などと干渉するのが常だという。弁護士の弁護権は、その程度の扱いをされているわけだ。

6月1日（月）

晴れ。官吏減俸令が実施された。ところが判事については、減俸に同意しない者には減俸しないことになった。また、反対の強かった鉄道従業員については諸手当は減額せず、人員整理はしないなどの条件で収拾が図られた。

6月10日（水）

曇っていたが、夕方から雨になった。布施辰治の弁護人除名処分について、東京控訴院が有効と認めた。東京弁護士会からの除名処分が有効になったら、布施辰治はもはや弁護人としての活動が出来なくなる。もちろん、布施辰治は直ちに大審院に控訴した。

6月19日（金）

曇り。大学での軍事教練は学生全員に義務づけられていて、法政大学には陸軍省から現役将校が4人も派遣されている。

運動場に整列させられる。指揮する教官は竹の鞭《むち》を手にして前に立つ。小学校の運動会の生徒の整列とは雰囲気がまるで違って、ピリピリしている。

「まさか、あれで俺たちを叩くんじゃないだろうな」。ひそひそ心配している声が茂の耳に入った。倉持の声だ。まさか、まさかと思っていると、「気をつけ」の号令がかかった。不動の姿勢をとらなければいけない。簡単なことのようで、意外にも難しい。日常生活において、じっと何分間も動かないというのはしないので、すぐに身体がだらけて、ゆらゆら揺れ動いてしまう。もちろん、それは茂だけではない。学生の身体が揺れているのを教官はすぐに見つけて、近くに寄って叱り飛ばす。さすがに鞭を使って叩くということまではしない。学生の反発を恐れてのこと。ここは兵舎でない。

行進も大変だ。歩調をあわせて集団行進するのがこんなに大変なことだとは茂にとって予想外だった。「勇往邁進《ゆうおうまいしん》の気概《きがい》を示せ」なんて指示されても、とてもついていけない。前かがみの姿勢、猫背の姿勢で行進していると、肩を鞭で突つかれ、教官から、「もっと堂々と歩け」と大声でどやされる。歩く歩幅は75センチだと決められている。ところが、学生にも背の低い者もいわば、ノッポだっている。いろいろな体格・身長の者がいるのに、全員が同じ75センチの歩幅で、しかも胸を張って堂々と、乱れず歩調を合わせて行進するなんて、難しいことこの上ない。気をつかうし、終わったらぐったりだ。

ゲートルの巻き方も簡単じゃない。習熟していないから、集団・分裂行進の演習の最中にゲートルが下のほうからほどけ始め、ついには端がゆるくなって地面をひきずり始めた。立ち停まってゲートルを巻き直したい。でも、行進の途中で、1人そんなことを勝手にしていいものか、勝手にして見つかったら、どんな罰が待ち受けているのか、びくびくしてしまう。

軍事教練は、整列・集団行進だけではない。鉄砲の扱い、操作の仕方を教えられる。しかし、いかにも旧式の銃で、重たすぎる。こんなもので、戦場で本当に戦えるのだろうか……。茂は心配になる。ますます、兵隊生活なんてしたくないものだと本気でそう思う。軍事教練なるものは、いかにも馬鹿らしい。威張りちらし、大声で号令をかける軍人なんて、生理的に合わない。知性というか品性が、まるで感じられない。あんな人間には絶対なりたくないし、近寄りたくもない。

風邪をひいた、下痢した、そんな理由をつけて軍事教練をサボりたい。でも、出欠が厳格にとられる。大学当局の締めつけは厳しくなるばかりで、ズル休みなんて考えられない。ああ、嫌だ、嫌だ……。

6月22日（月）

晴れ、暑くなってきた。法律学科では日本法だけを学ぶのではない。国際法もあり、公法も私法もある。そして、英米法がある。茂は英法が苦手だ。ともかく英語がうまくいかない。学者は英文の原書を大量に読まなければいけないらしい。そんなのは無理、無理。とても出来ない。だから、自分が学者に向いていないことは明らかだ。

なんとか単位を落とさないようにしなくてはいけない。しかも、就職のことを考えたら、少しでもいい成績をとらなければいけない。ギリギリで卒業しましたなんてことでは、ちゃんとした会社や官庁に就職できるわけがない。卒業証書を親に、そして弟や妹たちに見せて、安心させ、また少々威張ってもみたい。長男の威厳を示さないと、親の仕送りのことで妹たちはひがんでいるに違いないから、そこを挽回しないといけない。

なので、大金をはたいて購入した英和大辞典をなんとか活用するしかない。大辞典は六法全書とともに下宿の机の上にいつだって置いている。せいぜい活用しよう。

6月25日（木）

梅雨らしく、外は雨が降ったり止んだり、じめじめとした天気だ。

東京控訴院で三・一五と四・一六の中央・東京グループの被告人たちの第1回統一公判が開かれた。大審院の建物1階の陪審2号法廷で午前11時に裁判が始まった。被告人は地下道とつながっている出入口から法廷内に入れられる。被告人席の前後を40人の看守が、そして被告人のあいだには巡査18人が座っている。法廷の外には警官200人が取り囲む。いかにも物々しい警戒だ。弁護人席は被告人席と同じレベルにあり、机があって、全員着席する。傍聴券が200枚発行された。傍聴希望者が多いので、抽選となる。

法廷を主宰するのは宮城実裁判長。被告人代表38人、そして弁護人が意見陳述する。被告人と弁護人の関係では、法廷での主役はあくまで被告人であって、弁護人は被告人の法廷闘争が展開される公開の場を確保し、側面から被告人を援助する役割を果たすことが期待されている。被告人は、被告人団会議を開いて討議のうえ、法廷委員を選出する。40人ずつのグループに分け、法廷委員12人が代表陳述する。

6月25日から9月29日までの3ヶ月間に第1グループだけでも22回の公判が開かれ、被告人代表が意見陳述した。被告人の一人である市川正一の語った「日本共産党史」は、あとで冊子となって刊行された。弁護士になる前、8年のあいだ衆議院で速記官として働いていた蓬田武《よもぎだ》弁護士が速記して、記録化した。

法廷を傍聴していた記者が被告人の陳述をそのまま報道することは禁じられている。7月6日、警察は新聞社に対して、公判廷における被告人の陳述内容について、これを肯定して宣伝するような記事はもちろんのこと、単なる報道記事であったとしても、それは「安寧秩序を紊乱するもの」なので、法廷が公開・非公開にかかわらず慎しむよう、厳重に申し入れた。

五・一五事件の被告人となった青年将校たちの法廷に関する報道とはまったく異なる取り扱いだ。

7月1日（水）

文部省が大学生の左傾思想を問題とし、学生思想問題調査委員会を設置した。穂積重遠教授も委員の一人。この1年間に学生・生徒が395件、991人も処分された。

大教室で軍事講話を拝聴する。これも軍事教練の一つだ。別に戦史という科目もあるが、講師の大佐は日露戦争における日本軍の作戦行動がいかに素晴らしいものであったかを図示しながら話をすすめていく。ただ、その内容があまりにも精神力がすべてを決するという、精神主義そのものであり、高性能の武器・弾薬の必要性、そして兵站《へいたん》の重要性などを論じない観念論なので、聴いている学生は眠気に襲われるばかりで、茂も眼を開けているのが辛い。

どこかの大学で、軍事講話があまりに非常識な精神論だったので学生が冷笑・哄笑したところ、講師が怒って退席したことがあるという。茂は、ひたすら黙って聞き流した。とても実戦に役立つ講話とは思えない。

退屈な軍事講話が終わったあと、茂が学生控室に行って誰かと雑談でもして、頭を切り替えようと思っていると、上甲を見つけた。上甲のほうから話しかけてきた。

「なんだか、こうやって戦争というものに馴《な》れさせられるんだな、俺たちって……」

茂も同感だった。戦争って、ある日突然、空から降ってくるというものなんかじゃない。誰の言葉だったか忘れたけれど、そう聞いて、なるほどと思うようになった。「戦争への警戒心や恐れを和《やわ》らげ、次第に戦争への道に人々を駆り立てていく。そのため治安警察をつかって、人々の思想・信条を統制して、少しずつ不協和音を静めていくんだ。徐々に、徐々にね」

上甲の言うとおりだ。退屈な軍事講話にも恐ろしい意味があるということ……。

7月2日（木）

中国・満州で万宝山事件が発生した。万宝山は満州の長春から西へ30キロにある水田地帯で、朝鮮人農民が耕作している。それに不満な中国人農民が水田の灌漑《かんがい》用水の入口を破壊した。そのうえ、現地の満州警察は200人あまりの朝鮮人農民を逮捕した。日本人の名前で入植した朝鮮人農民への迫害は満州各地でひどかった。朝鮮人農民への迫害は、排日行為の一環とみることができる。そこで、武装した日本の領事館警察隊が出動し、朝鮮人農民を襲撃する中国人を押さえ込んだ。

朝鮮人農民と中国の農民そして官憲とが衝突し、その余波として朝鮮各地で中国人に対する乱暴事件が発生した。こちらは、まさしく仕返しだ。いずれにしても、日本の支配を脅かす。

7月10日（金）

雨が細々と降っている。今日は逓信省には行かず、大教室で民法の講義を受ける。講師がカフェーの女給が起こした裁判を紹介すると言い出したので、受講している学生の目が一斉に講師に集中する。講師もそれを自覚して、得意然として、やおら話をすすめる。

大阪のカフェー「丸玉」の女給が昵懇《じっこん》になった得意客を訴えた事件だ。客が女給に対して将来独立して自活するときに必要な400円を贈与すると確約したのに、いつまでたっても履行してくれないというので、大阪の裁判所に提訴した。

さて、このような贈与が履行されないとき、履行を強要できるものなのかどうか。1審、2審は請求を容認したが、果たして大審院でそのまま認容されるか注目していると講師は強調した（1935年4月25日の大審院判決は、「一時の興に乗じ、女給の歓心を買うものであるときは、贈与契約が成立したとは認められず、履行を強要できない特殊な債務関係が生じたにすぎない」として破棄差戻とした）。これは「自然債務」として、履行されたらそのまま保持してよいが、履行されないときには履行を強要できないもの。講師は自信たっぷりだ。

うむ、カフェーの女給をめぐっても裁判があっているのか……。

7月16日（木）

茂は22歳になった。法律学科の講義も進んできて、少しは法律学のことが分かってきた気がしている。その気楽さから、仕事が終わって、堀之内と2人して雨模様のなか新宿へ出かけた。駅に着くと雨は上がっている。気分をすっきりさせたいときには、やっぱりチャンバラ映画だ。5月に日活直営の封切館として新宿3丁目に帝都座が開館し、その大きさが評判になっている。何しろ、地上7階、地下2階で、5階にはダンスホール、地階には大食堂がある。1200人収容というから、その前に立って茂はあまりの大きさに思わず息を呑んだ。

地階の大食堂でソバを食べて腹ごしらえしたあと、館内に入る。ここは安くて入場料は30銭だ。だからなのか、今日も満員盛況で、なんとか座ることはできた。このところ、茂は堀之内と一緒に毎週末になると、映画館めぐりをしている。神田の「表現派ゴシック式」と評される日活館は神田にあるだけに、いかにも学生街の映画館という雰囲気だ。神保町には東洋キネマ、少し先の須田町にはシネマパレスがあり、洋画を楽しめる。そして、六本木の松竹もいい感じだ。

トーキー（音声つき）映画が始まった。ゲーリー・クーパー主演のアメリカ映画「モロッコ」は日本語字幕付きのトーキー映画だ。字幕はすぐには読み切れなかったが、茂も少しずつ慣れていった。ともかく画面とともに俳優が話しはじめると、もはやカツドー弁士は必要ない。活弁の良い調子の語りを聞きながらスクリーンの大画面をみるのも悪くはないけれど、スクリーンに登場する俳優たちの声をじかに聞けるのは、臨場感があり、さらに画面に惹きつけられる。

7月21日（火）

終日、雨。茂が学生食堂で上甲と一緒に昼食をとっていると、上甲と仲の良い外山《とやま》長吉が通りかかって話に加わった。外山は丸メガネをかけ、あごが尖っている。外山も話し好きだ。

「刑事裁判が実際にどんなふうに審理されているのか見てみようと思って、このあいだ東京地裁に行って、裁判を傍聴してきたんだ」

「おう、どうだったかい」、上甲が外山に水を向けた。外山がどんな感想を持ったのか茂も大いに関心がある。

事件は公務員の常習賭博《とばく》。職場を抜け出して暴力団《ヤクザ》の賭場《とば》に加わったところを警察の手入れで一網打尽《だじん》にされ、裁判になったというもの。傍聴席には外山のほかには、被告人の妻らしき女性が1人いるだけ。その女性は終始うつむいて、ハンカチを目に充てて泣いている。弁護人席をよく見ると、法服を着た弁護士の隣に背広姿の男性が座っている。あれ、誰だろう……。あとで特別弁護人がついていることが判明した。

裁判が始まってまもなく、恰幅《かっぷく》のいい紳士が廷吏に案内されて傍聴席に入ってきた。すると、驚いたことに検察官はその人物が誰だかすぐに分かったらしく、すっくと立ち上がったかと思うと、「〇〇先生、ご足労いただき、ありがとうございます。光栄です」と声をかけ、深々と頭を下げる。

「いやあ驚いたよ」と外山は心底から驚いたらしい。「残念なことに『〇〇先生』のところの『○○』は聞きとれなかったから、誰なのか、すぐには分からなかった。いったい誰なんだ、この男性は……」。外山が訝《いぶか》しんで男性を横から眺めていると、急に思い出した。そうだ、どこかで見たことがあるぞ、この顔には見覚えがある。

上甲がじれったさそうに、「おい、誰だったんだよ？」と外山に声をかけた。「うん、うん」と外山は返した。「なんとなんと、あの穂積教授だよ、穂積大先生」

「ええっ」、今度は茂が声を出した。「誰？ いったい誰なんだよ」。外山がもったいぶって打ち明けた。「ほら、東京帝大の教授にして、男爵の穂積重遠大先生だったんだ」

「ふえーっ、そうなのか、そんなこともあるのか……」

茂も上甲も一斉に驚きの声を上げた。そんな大先生が法廷の傍聴席に座ったものだから、突如として法廷はピリピリ緊張したという。

「なるほどなるほど、そうかもね」

「それで、裁判官のほうはまったく反応なしだったのかい？」

「いやいや、裁判官まで、さっと立ち上がって、『先生、ご苦労さまでございます』と言いながら、壇上で大変畏《かしこ》まってたよ」

「それで、どうなったの、裁判は……」

茂が水を向けると、外山は話を再開する。

証拠調べとして妻を情状証人として調べたあと、被告人質問が始まった。反省するしかない事案なので、被告人は「もう二度とバクチはしません」と言うだけ。弁護人による質問は簡単に終わった。特別弁護人は医師のようで、賭博は常習性があるけれど、治療すれば治るもの、自分が責任をもって治すつもりなので、職を失っても食える将来をぜひお願いしたいと述べ、裁判官に向かって頭を下げる。これは質問というより弁論だ。次に検察官が論告・求刑をする。傍聴席に座ったまま、穂積大先生は検察官の口元をじっと見つめる。何を言うのか、聞きもらさないようにするつもりらしい。もちろん、検察官もそれを自覚していて、緊張のせいか、いつも以上に早口で論告・求刑をまくしたてた。

上甲が「なるほどね」と受けて、うなずいた。弁護人の弁論はありきたりのものでしかなかった。裁判長は、双方が終わったのを受けて、「それでは、これから判決を言い渡すので、被告人は前へ進むように」と言うが早いか、本当にすぐに判決を言い渡した。

「被告人を罰金10円とする。即時、被告人を釈放する」

判決を宣告すると裁判長は傍聴席に向かって、「先生、これでよろしうございますか?」とお伺《うかが》いをたてた。いやはや、なんということだろう。傍聴席に向かって裁判官が自分の下した判決文の是非を問いかけるなんて、聞いたこともない。

裁判が終わって廊下に外山が出ると、すぐに穂積教授も特別弁護人と話しながら法廷から出てきた。穂積教授が、「これでいいか」と言うと、医師のほうは「はい、これで良かったです。ありがとうございました」と、お礼を述べ頭を下げた。

「それにしても、穂積大先生の威力って、裁判所のなかにまで届いているんだね。まったくもって、びっくり仰天だったよ」

外山の驚きは上甲も茂も同じだ。

「検察官よりも、裁判官よりも、東京帝大の穂積教授のほうが断然偉いということなんだね。すごいやな、世の中って、そんなことになってるんだね。知らなかったよ」

上甲のつぶやきは茂もまったく同感だ。茂は呆然《ぼうぜん》とする思いだった。

8月17日（月）

お盆が明け、昼間は残暑がまだまだ厳しい。夕方から少し風が吹いてきたので助かったという気分だったが、中村震太郎大尉殺害の報道に接して、職場の雰囲気は熱くなった。日本の参謀本部が対ソ戦に備えて満州の地誌を調査するため派遣していた中村大尉が行方不明になっていたところ、6月に中国軍に捕らえられて処刑されていたことが発覚した。裁判もなしに殺害され、遺体は焼かれて埋められ、金品を奪われたという報道に、日本の国内世論は怒りが沸騰し、茂の職場にも当然波及する。

茂が職場を辞めて法学部生として勉強に専念するというので、新橋の中華料理店で茂の送別会が開かれた。竹ノ下係長が呼びかけ、堀之内だけでなく、赤木さんも参加してくれた。桑野課長は金一封を包んで欠席した。今日も丸いテーブルに座り、高級な紹興酒が供される。せっかくなので茂も一口だけ味見した。

送別会のあと、竹ノ下係長と堀之内は茂に対して、「まあ、元気でがんばれよ」と言ったあと、連れだって近くの麻雀荘に入っていった。行きつけの店らしく、面子の確保は心配ないという。赤木さんと茂は、店の前で別れた。立ち去る前、赤木さんが「永尾君がいなくなると寂しいわ。でも、ともかく頑張ってね」と言ってくれ、茂はうれしかった。

8月25日（火）

雨が午後にはあがり、晴れてきたので茂は新聞縦覧所に出かけた。東京で現職の教員が13人も一度に検挙されたという。もちろん治安維持法違反だ。「赤化教員」として大きく報道されている。

9月に入って新学期が始まってからも教員の検挙は続いた。神奈川で12人、埼玉でも10人が相次いで検挙された。関東のあちこちにいる「赤化教員」から子どもたちを守れといわんばかりのキャンペーンが始まった。いったい、「赤化教員」と決めつけられた彼らは何をしたというのだろうか……。茂は疑問を感じた。

竹ノ下係長がどういう風の吹きまわしか、大学に顔を出し、茂を呼び出して銀座のカフェーに連れていった。昨年暮れから今年にかけて進出してきた、関西系のカフェーが大繁盛している。「日輪」は、ビル全体に及ぶ華々しい電飾と大きく「日輪、ニチリン」と書いた紅白の引幕を張りめぐらしているので、それに惹かれたらしい。入ってみると、もう「議会カフェー」

は止めたようだ。それでも、派手なのは変わらない。

銀座には六大カフェーなるものがある。「タイガー」「サロン春」「ゴンドラ」「美人座」「日輪」「銀座会館」だ。「ゴンドラ」と「美人座」は、いつ行っても客が店内にあふれているという。世の中はどこもかしこも不景気だというのに、銀座のカフェーは、まるで別世界なのだ。「タイガー」全盛のあおりを喰って「ライオン」が6月に閉店し、そこの女給30人のうち20人は「タイガー」へ移った。先日、「銀座会館」が女給募集の広告を出したら、２５０人をこえる応募者があり、35人が採用された。百貨店に勤めていたのを辞めて、高給収入を求めて転職してきたという。

8月29日（土）

日本で最初のトーキー映画がつくられた。田中絹代主演の松竹映画「マダムと女房」だ。なかなかの評判だったので、茂はすぐに観に行った。なるほど評判が良いのも納得だ。スクリーンの俳優たちが話すようになると、もうカツドーとは呼ばず、映画としか言わない。

9月18日（金）

曇り、やがて雨が降りはじめた。奉天市（現・瀋陽市）北郊の柳条湖で満鉄の線路が爆破された。関東軍の奉天独立守備隊の河本《こうもと》末守中尉が部下数名をつれて線路を爆破したが、直後に来た列車は何ごともなく無事に通過した。特務機関が中国人「兵士」2人の死体を遺棄して、中国軍の仕業《しわざ》に見せかける工作をした。満州事変の勃発だ。

今の日本社会の抱える矛盾は、すべて満州を日本が手に入れることによって解決できる。そんな幻想がふりまかれ、人々のあいだに広がっている。マスコミがその幻想をかきたて、広めている。そして、在郷軍人会が呼応して動いている。

9月19日（土）

関東軍が奉天城を占領した。東京朝日新聞は「奉軍満鉄線を爆破、日支両軍戦端を開く、我鉄道守備隊、応戦す」という大見出をつけて、「暴戻《ぼうれい》なる支那《しな》兵が満鉄線路を爆破し、我が守備隊を襲撃した」と報道している。本当なんだろうか……。

学生食堂で一緒になったとき、倉持が日本の軍事作戦には3つの特徴があると言い出した。どうやら、身内に陸軍参謀本部に勤めていたか、今も勤めている高級将校がいるらしい。だから、その受け売りなのは間違いない。でも、それだからこそ、実戦で通用するものなのだろう。

その第一は、攻勢作戦主義。守りを固めるのではなく、先手必勝とばかり、攻勢に打って出るのだ。

その第二は、奇襲9月19日（土）による開戦主義。敵に不意打ちをくらわせて、リードしていく。

その第三は、連戦即決による作戦指導、日本の総合的な戦力を考えてみたら、長期戦は、ほとんど不可能なことは明らかだ。ともかく原油も灯油・ガソリンも何もかも不足している。だから、短期決戦で決着をつけるしかない。なるほど、なるほど、それはそうだ、間違いない。茂はまったく異論がない。

9月21日（月）

晴れ、地震があった。強い揺れを感じる。イギリスが金本位制から離脱した。日本も、このときすぐに離脱したら、被害は小さかった。しかし、12月まで停止しなかった。もっともアメリカは１９３３年、フランスは１９３５年に離脱した。

9月26日（土）

細かい雨が降っている。茂が学生食堂で上甲たちと一緒に昼食をとっているところに纐纈が顔を出した。国語・漢文科を卒業したあと、高文行政科試験を目ざして勉強しているのは茂も知っていた。纐纈は午前中、図書館でみっちり勉強したあと、息抜きを兼ねて、学生食堂にやって来たという。

水谷が7月に東京地裁の実際の刑事裁判を傍聴したとき、穂積重遠教授が魔法のような威力を発揮したのを目撃したという話を聞いて、纐纈は目を輝かした。

●穂積重遠教授●

「穂積重遠って、あの穂積陳重《のぶしげ》の子どもだよね」

茂は、「うん、うん」と大きくうなずいた。そこまでは茂も知っていた。

「民法改正が図られたとき、穂積陳重は『民法出でて、忠孝滅《ほろ》ぶ』と叫んで、民法制定に反対し、民法の成立が遅れたんだっけ」

「いやいや、それは穂積八束《やつか》が主張したんだよ。忠孝亡《ほろ》ぶと言ったんだ」

「そうなんだ……。兄弟なんだね。それで穂積重遠は陳重の長男なんだよね」

「うん、そして、重遠の母親はかの渋澤栄一の長女なんだよ。だから渋澤栄一は初孫として、重遠をずいぶん可愛いがったらしい」

「うん、それも、誰からか聞いたことがあるよ」

東京帝大の憲法講座は穂積憲法学と一木憲法学が対立していた。穂積陳重と八束兄弟はそろって保守派で、天皇神権説をとる。これに対して一木喜徳郎は近代的国法学をとっていた。この考えを、その後に美濃部達吉が天皇機関説として完成させた。

「あっ、そうだ。それに穂積重遠は男爵でもあるんだよね」

「うん、うん。そうなんだ。だから、華族とかお歴々にはものすごく顔が広くて。効《き》くんだよ」

実は、7月の裁判の被告人は特高警察官で、それも柔道3段の警察学校の教員だった。有罪になって前科がつくと接骨医になれなくなるというので、セツルメント医療部の馬島僩《ゆたか》医師に泣きついたという。

それで馬島医師がともかく裁判所の法廷に行くだけでいいからと穂積教授を無理矢理に動かしたらしい。このときは皇太子太夫《だゆう》という肩書がものを言った。馬島医師も自ら特別弁護人になって法廷に立った。

纐纈が急に声を低めた。

「そんな偉い人が帝大セツルに深く関わってるだなんて、不思議だね。どうなってるんだろう……」

「だって、東京帝大セツルを創設したのは末弘厳太郎で、それを受け継いだのが穂積重遠なんだよ、当然だろ」

「だから、穂積重遠はセツルメントにとって守成の人だって言われてるんだね」

「なーるほど、そういうことか……」

「それで穂積重遠は東京帝大教授として、民法とくに家事法が専門なんだよね。本も出しているし……」

日本が敗戦して戦争が終わったあと、東大法学部には民法の教授として、我妻栄、末弘厳太郎、そして名誉教授の穂積重遠の3人がいた。さらに、穂積重遠は、東宮《とうぐう》太夫、東宮侍従長に就任した。東宮侍従長というのは皇太子（現在の上皇）の側近として仕える東宮侍従の長ということ。警察は帝大セツルについて「アカ」、左翼ではないかと見ていた。そんなところに関わっていても、それが東宮侍従長になるのに、何らマイナスに作用しなかった。

そして穂積重遠は1949年2月、最高裁判所の判事になった。穂積重遠が最高裁判事として注目されたのは、尊属殺人罪を憲法違反だという少数意見を書いたことによる。結局、少数意見の主張するとおりに法が改正された。また、穂積重遠は陪審裁判を日本に導入するのに積極的だった。

穂積重遠は民法の講義のなかで、次のように言った。
「法律教育の窮極の目的は非法律家を法律家にし、法律家をいわゆる法律家でなくすことにある」、「法律は冷徹なものではない。人間生活の尊い規範である」、「惻隠《そくいん》の情もあり、人々がよくこれを認識し、その良き運用によって、より良き社会が生まれてくるものだ」

10月10日（土）

雨風もひどく、寒さを感じるほど東北そして北海道で冷夏のため大凶作となった（冷害）。夜逃げ、行き倒れ、親子心中、強・窃盗、娘の身売りが横行し、農民の惨状は目もあてられない。山形県最上郡西小国村では、15歳から24歳までの娘467人のうち2割強の111人が身売りされ、ほかに女中や酌婦《しゃくふ》となったものが150人いた。娘たちの相場は、4年契約で600円から700円、6年契約だと800円から1000円。そして、1万円以上も稼がせられた。

小作争議が頻発している。収穫の半分を現物の米で地主に納める。その小作料を3割に減免するように、というのが小作人側の要求だ。地主側が、これに対して果敢に反撃する。小作地を取りあげ、民事裁判に持ち込むのだ。小作人は、共同田植えで対抗するのだが……。

10月17日（土）

曇り。むし暑い。雨が降ってきた。再び橋本欣五郎中佐らのクーデター計画が発覚した（十月事件)。これは、満州で関東軍が軍事行動を起こすのと同時にクーデターを決行する、首相官邸での閣議を急襲し、警視庁・陸軍省・参謀本部を占領・包囲する、荒木貞夫中将を首相とする新政府を樹立するという、とんでもない計画。これは、いわば錦旗革命の企てで、大本《おおもと》教が信徒40万人を動員するという噂まであった。

憲兵隊が橋本中佐らが待合で謀議していたのを急襲・保護し、そのまま旅館に軟禁したことからクーデター計画は挫折した。

10月29日（木）

晴れ。朝鮮共産党日本総局事件の裁判において、布施辰治弁護士は「朝鮮共産党は日本共産党の支部ではない。いったい朝鮮の独立を図ることが、わが国体を変革するものと言えるのかどうか」と弁論した。谷村直雄弁護士は「被告人はあらゆる拷問迫害を受けた。それによって捏造《ねつぞう》された調書を認めることは不可能」と主張し、神道寛次《じんどう》弁護士は「一昨年8月に検挙され、警視庁の取調は革帯《かわおび》と竹刀でところかまわず打擲《ちょうちゃく》した。気絶して水を飲ませられて意識を回復すると、煙草の火を顔面に押しつけられ、そのため20ヶ所ほども火傷《やけど》を負わされたという取扱いのなかで調書は作成された」と強調した。

法廷で、裁判官は自由法曹団に入って活動する弁護士に対して介入的釈明権を行使する。

「諸君のいう階級司法の正体とは、いったい何を指しているのか」

「諸君は裁判所でも階級闘争をやるという。しかし、日本の裁判は憲法において天皇の名のもとに運用すると定められている。いったい、どうやって法廷で階級闘争を展開するというのか」

いずれも、迂闊には答えられない。少しでも口が滑《すべ》ってしまえば、不敬罪あるいは治安維持法違反に問われてしまう。法廷の外に言論の自由がないとき、法廷内にも言論の自由はない。

11月15日（日）

気が滅入ってくる曇天だ。茂が新聞縦覧所に行って、新聞を手に取ると、「赤化教員」のことが大きな記事になっている。東京朝日新聞の神奈川版だ。

「左傾化したもの等しく優良教員」

これは要するに、赤い教員とされている人たちは、みな真面目な教師だったということだよな。

「教員免許状の奪取5人、懲戒免職12人、依頼退職12人」

真面目な教師たちを、こんなに大量に教壇から追い払うなんて、子どもたちが可哀想だな。

「神奈川県教育界創始以来の不祥事」。まあ、そうかもしれないけれど……。茂の胸がざわついて、下宿に戻ってもしばらくは本を読む気にならなかった。

夕食をすまして茂が下宿でそろそろ勉強しようかと思っていると倉持がふらりとやってきた。

新宿の新歌舞伎座に行って、評判の舞台を観てきたという。カウボーイ姿の若い女優が「俺は、ミズノーエ・ターキーだ」と大見得を切ったのがたまらなく受け、倉持も夢見心地になったらしい。この舞台のあと水の江瀧子はターキーの愛称で呼ばれるようになった。

11月23日（月）

今日も曇り。きのう、社会民衆党が中央委員40人の満場一致で、「満蒙問題に関する決議」を採択したという。片山哲が議長で、副議長は西尾末広だ。

「満蒙における日本の権益が侵害されてはならない。ブルジョア的満蒙管理を社会主義的国家管理に移す」

茂が学生控室で備え付けの新聞を読んでいると、緬纈が近寄ってきて、「これは、ドイツのナチス党の主張をまねたものらしい。つまり、満州という植民地でもうけたものを、資本家や大地主だけじゃなくて、俺たち無産階級にも分配しろというものなんだ」と解説した。

うむむ、そういうことか。でも、それって、満州を日本が支配することを前提としているわけだから、そんなことを左翼が主張していいものなのだろうか、茂は首を傾げた。

「共産党の満蒙撤退論は、日本無産階級の現実的生活利益を無視した小児病的観念論である」

そうか、やはり、左翼陣営のなかにも満州を日本が支配することに批判的な考えもあるんだね……。茂は、なんだか少し安心した。

11月25日（水）

茂が外山と学生食堂で昼食をとっていると、水谷がしょぼくれた様子で顔を出した。外山は山梨出身で、水谷は長野出身だ。水谷は高等師範部を卒業したけれど、まだ教員に採用されていない。

長野が大変になっている。農産物の値段が急落し、農家の収入が半減した。とくに現金収入が3分の1にまで激減してしまった。それで、村民の暮らしが成り立たず、悲惨な状況に追い込まれている。水谷の顔は蒼白で、いかにも生気がない。銀行まであおりを喰っていて、長野の二大銀行が合併して八十二銀行となった。製糸・紡績の繊維工業界が大打撃を受けて、操業停止しているので、大量の失業者が生まれている。

こんな厳しい状況なので、全協の再建がすすみ、全協に所属する労働組合員は1万人、その影響下に3万人もの労働者がいる。機関紙「労働新聞」は活版印刷となり、1万5000部を発行する。全協所属の1万人のうち、朝鮮人が4100人いた。全協は14の産業別労働組合から成っていたが、その最大のものは日本土建で、これは土建業の日雇労働者の組織であり、6割を朝鮮人が占めている。

この1931年が全協のピークで、その後、どんどん減少していった。

荒木貞夫が犬養内閣の陸軍大臣に就任した。これによって既に失敗した「十月事件」の構想も完全に消滅した。

12月13日（日）

午前中、空が急に曇って、雪が降りはじめた。雪はやがて止み、代わりに風がひどく吹きはじめた。

犬養内閣は金輸出を改めて禁止することを決定した。

12月15日（火）

学生食堂で茂が上甲と話しているところに倉持が加わった。

「弁護士が経済的に窮乏しているらしいよ。弁護士が、このところ急激に増えた結果だというんだ」

「ええっ、そうなの……、信じられんな」

茂も上甲も首を傾げた。倉持が根拠となる数字を紹介した。

「大正8年に3000人だった弁護士が、同14年に5000人になり、昭和2年には6400人をこえ、3年後には6600人となり、今や6800人にまで増えた。つまり、倍増したんだよ。苦しくなるのも当然だろ」

「そうかな」と上甲が反問した。「弁護士って、そんなに身近な存在じゃないから、少しくらい増えたとしても、それが窮乏化につながるというのは、いくらなんでも大袈裟《げさ》なんじゃないのかな」。上甲は納得しない。それは茂も同じだ。

茂は三又村の自宅に久留米の坪池隆弁護士から時候の挨拶文が届いていたのを思い出した。久平は久留米まで出かけて坪池弁護士に裁判手続を依頼することがあった。代物弁済とか競売申立のときには、どうしても弁護士の手を借りざるをえない。

茂にとって、弁護士は遠い存在でしかなく、それは東京に来てからも同じこと。なので、弁護士が倍増したといっても、さっぱり想像できないし、少しくらい増えたところで、弁護士が食べていけなくなるなんて、ありえないことなんじゃないかと思った。倉持は2人から反撃され、いくらか気を落としたようで、口数が少なくなった。

預金の利率が4・7%に引き上げられた。

1932（昭和7）年

法政大学法文学部

1月1日（金）

いい天気だ。天気が良ければ、どこかへ出て行きたくなるものだ。逓信省は昨年辞めたから、年始まわりはもうできない。浅草の映画街に出かけてみるとするか。今日はチャンバラ映画ではなく、洋画を観てみよう。西洋かぶれと言われても、いいじゃないの。かまうことはない。たまには大人の気分を味わってみよう。

「アメリカの悲劇」と「陽気な中尉さん」。2本ともアメリカ映画だ。それにしても、アメリカって国は茂の想像をはるかに超えている。国土は広大だし、産業も技術・科学もすごい、大変な国だと実感する。まさか日本は、こんな国と戦争なんてしないだろうね、いや絶対しないでほしい。だって、日本がアメリカに勝てるわけないもの……。

1月8日（金）

晴れ。昼ごろ、天皇の乗った馬車が皇居の桜田門に差しかかったとき、沿道にいた男が手榴弾を馬車に向けて投げつけた。幸い天皇には何の被害もなく、犯人はすぐに捕まった（桜田門外大逆事件）。犯人は朝鮮人の李奉昌（32歳）。朝鮮が日本の植民地支配から脱して独立することを願う民族派の一連の行動のひとつだ。李は逮捕されたあと、大逆罪で起訴された。もちろん有罪（死刑）となり、すぐに処刑された。

満州事変で関東軍のした行為を天皇が「果断迅速」、「朕《ちん》、深くその忠烈を嘉《よみ》す」と褒《ほ》め称《たた》える勅語を煥発した。そのため、関東軍はそれまでにも増して自信をもち、陸軍中央に反発・対抗するようになり、その独断専行がますますひどくなった。

1月11日（月）

今日も快晴。法律学は入門編から本格的な法学の講義に入った。憲法・民法・刑法が基本科目だ、もちろん、他にも英法もあれば、民事・刑事訴訟法もある。

初日の今日は、若い講師から条文解釈とはいかなるものか、どうやって解釈するのか、講義のなかで講師が一つひとつ解き明かしていくので、きちんと予習・復習しないと講義についていけないという学生の心得が語られた。

1月12日（火）

今日も晴れ。民法学は驚いたことに、いま新進気鋭の民法学者として、その名も高い我妻栄教授が法政大学でも教えてくれるという。30歳の若さで東大教授となり、今や押しも押されもしない民法学の権威だ。茂は期待に胸が高鳴った。

学生300人を収容できる大教室に茂が午前8時半の講義開始時間ギリギリにすべり込むと、あらかた席は埋まっている。前方の席はどこにも空きが見当たらない。仕方なく、うしろのほうに、ようやく空席を一つ見つけ、なんとか座ることができた。いやあ、これはまずいぞ、大いにまずい。茂は深く反省した。次からは10分前、いや20分前には遅くとも教室に入ることにしよう。やっぱり最前列を狙う。固く決心した。

2日目から、茂は誓いを破ることなく、最前列の席を少し端のほうだが確保することができた。

●我妻栄教授●

我妻栄教授は、このとき35歳。温顔で、やや小柄な体つきだ。左脚をかばうような歩き方で教壇に近づく。教壇を前にすると、我妻教授は濃茶色のボール紙で出来た紙箱を教壇の上、左脇に置く。そして、その箱の中からハガキ大のカードを1枚だけつまんで取り出す。このカード1枚につき、1つの判例が書かれている。講義のなかで、判例の重要性を強調し、判例カードを頭上高く掲げて示しながら話をすすめていく。

我妻教授の講義を茂は必死にノートに書き取る。我妻教授は教科書に書いてあることをそのまま話すというのではない。民法とは何か、民法が社会で果たすべき役割を分析し、解明していく。とても分かりやすい話だ。快刀乱麻《かいとうらんま》を断つとはこのことかと驚嘆しながら、茂は必死でノートを取る。とはいっても、まだまだ圧倒的に勉強が足りていないので、1回聞いたくらいでは理解できない用語や言いまわしがときどき、というより、しばしば出てくる。そんなときには、ノートの隅に小さくハテナマークを書き添えておく。そして講義が終わったあと、顔見知りの学友に教えを乞い、また下宿に戻ってから教科書の該当する部分を探し当てて読み返す。

我妻教授は一見して温厚で、いかつい雰囲気のまったくない童顔だけれど、教科書に書かれている内容について、自説と異なるときは、痛烈な、そして鋭い批判を加える。それこそ遠慮も容赦もない、まるで人柄に似あわない苛烈さだ。学問の世界というものの厳しさがひしひしと伝わってくる。能力はともかくとして、自分に学者は人間的にもとても向かないと茂は実感した。

「法律は生きていて、動いているもの」。我妻教授は、講義の途中でこう言った。そうか、そうなのか、死んだ文字、死んだ法律を勉強してるんじゃないんだな。メソポタミア文明のハンムラビ法典について学んでいるんじゃない。茂はノートを取りながら、ふと思った。

講義の合い間、我妻教授はときに脱線する。「うちの女房殿は……」と言いながら解釈学を離れて、しばし世間話を入れこむ。それもまた学者の住んでいる世界をのぞかせてくれるものなので、とても興味深い。

我妻教授は、自分は三大勉強を経ているという。1回目は一高を受験したとき、2回目は高文（高等文官）試験を受けたとき、3回目は大学の卒業試験に臨んだときのことだそうだ。そうか、いかに天才的な我妻教授であっても、必死に、猛烈に勉強したことがあるというんだね。それなら平々凡人の最たる自分はもっと勉強しなくちゃいかんわけだ。茂は深く反省させられる。

大学教授には二つの任務がある。我妻教授はキッパリ断言する。その一は、先行する学問分野の全部にわたる教科書をつくること。その二は、もっとも興味を感じ、重要と信ずるテーマを選んで終生の研究をそこに集中すること。茂はまだ購入していないけれど、我妻教授の書いた民法の本格的な体系書の発刊が始まっている。これは、今でも名著の誉れの高い『民法講義』というシリーズ本を指す。このころから、逐次、刊行されはじめた。1930年5月、『民法総則』。1932年11月、『物権法』。1940年5月、『債権総論』。いずれも現代法学全集。この現代法学全集は1928年1月に創刊され、定価1円で月に1回配本されるが、予約購読者が10万人を軽く超えた。1933年秋に「ポケット版民法」を発刊したところ大好評で、初版5000部はたちまち売り切れた。そして、民法の教科書として、1933年に岩波全書を発刊した。これを戦後に書き直して3分冊としたのが、通称「ダットサン」と呼ばれる小型の民法教科書。茂の子の広久は『民法講義』シリーズを参照しながら、この「ダットサン」を6回繰り返し読んで民法をマスターし、1971年10月、司法試験に合格した。「ダットサン」は、このころ売り出されて評判になった小型自動車で、我妻教授の本も小型でパワフルな感じがするとして「ダットサン」と呼ばれた。

我妻教授は左脚をかばうようにして杖を使って登壇し、退場する。結核性関節カリエスと診断された。その後、脚の具合は次第に悪化し、一時は脚を切断しなければ生命が危ないとまで言われた。しかし、幸いにも切断しなくても患部が固まり、なんとか歩けるようになった。

1月28日（木）

今日も快晴だ。上海事変が勃発《ぼっぱつ》した。あとで第二次が起きるので、第一次と名付けられる。この上海事変の前、上海ではいろいろ奇怪な事件が起きていた。いずれも日本軍の特務機関が日本の世論を戦争の方向へ誘導するための謀略戦の一環だった。日本人僧侶の殺害事件、三友実業公司事件がそれだ。1月18日の夕方、日本軍の特務機関が雇った中国人ゴロツキ集団が法華宗の僧侶2人と信徒3人を襲って2人を死亡させ、3人が重傷を負った。また、1月20日未明、日本軍将校が在留日本人青年同志会を指揮して抗日運動の拠点とみられる中国人経営のタオル工房・三友実業公司を襲撃し、社宅に放火し、中国人警官2人を斬殺したほか重傷者を出した。これらの事件によって、中国人は横暴だ、懲《こ》らしめてやらなくてはいかん。この方向に日本の世論がぐいぐいと押し流されていった。

国際連盟が満州の実情を調査するため、リットン調査団を日本に派遣することになった。しかし、国際世論の関心が満州に集中するのをなんとしても避けたい。なんとか関心を分散させてしまいたい。そんな狙いが日本の軍部にあったことから謀略事件を次々に起こし、ついに上海事変が起きた。日本軍が起こした中国軍との戦争だ。事変と呼んだのは、戦争となるとアメリカは日本との通商を禁止することになる。それを恐れたからだ。でも、その実体は戦争そのもの。ただ、これは中国側にとっても同じことで、アメリカとの貿易を止められたくないので、日本が事変と名付けたことを中国側も許容した。

2月5日（金）

関東軍が満州のハルビンを占領したという。

2月9日（火）

曇り、風がない。金解禁で活躍した井上準之助前蔵相（民政党）が東京は本郷の駒本小学校で暗殺された（64歳）。犯人は小沼正（血盟団、22歳）。井上の背後に迫り、拳銃3発を連射したので井上は即死した。

2月10日（水）

雪はやんだが、曇天のまま。我妻教授の民法講義は判例カードを左手に持ち、右手に持った白いチョークで黒板に訴訟の当事者をX・Y、あるいは甲・乙またはA・Bといったように図示し、聞いている学生に問題状況を視覚的にも分かりやすくしながら話をすすめていく。

我妻教授の話は、まさしく立て板に水の流れるように流暢《りゅうちょう》であり、論理的かつ明快だ。若さにあふれ、いかにも熱のこもった名調子の講義に、茂はついノートを取る手を止めて聞き惚《ほ》れそうになる。おっと、いかんいかん。ノートを取らなかったら、あとで読み返しができない。今はノートを取るのが先決だ。もちろん、茂だけではない。学生たちは皆一斉に真剣にノートを取る。それこそ一言一句、残さずノートに書き取る。ペンがノートの上をすべっていく音だけが教室に聞こえる。咳《せき》払いするのもはばかられるほどの静けさだ。学生の真剣さに我妻教授は手応《てごた》えを感じたようで、ますます講義に熱が入る。

条文解釈というものが、決して無味乾燥のものではなく、論理的に筋道立てて論じていくものであり、それによって明らかにされていくものがある。そのことが我妻教授の講義を聞いているうちに痛快さを覚えるほどになった。具体的なケースが例示され、条文が当てはめられていく。一つひとつが場合分けされ、詳しく論じ分けながら、議論が進められる。なるほど、これが法理論的思考というものなのか……、茂は深く感じ入った。

我妻教授の講義の意義、その内容を深く理解するには復習が欠かせない。そして、あらかじめ予習をしておくと、さらにいま論じられているものの意味が鮮明に、すっきり頭に入ってくる。復習も予習もしないで我妻教授の講義を聞くなんて、あまりにもったいない。

2月15日（月）

晴れ。刑法の牧野英一教授はつるつるの坊主頭で、メガネをひんぱんに取り替えている。そんな外見が茂の印象に強く残った。

牧野教授は刑法理論において、主観主義と客観主義という二つの考え方が大きく対立していると説明した。そして、牧野説は主観主義だ。たとえば、人を殺そうと思ったという場合、主観主義では、既にそこで問題とする。しかし、客観主義に立てば、外部にその気持ちが現れない以上、立ち入る隙《すき》がないことになる。

茂は客観主義が妥当だし、自分にしっくりくると考えた。それでも、試験のときは牧野教授に迎合し、主観主義に立って答案を構成した。我流を貫いても得点できなければ意味がない。

なにしろ茂は学生であって学者ではない。学者の論争に中途半端に渦中に身を置くなんて、身のほど知らずでしかない。牧野英一は『日本刑法』という600頁もの本を定価4円で刊行していて、それを教科書として使う。もちろん、茂も購入した。

2月19日（金）

晴れ。憲法学の年配の講師は、天皇は絶対不可侵の存在であること、天皇は軍隊の統帥権をもつ、軍の最高指揮官であること、これはためらいなく断言した。ところが、国務大臣は天皇に対してのみ責任を負うのか、議会に対しては責任を負わないのかについて、いかにも曖昧《あいまい》な話に終始して、歯切れも悪く、茂はよく理解できなかった。天皇神権説ではなく、天皇機関説に立ちたいのかもしれないが、迷いがあるようで、どうもすっきりしない。ひたすら条文を読みあげ、形式的に文言を解説していく。理論的に条文の背景やら構造、そして、奥に潜《ひそ》む精神を明らかにしていこうとする気はないようだ。

なので、茂にとって、一言でいうと、つまらない講義だ。こんな講義なら、よほど図書館でひとり教科書か講義録を読んでいたほうがまし。そう考える学生が続出し、民法や刑法と比べて憲法学の講義は欠席者が多く、空席が目立つ。それでも茂は出席した。教科書をひとりで読んでいると、どうしても空回《からまわ》りしてしまう。憲法学の難解で、つまらない講義でも耳から入ってきたものは、それなりに理解しやすくなる。なので、ボンヤリ、漫然と聞き逃さないように努めた。まあ、正直言って、そのためには睡魔《すいま》と何度も戦わざるをえなかった。

2月21日（日）

北風が吹いて寒いけれど、晴れているので、茂は下宿に籠るよりも気分転換を兼ねて、九段にある大橋図書館へ出かける。たくさんの本が並んでいるなか、真面目に勉強している学生に混じって茂も自分の取ったノートを読み返したり、教科書を読みすすめる。

2月22日（月）

中国・上海で日本軍は大苦戦している。日本軍は中国軍を頭から弱兵となめてかかっていた。ところが、どうしてどうして、中国の第19路軍は36歳の蔡廷楷《さいていかい》軍団長以下、戦闘精神が旺盛で、日本侵略軍を撃退する気持ちに満ちあふれている。そのうえ、ドイツ軍事顧問団の指導を受け、強力な陣地を構築し、武器・弾薬も最新式のものを豊富に確保して日本軍と対峙する。日本軍が中国軍を強襲しても、中国軍は一歩も退《ひ》かず、頑強に抵抗する。クリークの多い戦場に慣れていない日本軍は20日間に2400人もの死傷者を出して敗退した。そこで、日本軍は陸軍に出動援助を求めた。金沢の第9師団と久留米の第12師団から抽出された混成旅団1万7千人が海軍救援のために投入された。

この日本軍の苦戦を覆い隠し、国民の目をそらして戦意高揚に使われたのが「肉弾三勇士」

だ。日本人は、この種の「美談」に弱い。日本人兵士3人が敵陣に長い爆弾筒を持って突っ込んだ。最前線の突破に成功したのは間違いないが、まさしく生還のない特攻隊。これを子どもたちまで手を叩いて賛美するという風潮は怖い。実のところ、この3人が戦死したのは、指揮官が爆弾筒の導火線の長さを間違え、短く切ったために起きた事故だったと疑われてもいる。

もちろん、そんなことは公にはならない。それどころか「肉弾三勇士」を紹介する本が次々に発刊され、児童向けの本も、マンガ本を含めて何冊も刊行され、国民の戦意向上の材料として使われた。欲求不満の状態に置かれている日本人は熱狂的に、大人も子どもも「肉弾三勇士」という戦争美談を受け容れた。

そして、多くの日本人が中国人を悪い乱暴者だと決めつけ、中国人に対する過剰な敵愾心《てきがい》、さらには蔑視《べっし》するようになり、「チャンコロ、チャンチャンボウ」などという差別語をおおっぴらに使うようになった。茂の身近では倉持が平気でそう言ってはばからない。そして、茂も次第にこの風潮に慣れた。

2月29日（月）

晴れたあと曇ってきた。風があり、ひどく寒い。国際連盟のリットン調査団が東京に到着した。リットン卿は植民地経営の経験もある人物らしい。さあ、どうなるのか……。

3月1日（火）

晴れ。春風が早くも吹きはじめるなか、満州国の建国が宣言された。

茂が大学の図書館で復習したあと、久しぶりに神田の古本街を歩いていると、国語・漢文科で同じクラス委員だった南命周とばったり出会った。南も古本を脇にかかえている。世間話をいくらかしたあと、南が急に切り出した。怒っているような口調だ。

「つまるところ、傀儡《かいらい》政府というやつだな。こんなもの、独立国家だなんて、本人たちも誰もそう思っていないいんじゃないか……」。その吐き捨てるような口調の剣幕に茂は圧倒された。たしかに満州国というのは胡散《うさん》臭くはある。「五族協和」といっても日本人は「一等皇民」、朝鮮人は「二等皇民」そして満州人は「三等皇民」とランクづけされている。そのうえ「王道楽土」というけれど、実際には武力で統治している。なので、いつまでもつのか分からないので、満州には行かないようにしようと茂は思った。とはいっても、召集令状が来てしまったら否応はないいんだけれど……。

3月5日（土）

快晴で、春風が吹いて心地良い。

午前11時ころ、三井財閥の総帥・団琢磨が三井本館に入ろうとしたところ、入口付近に待ち構えていた男から背後を拳銃で撃たれ、肺を撃ち抜かれて即死した（74歳）。犯人は血盟団の菱沼五郎（22歳）。茨城県の田舎から出てきて東京に土地勘のない菱沼は円タクの運転手になって東京の地理を身につけ、新聞雑誌から団の顔写真を切り抜いて眺め、団の乗る車の番号も突きとめた。そして、三井本館の玄関の対面にある三越百貨店の休憩室に通って団の日常行動を確認していた。菱沼の使ったブローニング6連発拳銃は井上前蔵相暗殺のときに使われたものと同じ型式拳銃。しかも両方とも番号がすりつぶされているという共通点がある。

井上日召《にっしょう》を頭《かしら》とする血盟団は、「一人一殺」を叫んで行動している、物騒な団体だ。血盟団の暗殺対象リストには、犬養毅や西園寺公望《きんもち》そして牧野伸顕らの名前があった。団琢磨は「自分は悪いことはしていないから、殺される理由はない」と言って、護衛がつくのを嫌がり、来訪者で混雑する三井本館の正面玄関から出入りしていた。しかし、団をトップとする「三井」は特権のうえにあぐらをかく腐敗と汚濁の根源であり、「国民の敵」とみられている。

要人を暗殺するなんて、とんでもないことをする連中がいるもんだ。茂は恐ろしさに震えが止まらない。

3月11日（金）

朝から晴れている。風も少し吹いていて、すっかり春の気分だ。井上日召が警視庁に自首し、要人暗殺計画の全貌《ぜんぼう》を白状した。

1月7日、井上日召は海軍の青年将校たちと会合をもった。このとき、政財界の特権階級の要人を暗殺することで合意が成立した。ところが、上海事変が起きて、将校たちが出征していったので、おじゃんになった。そこで、1月31日、改めて会合をもった。井上たち民間がテロ活動をし、続いて海軍の青年将校たちが決起するという2段階で、ことを進めるという計画に立て直した。

つまり、井上日召の指揮する血盟団による2月9日の井上準之助、3月5日の団琢磨の暗殺は第一段階で、次に海軍の青年将校たちの決起が控えているというわけだ。これは来たる五・一五事件を指している。

3月24日（木）

学生食堂で茂が食事しているところに外山が寄ってきた。「面白い話を聞いたよ」と言う。何だろう、面白い話って……。外山の従弟《いとこ》が地下鉄に勤めていて、3日間のストライキに参加したらしく、その状況を詳しく聞いたのだという。

ことの始まりは、出征した従業員を会社が欠勤扱いしたこと。お国のために兵士になったのに欠勤扱いするのはおかしいと言う人がいて、それに同調する声が広がるうちに、駅に便所がないのは困る、ホコリっぽい地下鉄駅にオゾン発生器くらい置いてほしい。いろいろ要求が出ているうちにストライキをしようということになった。従業員はみな16歳から最高齢で28歳、みな若いし、怖いもの知らずの年齢だ。これは男も女も同じ。

ストライキをやるからには成功させよう、そのために綿密に準備する。まずは軍資金だ。闘争資金として、１０００円をみんなで拠出し、それで必要な物を購入した。食料品としてパン６００斤、餅7俵、砂糖1俵、梅干し1樽、醤油3升、リンゴ1箱、かつおぶし30本。それから医療品、また懐中電灯20個、毛布30枚、ゴザ7枚などなど。食糧は地下鉄に1ヶ月も籠城できるように確保したというから、争議団の決意のほどが分かる。

3月19日の夜、地下鉄に働くほとんどの労働者が集まり、電車4両を止めて籠城を始めた。籠城電車のなかでは、漫才やら隠し芸の大会が開かれて大笑いし、また、「団結の力」などの闘争歌をみんなでうたった。将棋をさして静かに身体を休める時間もあった。

20日（日）午前1時、参加者１５８人で全従業員大会を開き、ストライキ突入を決議した。20日の始発からストライキに突入し、会社や警察官が突入しようとしても「触ると死ぬぞ」と大書した鉄条網に９００ボルトの電流を流して阻止した。この様子が新聞に写真入りで紹介された。同じく地下鉄の車両内に白鉢巻姿の女性をまじえた争議団の決意に燃える写真も新聞に載った。

23日、当局が労働者の要求をほぼ受け容れて終結した。出征兵士の原給復職の保障、神田と浅草駅に便所を設置し、各駅にオゾン発生器を置く、事務服の夏服2枚・冬服1枚の支給、宿直手当の支給などだ。

外山の話はたしかにすこぶる面白く、じっと黙って聞いている茂もなんだか元気が出てきた。

4月4日（月）

今日も快晴。日本プロレタリア文化連盟（コップ）で活動していた蔵原惟人が検挙された。

4月7日（木）

午後から雨が降りはじめた。全日本無産者芸術連盟（ナップ）の中條（宮本）百合子が検挙された。ナップは1928年に結成されていたが、1931年11月、広く12団体を糾合してコップが結成された。

4月8日（金）

曇り空だったが、午後から雨となった。久しぶりに学生食堂で水谷統夫に会うと、見るからに元気がない。水谷は市内で教員を目指して活動中のはずなんだけど、今日はどうして大学に来たのかな……。それはともかく身内に教員が多いので、そこからいろいろ情報が入ってくる。「ぼくはとても悲しい」と涙を目にためている。長野県が調査したところ、小学校181校のうち120校に欠食児童がいる。その総数は1000人に近いという。このため、学校内で弁当や金銭の盗難が頻発して困っている。学校が荒廃しているのだ。

また、教員の俸給も未払いが出ているとのこと。23校のうち16校で未払い。別の地区では29校のうち20校で未払いとなっている。教員の不満がものすごく高まっているという。当然だよな……。

雨はあがった。トーキー映画が普及しているので、松竹は弁士10人に対して首切りを通告した。10人の弁士はもちろん納得せず、交渉を求めた。しかし、松竹が応じない。

そこで、10人の弁士は浅草の映画街にある大勝館に立て籠り、争議団本部と称した。

4月9日（土）

4月11日（月）

曇天で、吹く風が冷たい。茂は出るべき講義には皆勤している。根が真面目だから、自分で決めたことはやり抜く。しかも、最前列の席に陣取って、講師の吐く息、ときに唾《つば》までも飛んでくるほど身近な席で、必死にノートを取る。そのためには、どんなに遅くとも講師の始まるより20分も前に教室に入り、席を確保して講師を待つ。それもぼんやり待つのではなく、できたら本日分を予習する。

最前列に座る学生の顔ぶれは2日目から固定している。そして、仲間同士で「自分の席」を決め、確保しあう。もちろん常連として席を確保しているからといって遅刻するなんて甘えは許されない。頭痛や腹痛、そして風邪をひいたなどは遅刻・欠席を正当化する事由にはならない。体調管理も勉強のうちなのだから。まあ、それでも多少の融通はきかせる。仲間が少し遅れたとしても、その机の上に六法全書か教科書を置いて、確保してやる。これを民法では明認《めいにん》方法と呼ぶ。

高文行政科試験を目ざし、勉強が一歩だけ先を進んでいると自負する、国語・漢文科の学友だった纐纈が茂に学生食堂で一緒に昼食をとりながら忠告した。法律学の勉強は基本書、判例そして条文の三つを徹底に理解することにある。条文を暗記する必要はまったくない。一つの条文を体系のなかで捉え、その前後の他の条文との関連で理解するようにする。これは我妻教授が講義のなかで強調していたこととまったく同じだ。茂はすっかり忘れていた。

4月13日（水）

曇天。茂は高文司法科試験を目ざすことを改めて決意した。我妻教授の民法学講義は茂の奥底に潜んでいる何かを強く発奮《はっぷん》させた。そうだな、やっぱり司法科試験を受験する。その合格を目標とする。法律学科に転入学するとき、漠然と決意していたはずだったが、当初、法律学概論でつまづいて、少しばかり自信を喪い、司法科試験のことが念頭から抜け落ちていた。でもでも、やっぱり、これだ、これしかない。茂は改めて決意し、来年6月の高等文官司法科試験を受験することにした。決めたからには予定を立てて勉強をすすめる必要がある。

そして、そのためには、まず司法科試験というのはどんな試験なのか、これに合格するためには何が必要なのか、情報を入手する必要がある。まず、敵を知ることだな、そう思った。誰か司法科試験に詳しい人を紹介してもらおう。勉強のすすめ方、受験生活の過ごし方、いろいろ身につける必要がある。

4月15日（金）

雨。茂は学生食堂で、いろんな人にたずねてみた。茂が司法科試験を目ざすことにしたと話すと、「おう、がんばれや」と言って励ましてくれる学友が多くて、うれしい。

少しずつ司法科試験の姿が見えてきた。1930年度の司法科試験の合格者は418人。そのうち法政大学出身者はわずかに3人。いやいや、我が法政大学から3人も合格したと考えたらよい。この3人のなかに、来年は茂も入るのだ。そう想像してみる。ちなみに、東京帝大は123人と抜群に多い。その昔は帝大出身者は無試験で法曹になれたという。とんでもない差別・優遇だ。そして、次いで、京都帝大52人、さらに日大48人、明大25人、東北大15人、早大14人と続いている。

倉持が茂を見つけて近寄ってきた。手に雑誌を持っている。見たことのない雑誌だ。「いいもの見つけたよ、図書館で」。倉持は持っていた『國家試驗』という雑誌を茂に手渡した。目次をめくってみて、「おっ、おっ、これは役に立ちそうだな」と思わず、茂はつぶやいた。「うん、うん、そう思うだろう」と倉持は満足そうに言った。

「大学の講義は出席して聴くべし。はじめは分かりにくくても、馴《な》れるにしたがって、少しずつ理解の度が増してくるし、問題の要点がはっきりつかめるようになる。教授の話を聴いていると、ぴんと来るものがある。本をただ読んでいるだけでは、なかなか分からないものだ。耳から入ってくるものは、非常に印象が鮮やかになって記憶を助けてくれる。要するに、真面目に講義を受けていると、何かしら得るものがある」

うん、うん、たしかにそうなんだろう。茂も大学の講義には出来るかぎり出席するようにしている。しかも、最前列で、遅刻することもなく、せっせとノートを取っている。

「不安と焦燥《しょうそう》は受験生につきものだ。いたずらに焦るのは心身の健康と記憶力の喪失をもたらすだけ。悠々《ゆうゆう》たる心持ちで、焦らず、慌てず、着々と堅実に歩をすすめたらよい。神経衰弱になるのは、あまりに焦るからだ」

うむうむ、これまた、もっとも至極だ。先輩の忠告は素晴らしい。

「合格するには、合格したいという希望をもち、その意思が堅固であることが必要。そのためには、勉強に没頭しなければならない」

「一科目一冊主義を貫き、目移りしない。2冊の本を1度読むより、1冊の本を2度読むほうが断然良い」

これもまた、なるほど、なるほどだ。とかく目移りしそうになるが、あれこれふらふらしていても、世の中は埒《らち》が明かないものだ。ここまでは納得することばかりだったが、次の記述は茂には何のことか理解できない。

「弁護士法の改正があったから、昭和10年までにぜひパス（合格）しておく必要がある」

弁護士法の改正って、いったい何が、どう変わったのだろうか、誰かに教えてもらおう。といっても、茂は、受験するのは1回きりの覚悟を固めている。2度目はないのだ。

4月18日（月）

茂は『國家試験』という受験雑誌をひたすら熟読・愛読した。とくに体験記は読んで励まされ、慰められる、良き伴奏者になった。茂が後ろから呼びかけられたので振り向くと纐纈が立っていた。

「やあ、調子はどう？」。一緒に学内を歩きながら、先輩から聞かされた話だといって忠告する。「司法科試験は、まず何より忍耐力を試す試験なんだ。それは、きみが法曹としての能力や資質を持っているかどうかを国家として試すということ。それを心しておいたらいいと思う」

「うん、いいことを聞いた。ありがとう」。茂は素直に纐纈に礼を言った。司法科試験が厳しい試験だということの根本的な理由・根拠はここにあるんだな、茂は納得した。

4月19日（火）

晴れていたのが曇ってきた。茂はよくよく考えてみた。司法科試験を1人だけで勉強して果たして目標達成することができるだろうか。それって、あまりに無謀じゃないのか。大海を一人でボートを漕《こ》いで進んでも、果たしてまっすぐ進めるかどうかも分からない。やっぱり、ここは同志を募《つの》る必要がある。何人か集まって、お互い切磋琢磨《せっさたくま》して力を身に付け、合格を目ざす。これが王道だろう。

そう決意すると、学生食堂の壁に司法科受験のための同攻の士を募ると書いた紙を貼り出した。すると、すぐに反応があった。法政大学には「知新会」という司法試験のための受験団体がある。これに入るためには入会金そして会費が必要だ。そのうえ入会試験もある。いろいろ面倒だし、お金もかかる。茂は独自路線で行くことにした。

学生食堂に集まったのは同じ法律学科の3人。結局、茂が前から顔見知りの学生ばかりだった。広島出身の上甲悦次は細顔で、いつも丸い眼鏡《メガネ》をかけている。山梨出身の外山長吉も同じく眼鏡をかけていて、尖った顎《あご》が特徴だ。3人目は静岡出身の倉持一馬だ。やや右翼がかっている倉持は今は神奈川に実家があり、いろんな人脈を持っているようだ。

人数としては4人はちょうどいいので、もうこれ以上は増やさないことにする。集まって議論するのは大学の教室の一隅が借りられたら、そこでやり、それがダメなときは4人の下宿を順繰りにまわることにしよう。図書館は静かに本を読むところだから、議論するのは許されないだろう。

法理論は、しょせん説得の技術だ。だから文章だけでなく、いや意の通った文章を練り上げるためにも、口頭での議論が欠かせない。

4月29日（金）

日本軍は上海で天長節祝賀会を開催した。すると、その会場に爆弾が投げ込まれ、日本軍の首脳陣を直撃した。上海派遣軍司令官の白川義則大将は重傷を負い、まもなく死亡した。第3艦隊司令長官の野村吉三郎海軍中将、第9師団長の植田謙吉中将、そして駐華公使の重光葵が負傷した。犯人は尹奉吉《ユンボンギル》（23歳）、朝鮮独立運動の志士だ。尹は民間人なのに被害者が軍人だというので軍法会議にかけられ、死刑判決が出て、12月19日、金沢で処刑（銃殺）された。

5月2日（月）

晴れ、風が爽やか。コミンテルンが「三十二年テーゼ」を発表した。日本共産党は中国への侵略戦争反対に活動の重点を置くように指示する内容だ。南は学生控室で顔見知りの学生からガリ版でワラ半紙に印刷されたものを、こっそり手渡され、内容を知って驚いた。そして、こんなものを持っていたら、それが特高にバレたら、いったいどうなることやら、その恐怖心から思わず南の身体がぶるっと震えた。

この前の「二十七年テーゼ」のとき、日本共産党は労働者450万人、そのうち労働組合に加入しているのは30万人という状況下で党員5000人を目標としていたらしいが、どうなったのかな……。

5月5日（木）

晴れ、南風が強く吹いて心地いい。上海事変は、停戦協定の調印によって、なんとか戦火がおさまった。

5月14日（土）

曇天、むし暑い。アメリカから有名な俳優チャップリンが来日した。チャップリンの秘書は高野虎市という日本人で、チャップリンはとても気に入っていて、チャップリンの邸宅の世話も日本人チームにまかせている。

チャップリンは神戸から東京に向かった。昼12時25分に神戸発の特急列車「燕」に乗って東京入りする。夜9時20分に東京駅に着いたとき、チャップリンを一目でも見ようと、4万人もの大群衆が東京駅の内外を取り囲んだ。入場券だけでも8000枚が発行され、警官300人が警備にあたった。これほどのチャップリンの大歓迎について、「暗い世相を吹き飛ばしたくて鬱屈《うっくつ》した民衆が起こした大嵐」だと評された。

このチャップリンを暗殺しようと考えた集団がいる。五・一五事件を起こした青年将校たちだ。日曜日（15日）夕方から首相官邸でチャップリン歓迎会が開催されると新聞で報じられたので、そこを襲撃しようという。その狙いは、第一に日本の支配階級が多数集まるだろうから、攻撃対象として最適だということ、第二にアメリカの有名俳優を攻撃することによって日米関係を困難なものにして人心の動揺を起こし、それによって革命の進展を促進することができる。青年将校たちは、そう考えた。

ところが、来日する直前の報道でチャップリンは熱病にかかって入院し、来日が遅れるという。首相官邸を襲うのは警備の手薄な日曜日でなければいけない。それで、チャップリン歓迎会が15日に開かれないのなら、それはあきらめ、ともかく15日の日曜日に首相官邸を襲撃することは変えないこととした。

チャップリンは病気から意外に早く回復し、当初の予定どおり15日夕方から歓迎会を首相官邸で開くことになった。ところが、チャップリンの気が変わり、歓迎会は17日に先のばしにして、15日は国技館へ大相撲を見に行くことにした。

5月15日（日）

晴れ。チャップリンは午後から国技館へ大相撲を見に行った。

そして、夜は銀座のカフェー「サロン春」に行って女給たちと会話して楽しんだ。

●五・一五事件●

夕方5時半すぎ、首相官邸に青年将校たちが強引に押し入った。海軍の青年将校と陸軍士官学校の生徒から成る一団だ。陸軍の青年将校たちは意見の相違から加わっていない。

首相官邸にいた犬養首相の家族は異変に気がつくと、直ちに避難するよう勧めた。この時点では、その可能性はあった。しかし、犬養首相は、「私は逃げない。そいつたちに会おう。会って話せば分かる」と言って、12畳の客間に入り、椅子に腰かけて軍人を待った。そこへ将校たち9人が入ってきて犬養首相を取り囲んだ。落ち着いて対応している犬養首相の様子を見て逆に興奮した将校（山岸宏海軍中尉）が「問答無益、撃て！」と叫ぶと、立って卓に両手をついている犬養首相に向かって拳銃が発射された。しかも9発も……。犬養首相は、その場で死亡した（78歳）。このとき、青年将校たちは同時に警視庁と政友会本部にも乱入している。また、当初の予定にはなかった日本銀行も襲撃した。

この五・一五事件によって日本の政党政治に終止符がうたれた。財閥は軍部に対して献金して難を免れようとするようになった。「話せば分かる」と言って将校たちと対話しようとした丸腰の首相に対して「問答無益」と叫んで拳銃を乱射して殺害するというのは、あまりにむごい話だ。軍人がどこもかしこも威張りちらしている。日本がこのままの勢いで突き進んでいったら、いったいどうなるのだろうか……。茂の胸のうちに、このニュースを聞いて不安な気持ちがむくむくと湧き上がってきた。しかし、今は何も言わず、黙って法律の勉強を続けるしかない。茂は机に向かって心を奮いたたせようと努めた。

五・一五事件の発生については、すぐに号外が出て国民に知れ渡った。ところが、後継の斎藤実内閣は、事実関係の報道一切を向こう1年間禁止するとした。なので、国民は五・一五事件の詳細、とりわけ軍人の横暴ぶりが国民に広く知られることはなかった。そして、この首相暗殺という五・一五事件が井上日召と海軍の若手将校たちの談合による第2段階であるという認識も広がることはなかった。

この日、のちに茂の妻となる久留米は高良内《こうらうち》出身の三笠牧枝は福岡女専（女子専門学校）の修学旅行で上京していた。牧枝の異母姉の夫・中村次喜蔵（日本敗戦時に満州で師団長（中将）をつとめていて、戦後まもなく自決した）宅に行って東京見物の案内を頼むつもりだった。ところが、「あっちは危ないから行っちゃダメ」などと言われて、大いに落胆させられた。

現状の政治の腐敗は、天皇を補佐している側近連中が天皇の意思を故意に捻《ね》じ曲げていることに原因している。元老や重臣たちのような「君側《くんそく》の奸《かん》」を排除して天皇の意思を正確に政治に反映させなければならない。青年将校たちは、そう考えた。しかし、天皇は、すべての価値の根源的な源泉たる絶対的主権者である。その天皇の統帥下にある天皇の軍隊によって天皇制機構を改造しようというのだから、分かったようで分からない理屈だ。青年将校たちは昭和恐慌のもとで塗炭の苦しみにあえぐ国民を救済すると称した。しかし、結局、この五・一五事件は国民を戦争の泥沼にひきずり込む引き金になった。

夜12時近くなり、茂がもう寝ようか、もう少し勉強を続けるか思案していると、入口を軽く叩く音がする。

「いったい誰だろう、こんな夜遅くに……」

茂が戸を開けると、倉持がいた。なんだかすごく興奮している。

「どうしたんだい、こんな夜遅く……」

茂が少し詰問調で問いただしても、倉持は目つきが泳いでいて、いつもと違う。犬養首相が暗殺されたことは知らないようだ。

「いやあ、良かったね。チャップリン様を一目でいいから拝んでみたいと思ったら、その願いがかなったんだよ。さすがに握手まではできなかったんだけど、ホームを歩いているところをほんのわずか先で拝めたのさ」

何、なに、倉持はチャップリンを東京駅で見かけたっていうのか、それはすごいや。茂も見てみたかった……。それにしても倉持は興奮のしすぎだな。これじゃあ、法律の勉強はしばらく無理だね。心が落ち着いていないと、法律の本をいくら読んでもカラ回りするだけになって、机に向かうだけ時間の損だぞ……。

6月5日（日）

雨が降りやまない。まるで梅雨に入ったかのようだ。トーキー映画が普及していったことから、どこの映画館も不要になった弁士をやめさせようとしている。そこで、同情ストとして、映画館20数館が「ゼネスト」に突入した。活弁の徳川夢声も全労・映画劇場従業員組合の一員として新宿「武蔵野館」のストライキに参加した。

6月11日（土）

晴れ。新宿にある映画館「武蔵野館」の2階の映写室に首切り通告を受けた弁士7人が立て籠った。内側から厳重に鍵をかけて籠城したのだ。

6月12日（日）

晴れ。新宿の松屋呉服店が火事で焼失した。地上6階、地下1階の堂々たる建物で、1階は京王線の新宿駅になっていた。結局、30万円の赤字を出して倒産した。この店は25〜30歳の裁縫員を日給35銭で募集していた。

茂が上京するとき列車で一緒だった彼女たちは、ここで縫い子になったはず。君江のほうはダンサーになったけれど、もう一人の、並みの美人で、おっとりしていた芳美は、今、どこでどうしているのか、茂はふと案じた。

6月16日（木）

晴れていたが、曇ってきた。警視庁調停係（清水警部補）立会のもと、弁士と経営者の労使が協議し、徹夜の交渉のあげく、翌17日朝、ついに妥結した。１９３３年3月まで、「弁士廃止」は延期されることになった。

6月19日（日）

晴れ。日本プロレタリア文化連盟（コップ）が拡大中央協議会を開催した。これは、４月３日に築地小劇場で開催する予定だったところ、幹部が検挙されて延期されたもの。６月14日、18日と、またもや幹部が検挙されたが、かえって１０００名目標をかかげて動員をかけたら、この日は、「すわ鎌倉」とばかり、４７０人も参集した。

ところが、主催者が開催宣言するとまもなく、警察が集会の解散を命じた。これには参集していた人々も怒って、「解散反対」を叫び、「検束者の奪還」「警察官を襲撃」などと怒号し、会場内にいた警察官と乱闘となった。このとき会場内で198人が検束された。残った人々は外に出て、街頭示威行進を始めた。日比谷公園付近まで進んだところで、再び120人あまりが検束された。文化運動の参加者がこれほど多数集まって直接的な大衆行動に取り組んだのはかつてないことだった。

理研コンツェルン総帥であり、子爵の大河内正敏の長男信威も、このとき検挙された。

6月29日（水）

曇天で、風があって涼しい。警視庁の特別高等課と外事課が統合され、特高部となった。初代の部長は安倍源基で、特高課長は毛利基。

6月30日（木）

晴れ。勉強会が4人というのは、みんなが発言できるので、ちょうどいい。ところが、実際にやってみると、ドングリの背くらべで、誰かが議論をリードするのが難しい。みんなで迷路に入りこんだまま、出口の光明が見えてこないことがしばしば。いつまでもズブズブと足踏み状態のまま、先に進めない。

そして、議論すればするほど、次から次に疑問が出てくる。その答えがみんなよく分からないまま、消化不良となって先に進むと欲求不満がたまってしまう。これじゃあ、時間ばかりかかって、教科書をじっくり読む時間が奪われてしまう。誰か議論をリードしてくれる人がいないか、みんなで手分けして探すことにしよう。でも、そんな人が簡単に見つけられるものか……。さあ、どうしよう。

7月2日（土）

雨がひどく降っている。学生食堂で上甲と同席になった。

「今日は半夏生だから休まなくちゃいかん」

広島出身の上甲が突然わけの分からんことを言い出した。何のことか……。

「はんげしょうとか、はげつしょ、はげつしょう、とか、いろいろ呼びかたはあるけど、夏至《げし》から数えて11日目。田植えが終わって、というか、この日までに田植えを終わらせておかないと収穫が半分になると言って、みんな我がちに早く植える」

「それじゃあ、何もしない休みの日なのかい」

「朝早くに田の水が落ちていないか見回るくらいはするけど、農作業はしない。忙しい夏の仕事が始まるまでのつかの間、一服するんだよ」

「それって、休むだけなの？」

「植えた苗が吸いついて稲がよく実って豊作になるように、蛸《たこ》の刺身《つくり》とか酢のものを必ず食べるんだ」

「蛸を食べるのか、うへーっ……」

「いやいや、このころの蛸は麦わら蛸と言って一番美味しいんだ。蛸の墨《すみ》を出して塩で揉《も》んで茹《ゆ》でて酢蛸にしてね」

「ほかにも何かあるのかい」

「ちょうど小麦も収穫の時期なので、小麦粒と小麦粉を合わせたものと、糯米《もちごめ》を半々に使って半夏生だんごをつくる」

「いろいろあるんだね。それじゃあ、かえって忙しいのかな」

「いやいや、そんなことはないよ。この日は昔からよく雨が降るんだ。それで、この日からしばらく百姓は昼寝してもいいことになってる」

「なるほど、いい仕組みだね、それって……」

茂が広島あたりの風習かと思って聞いていると、上甲は、「うちのお袋は関西出身なので、恐らく関西の風習だと思う」と説明した。

7月16日（土）

茂は23歳になった。お祝いするどころではない。勉強が予定どおり進まず焦っている。

今朝は大学の講義はないので、九段にある大橋図書館に出かけた。一心不乱に勉強したと言えたらいいのだけど、なんとなく心がザワザワしていて落ち着かない。

夕方、下宿に戻って、ぼおっとしていると、南命周がひょっこり顔を出した。茂の誕生日を覚えてくれていたのだ。それを聞いてうれしい。茂が浮かぬ顔をしているのを見てとって、銀座のカフェーに行こうと語った。断るべきだと思いつつ、勉強に気乗りがしなかったので、これも気分転換になるかと思い切って、二人して市電に乗って銀座へ出た。雨が止んでくれて助かった。「銀座の柳」が2月から少しずつ復活している。

今日は銀ブラする気分ではないので、カフェーに入った。南とあれやこれや楽しく語らった。カフェーを出るとき、南が茂に気になる話をした。

「近頃は、カフェーも風俗営業をする店まであって、3円とか5円も出せば客の相手をしてくれるらしい」

いやあ驚いた。世の中はそうなっているのか……。東京全市に8000軒ものカフェーがあり、そこに働く女給も8000人いるという。茂は、寄り道もせず、下宿に直行した。そして、勉強に気乗りのしない、こんなときは早く寝るに限ると、早々に布団を敷いてもぐり込んだ。

7月27日（水）

晴れ、暑い。いやはや、ものすごく暑い。この日、市ヶ谷刑務所に公判を終えて戻ってきた被告人たち30人を、典獄たちが寄ってたかって殴りつける事件が起きた。

残忍で名高い典獄の佐藤乙一が、部下の森口藤松という典獄補と一緒になって、監房から被告人を一人ずつ引きずり出し、革の鞭《むち》で殴りつけた。気を失って倒れたら、水をぶっかけ、息を吹き返すと、また殴り続ける。その結果、片目片耳がうまく機能しなくなったという被告人もいて、そうでなくても顔面神経痛で悩まされることになった。

文部省が農漁村に欠食児童が20万人いると発表した。

いやあ、これは大変なことだぞ、茂は子どもが腹を空かしている状況を想像して切ない思いがした。学生食堂で一緒になった外山が今日も泣き出しそうな顔をしている。

7月31日（日）

炎暑は変わらず。ドイツでヒトラー率いるナチス党が第一党になったらしい。4人の勉強会で倉持の下宿に集まったとき、右翼に心が惹かれている倉持はヒトラーをしきりに持ち上げた。本当にドイツは大丈夫なのかな、戦争でも始めるつもりなのかな……。茂は首を傾げてしまう。

学習院の学生である森俊守と八条隆孟《たかなが》は共産党の特別資金局学習院班を結成して活動をすすめている。そして学習班を片瀬、鎌倉、軽井沢、東京の4班に分けた。それほどのメンバーを抱えている。

8月1日（月）

朝から焼きつくような暑い陽射《ひざ》しだ。大手町の農林省の前に大勢の人が集まってきた。「東京地方米よこせ会」と大書した幟が立っている。政府があり余っている米を外国に1升わずか8銭で投げ売りするという。そんな払い下げ米があるなら自分たちによこせと、主婦たちが子どもをおぶって押しかけた。農村地帯は凶作で食うに困っていて、都会でも失業者があふれている。米があまっているなら自分たちによこせと人々が怒るのは当然のこと。

大橋図書館での勉強が一区切りついたので、茂は市電に乗って銀座に行ってみた。すると、なぜか今日はいかにも私服刑事という、目つきの厳しい男たちが大勢いる。これは銀ブラどころじゃないな……。茂は引き揚げることにする。向こうからカンカン帽をかぶった堀之内が、ちょうどやってきた。そして、茂に近づいて、小さな声で「今日は銀ブラはよしたほうがいいみたいだ」とつぶやいた。

茂は小さな声で「どうしたのかい」と訊き返した。

「午後から、国際反戦デーとかでデモ行進する一団があって、その連中が通行人に向かってビラをまいたらしい。それで警察が出動して検挙したり大変だったらしい」

なるほどね。君子、危きに近寄らず、でいこう。

8月8日（月）

今日は立秋。といっても昼間は炎暑まっただなか。九大で助教授（民法）をしていた杉之原舜一は九大事件によって九大を辞めて上京した。しばらく東京帝大で末弘厳太郎教授の助手として働いた。このとき、帝大セツルメント法律相談部にも足しげく顔を出した。

やがて、その真面目さを買われて日本共産党の家屋資金局の責任者として活動するようになった。上司は松村という男で、本名は飯塚盈延《みつのぶ》といって、ソ連のクートベにも留学している。クートベとは東洋勤労者共産大学のことで、モスクワにあって、アジア諸民族の共産主義者の育成・教育にあたっている機関だ。同じく西欧勤労者共産大学もあり、これらの上級学校としてレーニン学校があり、各国の共産主義者に幹部教育をほどこした。その卒業生は３０００人に及ぶ。

クートベは予科2年、本科2年で、日本人は本科から学んだ。日本からは毎年10人前後が留学していて、その総数は50人以上になるとみられている。ロシア語による講義なので、ロシア語の習得に苦労したらしい。日本に帰国したあと、脱落した人も少なくはなかった。

杉之原は一高から京都帝大に入った。上司の松村の指示を受けて、杉之原は党のシンパである知識人からカンパを集めて回り、月に５０００円から1万円（今の１５００万円から３０００万円）ほどを集めた。

杉之原は松村に売られて１９３２年8月初めに逮捕された。松村は「スパイM」として有名で、特高課長の毛利基に直結するスパイ。その素性は長く不明だったが、今では詳細が判明している。四国は愛媛県に警察官の子として生まれ、上京して働くうちに南葛労働組合に出入りするようになった。そこで、渡辺政之輔の目にとまり、ソ連のクートベに留学のため送り出された。帰国したあと、検挙されたときにスパイになったらしい。スパイだと発覚したあとは、満州に渡って土建業をしていた。日本の敗戦後は北海道に住み、寂《わび》しい晩年を過ごした。本名を名乗らず、変名のまま脳軟化症のため62歳で死亡した。

8月13日（土）

残暑きびしい。茂の下宿は木造2階建ての1階奥にある。ここが一番家賃が安かった。ただそれだけで選んだ。なので、風通しが悪い。冬はそれでもすきま風が入って来るので、新聞紙を貼りつけておく。

夏は窓を全開して、少しでも風の通りやすいようにする。そして、汗拭きタオルを濡らして首に巻きつける。それでも真夏の午後、風が止んだら、もうたまらない。そんなときは大橋図書館に逃げ込む。下宿で窓を全開にしておくと、ともかく蚊が入ってくる。これがたまらない。だから、勉強にとっては夏のほうが邪魔が多い。

8月17日（水）

晴れ。早くもツクツク法師が鳴きはじめた。

7月30日からアメリカ・ロサンゼルスでオリンピック大会が始まっていて、陸上の南部忠平選手が走り幅跳びで入賞した。新聞の号外で茂も知った。たいしたものだな……。

9月2日（金）

炎暑が続いている。校舎を出て帰ろうとすると、倉持が茂を見つけてダンスホールに誘った。茂は精神的にも金銭的にも余裕はなかったけれど、勉強が予定どおりに進んでいないことによる焦りが、なんだか捨て鉢《ばち》な気分になって、「今晩くらいは、まあ、いいか」、そんな気分になって、倉持の誘いを断れず、ついて行くことにした。

夜は入場料のチケットが1枚22銭、週末の昼間だと1円でダンサーと何回も踊ることができる。どうやら、倉持は、このところ勉強そっちのけで、ダンスホールに通って常連になっているらしい。茂は前に堀之内と一緒にダンスホールに行ったことがあり、そのとき縫い子になったはずの君江を見かけたことを思い出した。でも、音痴だけでなく運動神経もあまり良くない自覚のある茂は、ダンスホールはカフェーと違って苦手だ。

ダンスホールには景気づけで「東京行進曲」がよく流れる。踊り疲れてひと休みしていると、倉持が替え歌を口ずさんで、茂に教えてくれた。

昔恋しい政党政治、ぼろいもうけを誰が知ろう
賄賂《わいろ》もらえず芸者も抱けず　明けりゃ債鬼に責められる

広い日本も金ゆえ狭い　醜い利権のあさり合い
あなた政友わたしは民政　ほしい政権のままならぬ
代議士やめようか金ためましょうか　いっそ満州へ逃げましょうか
変わる世の中、あの政治家も　首をびくびくするばかり（東京日々新聞）

9月3日（土）

今日は晴れて、風があるため過ごしやすい。東京市電が１３００人もの人員整理方針を発表した。

9月15日（木）

ときに雨が降って、むし暑い。日満議定書が調印された。これは、日本が満州国を承認したということ。

9月16日（金）

外は雨も風も一日中ひどい状況だ。大学で講義を受けたあと、茂は下宿に戻って机に向かった。ともかく机に向かい法律書をじっくり読むというのを習慣にする必要がある。たまの息抜きはいいけれど、ひたすらあくことなく法律書を読むしかない。

9月17日（土）

曇天。サブノートを茂はつくりはじめた。とくに民法と刑法だ。ところが、やってみると、想像した以上に時間がかかる。このまま続けてもいいものだろうか……。まあ、ともかく始めた以上、もう少しやってみよう。そう思って、続けることにした。

仲間に意見を求めるとサブノート作りには意見が分かれた。サブノート作りを自己目的にしてはいけない。作った以上、利用しなくては意味がない。しかも、何回も……。作っただけで安心して使わなかったら、使わないサブノートなら、作るだけ時間のムダだ。なるほど、それはもっともだ。茂は、まだ迷っている。

茂は食事と睡眠に最大限の注意を払ったがいいという縝縝の忠告を忠実に守っている。とりわけ睡眠だ。睡眠時間は削れない。睡眠不足の頭では、いくら法律書を読んでも空回りして、すっきり頭に入ってこない。疲れたと思ったら便所に行き、すっきりして顔も洗う。そして、いよいよ疲れたら机から離れ、横になり、あお向けで目をつぶってみる。問題は食事だ。朝は簡単にし、昼は大学の学生食堂で定食を食べ、夜は近くの定食屋で、毎日少しずつ変えて食べる。間食はしない。なんだか寂《わび》しい生活だけど、受験生は誰だって似たようなもの、仕方がない。

9月20日（火）

晴れ。まだ蝉《セミ》が鳴いている。勉強のため4人が集まって討論する。みんなが分からないときには、教科書の該当するところ、関連すると思われるところを声に出して読み合ってみる。これで解決したこともある。ただ、この方式だと時間がかかって、なかなか先に進まない。4人そろって頭をかかえた。どうしようか……。

高文司法科試験向けの受験雑誌『國家試験』は、行政科も対象としている。そこには過去の問題、そして答案例が紹介されている。これは便利だ。ただ、倉持は先輩から忠告されたという。

「模範答案を丸写ししても意味がない。そんなのは時間のムダ。というのは、事案に応じて解決法は異なるものなんだ」

なるほどね、茂は答案例を読んでこんなふうに書けばよいのかと喜んでいた気分に冷や水を浴《あ》びせられた思いがした。そして、もう一つの忠告は……。

「合格する人は気力がある。今から2年後に合格しようなんて、先送り精神で安易に勉強していても合格はできない。1年後、絶対に合格する。そんな自己暗示にかけて、ピンチを切り抜けるんだ」

なるほど、なるほど。自己暗示にかけることが大切なんだね。

「スランプに陥るのは、身も心も疲れているということ。そんなときは、ゆっくり休養するに限る」

茂はまだスランプに陥ったというには早すぎる。茂には焦りの心はあっても、それはまだスランプというほどのものではない。

倉持は「人並みに勉強していたら、人並みに落ちるのが高文試験だ」と先輩に言われたという。そうなんだろうな、きっと。法政大学からは年に数人しか合格しない。東京帝大や中央大学と、そこが違う。茂は、その数人のうちにすべり込みたい、どうやったらそれが可能なのか……。「敵」は大勢いる受験生ではなく、あくまで自分自身なのだ。茂は、そう自分に言いきかせた。勉強仲間の足をひっぱってもまったく意味はない。お互い、切磋琢磨して浮かび上がるよう努めるしかないんだ。ともかく集中して勉強する。漫然と本を読んでもダメ。読み飛ばしてはいけない。ところが、そう思っても、ついつい……。難しい。

9月22日（木）

3月に団琢磨を右翼のテロで喪った三井財閥が「方向転換」を発表した。これは団のあとを継いだ大番頭の池田成彬《なりあき》がすすめたもので、軍部と民間の反財閥熱をやわらげるべく、「社会事業への献金」と「三井一族の経営面からの引退」を内容としている。三井報恩会なる団体を設立し、ここに3000万円（今の150億円）を投入し、社会事業を推進する。これは、これまでいくらか反軍的なところもあった財閥が軍部に屈服したことを意味している。

ただし、池田は三井の軍需工業部門を拡大し、重化学工業中心に再編しようと考えているから、結局、軍部と結託して金もうけしようということでもある。さすが三井財閥は頭がいいというか、奸知《かんち》に長《た》けている。

10月1日（土）

曇天、むし暑い。郵便貯金の利率が4・2％から3％に引き下げられた。

10月2日（日）

新聞各紙が一斉に号外を発行してリットン調査団の報告書を報道した。満州国の独立を否認し、広範なる「自治体」に変更すべし、「東三省を地方政権に」というもの。そして、日本と満州国そして中国の三ヶ国代表から成る諮問会議をすぐに招集することを求めている。

号外を手にして、茂は、やっぱりリットン調査団は満州国を日本とは別の独立国家とは認めなかったんだな、これから一体どうなるのだろうか、ひどく不安を覚えた。

10月3日（月）

満州への武装移民団が雨の中を出発したという。第1陣だ。

4人が倉持の下宿に集まって法律の議論をしていると、突然、倉持が「俺も自由の天地、満州に移り住んで、ひと暴れして、大きく儲《もう》けるかな……」と叫んだ。それを聞いた上甲が、突き放した表情で、「まあ、もう少し頭を冷やして考えてからにしたほうがいいんじゃないの。

下手に暴れて匪族《ひぞく》と間違われて討伐《とうばつ》されてもつまらんだろ」と、冷めた声でブレーキをかけた。

茂は2人のやり取りを聞きながら、上甲は満州の状況を誰からか聞いて知っているらしいと推量した。

10月6日（木）

秋風が澄みわたっている。午後4時ころ、国電大森駅近くの川崎第百銀行大森支店に3人組の強盗がピストルを持って押し入り、現金3万1700円を奪って自動車で逃走した。5日目に捕まった犯人は共産党員だった。新聞はすぐさま「赤色ギャング団による犯行」として、大きく報道した。これは、特高課長の毛利基がスパイM（松村）を使って、共産党の威信を傷つけるために仕組んだ典型的な謀略事件だった。

夜、茂の下宿にふらりと顔を出した纐纈が世間話のあと、身内から聞いたことだとして、赤色ギャング団事件の裏話を教えてくれた。身内というのは、同じ名前の特高関係の高官らしい。いつも「口止めされているから、言ってはいけない話なんだけど……」と断りを言いながら、貴重な裏情報を何回となく茂に教えてくれた。高官のほうの纐纈は一高から京都帝大に進み、特高の要職を歴任している。

10月15日（土）

雨が降っていることもあって、茂は下宿で勉強。茂たち４人組の勉強会をリードしてくれる人は、どうしても、見つけることが出来なかった。だから、４人が集まる勉強会は自然に消滅した。消滅させるのは、簡単だった。次回を決めないのだ。すると、集まることはできない。勉強は辛い。そんなに簡単に理解できるものではないから息抜きが必要だ。倉持は憂《う》さ晴らしに麻雀そして玉突き（ビリヤード）に走った。すると面白い。はまった。もう止めよう、これで最後にしよう。何度もそう思った。でも止められない。

外山は息抜きと称して神田のカフェーに通った。何回も行くうちに女給になじみが出来た。そして、ダンスホールにも行ってみた。病みつきになりそう……。

10月29日（土）

東京地裁で治安維持法違反の被告人１８１人に対して宮城実裁判長が判決を言い渡した。共産党の幹部である市川正一、佐野学、鍋山貞親、三田村四郎の４人は無期懲役。ほかは20人に執行猶予がつき、残る全員は実刑判決だった。この判決文は、事前に司法省に届けられていた。司法権（裁判）の独立というものはないのだ。

11月3日（土）

晴れのち曇り。岩田義道が警察で死亡したとして遺体が妻に引き渡された（34歳）。岩田は京都帝大経済学部出身で日本共産党の幹部の一人だった。10月30日にスパイMに売られて、警視庁の特高に逮捕され、西神田署に入れられた。

警視庁は、「岩田が極力抵抗したので手錠をはめて連行したが、それでもなお抵抗したため肺結核が極度に昂進し、また脚気衝心して喀血して死亡した」と発表した。しかし、妻に引き渡された遺体には口の周囲に血のにじんだ釘の痕《あと》が6つもあり、首すじには鎖《くさり》でしばった痕までであった。また、両太ももは竹刀か木刀でめった打ちした結果、暗紫色に腫《は》れあがっていた。拷問によって死亡したことは明らかだ。

ところが、岩田は遺体が戻ってきただけでも、まだましだった。4月2日にスパイの手引で検挙された上田茂樹（共産党の中央委員。31歳）は、そのまま行方不明となり、今に至るまで遺体の所在すら判明していない。警視庁で虐殺されたと推定されている。

11月11日（日）

大審院の懲戒裁判所が布施辰治の弁護士会除名処分についての控訴を棄却した。

布施辰治弁護士について、東京地方裁判所検事正の塩野季彦は１９２９年3月26日、東京控訴院検事長宛に懲戒請求した。さらに、三木猪太郎検事長も4月12日、東京控訴院の懲戒裁判所に懲戒裁判開始申立書を提出した。いずれも布施辰治の思想・言論を問題視し、法廷で「不穏なる言辞を弄《ろう》した」というのが理由となっている。

　昨年6月10日、東京控訴院が懲戒裁判所として、布施辰治を東京弁護士会から除名すると判決した。この裁判には、布施の弁護人として弁護士200人が名を連ね、実際にも第1回公判には65人もの弁護士が出頭した。そして大審院に舞台が移ってからも弁護士の支援は続いた。90人の弁護士が弁護人として届出をし、今年1月28日の第1回公判には弁護士26人が出廷した。

　大審院の懲戒裁判所は12月19日までの期日が予定されていたのに、この日、いきなり裁判官は「結審」を宣告し、5分後に再入廷して「判決を言い渡す」として、「控訴棄却」と言うなり、さっさと奥に引っ込んだ。この判決文は、「弁護人と言えども、裁判所に対して常に敬虔《けいけん》の態度を保持すべきは論をまたざるところにして、判示認定の如く裁判所を侮辱するがごときは明らかに弁護権の範囲を逸脱せるものにして、弁護士の体面を汚せるものとして、その情すこぶる軽からざるものであり、除名は相当である」とした。

　この大審院の判決内容はひどいというか、ひどすぎる、茂はそう思った。弁護士が日本共産党の党員を法廷で弁護したら、犯罪が成立するというのを大審院が積極的に容認したということ。弁護士自治というのは誰も、まったく念頭にない。弁護士（会）は検事局の監督下にあり、検事正は職権で弁護士に対する懲戒請求を控訴院の懲戒裁判所に請求できる。

11月19日（土）

大審院の棄却判決に対して、東京弁護士会は臨時総会を開き、布施辰治への連帯と検事局への抗議を意思表示する決議をあげた。弁護人の弁護権を剥奪し、被告人の最終陳述権を無視したことに対する抗議でもあった。

治安維持法の下では、私選弁護人がいないとき、官選弁護人を被告人につける必要はないとされている。なので、弁護団が検挙されたあとは、実質的にみて、「弁護人抜き」に近い法廷が出現することになる。そして、分離裁判となり、裁判所が一方的に審理をすすめていく。

弁護士は法廷と法廷外の運動をつなぐ重要な任務がある。公判当日の華々しい法廷闘争だけでなく、地味な保釈、勾留停止、差し入れ、面会、記録の謄写、公判期日の進行についての打合せ、抗議・弾劾など……。

運動側、被告人側では、「弁護士任せの公判戦ではだめだ。断然、大衆行動で闘え」、「合法的な弁護活動なんて無用」と断罪する声もあり、弁護士とは、いくらか意見が異なっている。

11月23日（水）

今日も晴れ。茂が定食屋で夕食を食べ、下宿に戻って机に向かい法律書を開いたとき、部屋の外から呼びかける声がした。誰だろう……。

「おう、茂、いるか」と言いながら綴纈が顔を出した。手にしていた夕刊を突き出して言った。

「裁判所で何か大変なことが起きたらしい」

新聞の見出しに、「光輝ある裁判所に一大不祥事、勃発す」とあり、「思想監督に関する重大なる責任問題」と書かれている。しかし、事件の具体的内容はない。いったい裁判所で何が起きたのだろうか。東京地裁の尾崎陸《すすむ》判事が依願免官したとも書いてあるから、裁判官が事件の責任をとらされたようだ。「思想監督」とあるから、裁判所で働く書記官か職員に「主義者」が潜《ひそ》んでいたのが発覚し、判事が責任をとらされたということなんだろう、きっと……。ただ、「未曽有の重大問題」ともあるので、裁判所のそれなりの立場にある人間が、関わっているのだろう。それにしても、裁判所内部の人間であっても警察は容赦なく捕まえられるんだな。「裁判所だから警察から安全というわけじゃないんだね」。茂がぼそっと感想を述べると、纐纈が「それはそうだろう。お上《かみ》にたてつくような奴は誰だって安泰ということはありえんさ」と笑いとばした。

「そういうものなんかね」と、茂は不安な感じがした。

纐纈は同じ高文試験を目ざしているが、茂と違って行政科のほうだ。同郷の身内と同じコースを選ぶつもりなのかと問いかけると、「いや、そちらのほうではなく、福祉か厚生分野に関わりたい」と答えた。「そのほうがいいよね」と話した覚えがある。下宿が歩いて10分もかからないところなので、ときどきこうやって散歩がてら茂の下宿に顔を出す。茂も息抜きになるし、刺激も受けられるので、いつだって大歓迎した。

「ところで」と、纐纈は真顔で茂に問いかけた。「勉強のほうは順調に進んでるかい?」

本当のところは、決して順調とは言えないと自覚していたが、つい虚勢を張ってしまった。茂の悪い癖だ。

「まあ、なんとかやってるよ」

答えに自信がなかったので、茂が下をうつ向くと、それを勉強するので邪魔しないでという合図だと纐纈は勘違いしたようだ。

「そうか、それならいいんだ」と言って、茂の肩を軽く叩いて纐纈は部屋を出ていった。友とはありがたいものだ、茂はつくづくそう思った。

11月25日(金)

今日も晴れ。法事で広島の実家に帰っていた上甲が戻ってきて、学生食堂で一緒になった。茂の耳元に口を近づけ、小声で囁くように言った。

「呉の海軍で兵士が反戦ビラをまいていたのが見つかって大騒ぎになっていたよ」

「ええっ、軍隊にも赤い兵士がいるのか?」

茂が驚いて訊き返した。思わず声が大きくなったので、上甲が指を口にあてて制した。

「うん赤色兵士が何人もいて、全員捕まったらしい」

「それで、どうなったんだい？」

「反戦兵士として6人が起訴された」

「やっぱり裁判になったのか……」

「それで……」と、上甲はさらに声を低くした。

「ひどい拷問を兵士たちは受けたらしい。海軍だから『水浴』と呼んでるみたい」

「ええっ、それってどんなものなんか」

「凍るように冷たい水槽の中に丸裸のまま3分間ずつ2回も全身を漬けられたんだって。それが週に2回。決して兵士が死なないようにして……」

「いやあ、それはすさまじいね。聞いてるだけで身震いするよ」

上甲がさらに声を低めて続けた。

「反戦兵士たちがやっていた活動っていうのが、これまたすごいんだよ」

「えっ、何だい」

「『聳《そび》ゆるマスト』という機関紙は創刊号の50部から第4号は80部も発行していたんだって。現役の水兵が読者なんだけどね。そのほか、別に工場新聞『唸《うな》るクレーン』というのを300部以上も、不定期ではあっても発行して職場に持ち込んでいたらしい。固定読者の目標が1000名というから信じられないよ」

「うひゃあ、すごいね。でも、いったいどうやって、そんなものを工場の中によく持ち込めたもんだね」

「本当だよね。ビラは弁当箱の中に入れて持ち込んだらしい」

「配るのは、どうやって……？」

「食堂とか便所、そして更衣室に置いて配っていたらしい」

「それで、そんなビラとか機関紙って、いったい効果はあったのかな？」

「うん、俺もその点は気になって訊いてみたんだ」

「それで……」

「案外、効果があったらしいんだ。サボタージュが、予想外に広まっていき、工場当局も手を焼いていたらしい」

「それは、すごいね。でも、ということは、何か問題が起きていたんじゃない、工場に……」

「いやあ、さすが茂だね。まったくそのとおりなんだよ。工場がいきなり大量解雇方針を発表したらしい」

「それじゃあ、みんな怒るのも当然だね。誰だって生活がかかってるからね」

「うんうん。それで、反戦兵士たちが首切り撤回を堂々とビラで要求したもんだから、工場はテンヤワンヤになったらしい」

「それは当然、大きな反響があるよね」

「まったく、そのとおりらしい」

12月4日（日）

曇り、暖かい風が吹く。岩田義道の労農葬が本所公会堂で開かれた。大森詮夫・青柳盛雄・中村高一らの弁護士が参加した。このとき、中村弁護士は検束された。

12月6日（火）

外は雨がしとしと降っている。茂が学生食堂で外山と一緒に食事しているところに上甲がやって来た。

「おい茂、結局、お前の志望は決まったのか?」

「うん、いろいろ考えたんだけど、検事にしようかなって考えているんだ」

横にいた外山が「ええっ、そうなの……」と驚いて茂の顔をしげしげと見詰めた。

「てっきり、福岡に戻って弁護士をやるとばかり思ってたよ」

「うん、そのつもりで勉強を始めたんだけど、今のこのご時勢では、どうにも弁護士なんてぱっとしないからな」

「確かに弁護士が捕まったり、除名されたりして、大変だもんな……」

外山がしきりに頭を上下させた。でも外山自身は試験に合格したら、郷里の山梨ではなく、東京で弁護士をするつもりだという。

上甲は、「俺も弁護士になるつもりだ」と言い切った。「まあ、試験に合格したら、という停止条件つきだけどな」と、確信のない言いようだ。

外山は「裁判官だって捕まってしまうんだから、よほど考えないといかん世の中になってるさ」と付け足す。

茂は「警察を自分の思うどおりに指示して動かすことが出来たら痛快かもしれないって思うようになったのさ」と小さい声でつぶやいた。自信はないから、声が小さい。

「そうか、そういうもんかなあ……」、上甲は納得していない気配だ。「まあ、その前にやることがたくさんあるよな、俺たち」と言って、湿っぽさを振り払った。

12月9日（金）

茂は、このところ、勉強のしすぎからだろう、夜、布団に入っても、神経が興奮していて、なかなか寝つけない。おかしいな、寝つきは良かったはずなのに……。悶々《もんもん》としてしまう。お酒を飲んで寝たら寝つきがよくなるという人がいたので、茂も飲めないお酒を寝る前に少し飲んでみた。でも、まるで効果ゼロ。それで、思い切って薬局で睡眠薬を買って服用してみた。すると、今度は、朝の目覚めが悪く、午前中はずっと、ぼおっとした頭で過ごすことになる。目の前の法律書が、いくら読んでも、すんなり入ってこない。これには参った。何度も薬局に行ったので、店主が茂を心配してくれるようになった。

12月10日（土）

全国132の新聞社が共同宣言を発表した。「満州国の独立を支持する」という宣言だ。日頃から右翼的言動の多い倉持は、共同宣言をのせた新聞を手にして、「世の中の流れは全部まとまったということだな」、満足そうにつぶやいた。

12月16日（金）

今日もよく晴れている。日本橋にある白木屋から出火して、大火事になった。高層建築としては初めての火事で、死者14人、重傷者21人という大惨事となった。

●東京帝大セツル●

外山長吉は東京帝大の学生に身近な友人がいるようで、東京帝大セツルと我妻栄教授の関わりを情報として仕入れてきた。

東京帝大セツルは1923（大正12）年9月1日に起きた関東大震災のときに活躍した学生援護団を母体として1928（昭和3）年に発足した。高名な東大教授である末弘厳太郎と穂積重遠教授が発足以来、関わっている。二人とも東京帝大法学部長を重任するほどの大物で、穂積重遠と末弘厳太郎が交代のようにして務めた。重遠は3回、7年間、末弘は2回、6年間。そして、それぞれ名高い著書がある。末弘厳太郎の『物権法』と穂積重遠の『相続法大意』だ。

セツルメントは下層庶民社会の矛盾を法的紛争を通じてつかみうる貴重な観察と究明の場として設立が呼びかけられた。法学部生による法律相談部だけではなく、労働学校（講座）や幼児を対象とする活動などを展開している。このほか、レジデントと呼ばれる、住み込んで地域で活動する学生がいる。ここでは、セツルメント法律相談部にしぼって紹介する。

法律相談部で扱うのは、借地借家事件をはじめとする民事相談が大部分を占める。我妻栄教授が関わるようになったのは、現代法律が社会の実生活をどのように規律しているのか、相談室で現実として眼前に現れる、そして、その社会の法的実体について研究する必要がある、そんな訴えが心に響いたことによる。

セツルメント法律相談部の活動する拠点は本所区柳島元町（今の墨田区横川4丁目）にある木造2階建てのセツルメントハウスだ。帝大セツルメントは、借地の上に自前の堂々たる建物を構えている。2階に3角形の出窓があり、とてもハイカラな洋風建物だ。

ここは市電で行くと柳島終点の一つ手前で下車する。京成電車の終点の押上《おしあげ》から歩いて5分、柳元小学校の近く。近いところに東洋モスリン亀戸の大きな工場があり、亀戸の赤い連子《れんじ》窓の並ぶ私娼街も遠くはない。出入口に戸がなく、簾《すだれ》を垂らしただけで内部が丸見えのあばら屋、軒《のき》の傾いた長屋が立ち並んでいる。運河の両岸に鋳物《いもの》や紡績の町工場が並び、そこからの排水で水は黒く、酒瓶、紙屑、犬や猫の死骸、野菜屑が悪臭を放つ。

ここでは下半身は赤い腰巻き、上半身は裸のままの女性たちが共同水道を囲んで井戸端《いどばた》会議をしている光景が珍しくない。男たちのほうは、3日に1度しか仕事にありつけないということも多い。

この柳島地区は、まさしく貧民街であり、世帯の平均収入は月に46円から42円、そして37円と、年々低下していった。欠食児童や栄養不良児童も多い。お金に余裕がないため、毎日の飯米も1升買いする家庭が多い。近くの皮革なめし工場からの排水がよどみ、特有の糞臭が漂う。こんな不健康な地域のため、住民の6割が有病者。なので、セツルメント医療部が活動するのは必然だった。医療部には馬島僴医師のほか、曽田長宗《たけむね》医師（戦後、国立公衆衛生院長）が参加した。

法律相談の日は週に2回、夜にある。穂積教授が火曜日、我妻教授が金曜日と分担してやって来る。食堂のはす向かいに法律相談部の部屋があり、固い椅子とベンチに教授が腰かけ、そばに学生セツラーがかしこまっている。

セツルメントハウスのあるあたりは大雨が降ると道路と溝の区別がつかなくなるほど一面、水に覆われてしまうので危ない。雨が降ったときは両教授ともゴム長靴を履いてセツルメントハウスに通ったが、あまりの大雨のため途中で教授が引き返したこともある。

我妻教授は金曜日の夕方6時から8時半までの予定だったが、夜10時まで続くこともあった。そのときには、相談を受け終わると、我妻教授は池袋まで「円タク」で行き、午後11時に池袋について、それから電車に乗って自宅に戻る。すると夜12時近くになることもあった。

法律相談に関わった学者は、この2人だけではない。川島武宜、船橋諄一、杉之原舜一などの助教授たちもいる。また、学生セツラーのなかには、馬場義続（戦後、検事総長）など、官側で出世した人も少なくない。

学生のときは、あまりこだわらない人が多いのは世の常だ。さらに、原嘉道弁護士や小野清一郎教授なども帝大セツルの顧問だ。そして、宮内府や東京府・市そして三井報恩会からも支援されていたが、これには穂積重遠男爵の関与が大きい。

セツルメント法律相談部は、①知識の分与と困難の救済、②生きた法の姿の認識、③事態の分析・整理・法律摘要の実地演習を目標として掲げた。実際には、法律相談というより人生相談、法律以前の問題の相談が多い。法による保護・援助というのは、ここではあまりに縁遠い。借地・借家に関する相談が最も多くて3割を占め、次に親族に関する相談が2割。婚姻・離婚・私生児・婚約破棄・内縁にからむもの。相談件数は1928年に126件だったのが、1930年には320件に増えた。総合計では1400件にもなる。学生セツラーは、巡回法律相談、さらには訴訟引受というアイデアを出して、地域に入っていった。

セツルメントの規約は1933年10月に改正されているが、「無産市民の救済・向上をはかり、教育の機会を提供し、これにより種々の調査・研究をなすを目的とする」となっている。実際には、セツルメントの学生のなかには共産主義思想に共鳴するものも少なくなく、1931年7月、セツルメントハウスに「帝国主義戦争反対」と書いた大きな垂れ幕が掲げられることがあった。そんなこともあって、セツルはアカではないか、アカの巣窟《そうくつ》になっているのではないかという、疑いの目で見る当局の目は厳しくなるばかりだった。

1932年、鳩山一郎法務大臣が自ら柳島のセツルメントハウスを非公式に訪問した。このときは穂積教授がつきっきりで案内した。また、１９３４年２月には我妻教授が妻とともにセツルメントを参観した。いずれも、セツルメントの「安全性」をアピールするためのものだった。

そんな状況にあっても、セツルメントハウスが老朽化して手狭になったことから、第１次、第２次と改築された。改築資金の目標は1万円。原田積善会が２０００円、三井報恩会が８００円、安田保善社が５００円など、財閥系からも寄付を集め、合計1万２０００円を集めた（改築収支決算書では２万３０００円の収入）。１９３７年２月、第２次の改築落成式が挙行された。このセツルメントハウスは戦災で焼失した。

１９３８年1月、帝大セツルメントを安倍源基特高部長が直々に取り調べ、ついに同年4月、帝大セツルメントは解散した。解散に至るまでセツルメントに関わった学生総数２６０人のうち、検挙された学生は通算して70人にのぼった。解散したとき、セツラーとして活動してきた学生に向かって、穂積教授は「自分が上に立っていながら、潰《つぶ》してしまうとは、なんとも申し訳ない」と頭を下げた。そして、「セツルメントは永久に生きている」と付け足した。

閉鎖にあたって、法律相談部に保管されていた貴重な相談記録は、我妻教授の所有するダットサン（車）に積み込まれ、穂積邸に届けられた。今も、製本された記録が東京大学法学部の教授室に保管されている。

ちなみに、茂の子・広久は１９６７年4月に東大に入学すると同時に川崎セツルメントに入り、３年ほど活動して人生を豊かなものにすることができた。

1933（昭和8）年

高等文官司法科試験

1月1日（日）

晴れ、暖かい。正月早々から警視庁特高課が動き出した。学習院を中心とする共産党の資金網を検挙して、一網打尽にしようというのだ。学習院は周知のとおり、皇族や華族の子弟が学ぶところ。そんなところに共産党が活発に活動して、資金源の拠点を築いているという。

特高警察が狙いを定めたのは、公家華族であり子爵の八条隆正の次男・隆孟。父親の八条隆正は大蔵省を退官した後、貴族院議員、そして内閣や大蔵省の顧問をつとめている、まさしく政府要人。その子が学習院を赤く染めあげようとしているというのだから、特高警察が黙っておれるはずはない。

1月14日（土）

晴れ、風が冷たい。伊豆大島の三原山で自殺者が相次いでいる。5月までに43人も亡くなったという。学生食堂で一緒になった上甲が不機嫌な顔をして吐き捨てるように言った。

「いったい何を考えてるんだろう、この連中は……。そうでなくても戦争になったら、どうせ若死にさせられるというのに、そんなに死に急ぐこともなかろうに。そんなことも分からないのか、哀れなやつらだ」

途中で合流した倉持が「いやあ、あの連中は何も考えていない。頭の中はカラッポだよ。すっからかんに決まっている」と軽く決めつけた。

戦争の足音が間近までひたひたと迫ってきていると茂も感じている。なので、こうやって、大学と下宿に籠って試験勉強に打ち込めているというのは幸せな人生の一瞬なんだろう。兵隊にひっぱられたら、大学の軍事教練に来ているあの将校連中のように威張りちらすしか能のない軍人の命令一下、最前線で突撃させられ犬死にしてしまうんだろう。ああ嫌だ、嫌だ。身震いする。

東京市電が同盟罷業とやらで、またもや動いていない。仕方ないな、茂は大学まで歩いていくことにした。そう言えば、机に向かってばかりで、このところ歩くこともあまりないな。少しは歩いたほうがいいだろう。

1月18日（水）

晴れ。夜更け、「茂、いるか」と声をかけながら、上甲が茂の下宿に入ってきた。手に号外を持っている。市電のなかで隣に座った人が読み終えたのを譲ってもらったという。茂が号外を手にすると、東京地裁の尾崎陞判事（31歳）が逮捕されたとある。これが昨年11月23日の新聞にあった「一大不祥事」の内実だということが判明した。

「いやあ、驚いたね。現職の裁判官様が共産党だったなんて……」。上甲の驚きは茂も同じだ。

「いや、まったく。そんなことも世の中、あるんだね……」。茂は号外を手にして読みふけった。

「尾崎判事って、早稲田大学出身、とても優秀で、民法を大学で講義していたらしい」

上甲が友人から聞いた話だとして付け加えた。

「そうなのか、そんな優秀な人が共産党に入るんだな」

茂は民法があまり進んでいないことに頭の大半は気にとられていて、社会問題にまで頭がまわらない。そんな余裕はまったくない。そんな自分を反省した。とはいっても、民法のほうが先決だということは変わらない。

上甲が誘うので、茂は一緒に下宿を出た。ちょっと先にシナそばの屋台が出ているので、上甲と一緒に食べて、体を温めた。

1月29日（日）

晴れ。日本労働弁護士団が神田にある学士会館で創立総会を開き、これまでの救援弁護士団と全農全国会議弁護士団を一本化した。上村進弁護士が幹事長に就任した。

1月30日（月）

晴れ、風も暖かい。ドイツでヒトラーが首相に就任した。昼休み、学生食堂で日頃からドイツ好みを高言している倉持がヒトラーの首相就任を歓迎すると大演説をぶった。

「無名の人間だったのに、いきなり首相になるなんて、すごいよね、ドイツは。日本も見習うべきだな、うん」

黙って聞いていた上甲が心配そうな顔で、小さく「ドイツは戦争なんか仕掛けたりしないだろうね、それが心配だな」と、つぶやいた。茂も、その点は同感だったが、倉持の鼻息の荒さを見て黙っていた。

2月1日（水）

警視庁が特殊飲食店営業取締規則を施行した。銀座の裏通りにあるカフェーやバーによる「女給のエロ客引き」を取り締まる目的のもの。関西系カフェーの進出によって、カフェー業界も生きのびるために必死になっている。

2月2日（木）

晴れ。風は静か。武蔵野鉄道（現・西武池袋線）が始発からストライキに突入した。辞表提出を求められた4人の復職手当を減額するなとあわせて、女性を採用するなというのも要求した。というのは、女性車掌は初任給90銭。これは男性1円7銭より断然安い。だから、女性車掌の採用によって、男性の賃金が引き下げられることを心配しているのだ。

東京朝日新聞が「左翼論壇の両巨頭、連座」として、河上肇博士と大塚金之助教授が検挙されたことを報じた。

2月4日（土）

立春。晴れ、風静かで春を思わせる。長野県で「教員赤化事件」が起きた。86人もの小学校教員が特高によって検挙されたという。気分転換に茂が新聞縦覧所に行って知った。

学生食堂に水谷が珍しく顔を見せた。水谷はなんとか市内の小学校で4月から働けることになった。長野出身の水谷は、自分の知っている教員も捕まったらしく、衝撃を受けたせいか、顔色が悪い。自分の苦しい胸中を誰かに受けとめてほしかったようだ。

「いい先生だったけどなあ……。赤化教員とか言われても、悪いことなんかするはずもない先生なんだよ」

2月5日の信濃毎日新聞に「目星をつけられる学校教員2人」という記事があるけれど、その2人の氏名は明らかにされていない。

国際連盟の総会で、満州については日本だけでなく列国の共同管理とする決議が42対1で可決された。反対したのは日本だけ。これを受けて、日本の松岡洋右《ようすけ》代表は総会の場から退場した。

「どうなるのかなあ、心配だなあ」

上甲が昼休みのとき、茂に不安に満ちた顔でぼやいた。

2月10日（金）

晴れ。今日も風は暖か。新聞縦覧所で新聞を読むと、長野で「赤色教員狩り、いよいよ急」という、そんな動きが紹介されている。水谷からの情報を裏付ける。

茂は、このところ焦っている。本番の試験が6月にあるというのに、立てた計画を予定どおりに消化できていない。夕方、食事をとったあと、頭がぼおっとしてきて眠たくなる。ともかく眠たい。だからといって、早々に布団を敷いて、もぐり込んでも今度は目が冴《さ》えていて、眠れない。薬局の店主は睡眠薬に頼るのは止めろというので、素直にしたがった。勉強疲れなのか、これがスランプというやつなのか。どうせ試験はダメなんじゃないか、とても無理だろう、東京帝大生たちに勝てるはずがない……。そんな、足を引っぱるだけの邪念、雑念、妄想に取りつかれて、とても集中できない。目の前がぼんやり霞《かす》んでしまう。困ったなあ、困ったぞ……。

2月13日（月）

共産党から九州地方委員長として派遣された西田信春は福岡警察署に検挙されたまま、行方不明となった。戦後になって、西田もまた警察による拷問で殺されたことが判明した。

2月20日（火）

晴れ。風が暖かい。倉持は銀座から赤坂あたりを当てもなく一人でぶらぶらと歩いていた。倉持も、茂と同じように試験本番が近づいているのに、焦りばかりが先に立って勉強が進んでいない。それで、下宿を出て、少し頭を冷やそうと思ったのだ。

すると、向こうのほうで、「泥棒、泥棒だ。捕まえてくれ」と叫ぶ声がして、若い男が裸足《はだし》で走ってくるのを見かけた。男は和服で、走りやすいように一番上に着ていたものを脱ぎ捨て、全力で走るが、なにしろ、「泥棒」と叫びながら2人の男が追いかけているのを見れば、誰だって反射的に逃げる男を追いかけ捕まえたくなる。倉持が走り出そうとする前に、通行人が我先に追いかけ、ついに逃げていた男は足をひっかけられ、倒れたところを上から押え込まれた。そこに追いかけてきた2人の男が追いつき、「小林、観念しろ」と言って縄でしばりあげた。倉持は、遠くからその様子を眺めていた。自分も走って追いかけようとしたが、下宿でずっと座って勉強していたから運動不足のため、足がもつれてしまって走ることが全然できなかった。

小林多喜二が指定された連絡場所は赤坂の花柳街近くの飲食店だった。店に入っていくと、いかにも怪しい私服の男たちが店内にいる。小林多喜二は慌てて店の外に出て、走り出した。下駄が走るのに邪魔になったので、脱ぎ捨てて裸足になった。すると、「泥棒、泥棒、捕まえてくれ」という呼びかけに、道行く人のなかから小林多喜二を追いかける者が出て、あとは連鎖反応のように何人かが追いかけ、追いつかれて足元がふらついて倒れてしまった。小林多喜二を指定の飲食店に向かわせたのは特高とつるんでいたスパイ三船留吉だった。

小林多喜二が死亡したのは夜7時45分。昼ころに捕まって7時間あまりで死亡した。とくに後半の3時間の集中的な拷問によって死に至らしめられた。まことにむごい拷問だ。

拷問を現場で指示した中川成夫警部は、その後、小林多喜二を逮捕した功績によって警察署長に就任するまでに出世した。そして戦後は、なんと東京都北区で教育委員長になっている。

小林多喜二は築地警察署で虐殺されたとき、31歳。まだまだ、これからの作家人生が大いに期待されていた。

2月22日の東京朝日新聞に、警察の弁明が載った。

「必死に逃げまわるうちに、小林は心臓麻痺を起こした」

そして警察幹部の「殴り殺してはいない。実に残念」という談話も紹介されている。語るに落ちるとはこのことだろう。小林多喜二は小説『一九二八・三・一五』に拷問の様子を描いていたが、特高警察官は本にあるとおり再現すべく寄ってたかって殴り、叩き殺したのだ。特高警察官の怨念《おんねん》というのは実に恐ろしい。

倉持は自分の目撃した断片的な事実を茂たちに教えたが、話しながら身震いしていた。

●志賀直哉と小林多喜二●

作家の志賀直哉は生前の小林多喜二と交流があった。小林多喜二は志賀直哉を文学上の師としていた。新聞で小林多喜二の死を知った志賀直哉は母親に対して次のような弔文と香典をおくった。

「お会いしたことは一度でありますが、人間として親しい感じをもっております。不自然なる御死去の様子を考え、アンタン（暗澹）たる気持ちになりました」

そして、自分の2月25日の日記に次のように書いた。

「小林多喜二、2月20日（予の誕生日）に捕らえられ死す。警察官に殺されたるらし、実に不愉快。一度きり会わぬが、自分は小林より良き印象を受け、好きなり。アンタンたる気持ちになる。不図《ふと》、彼らの意図、ものになるべしという気がする」

2月21日（火）

晴れ、暖かい。長野で尋常高等小学校の岩田健治校長（37歳）が検挙された。

2月23日（木）

晴れ、風が今日は冷たい。長野で小学校教員の第二次検挙があった。

関東軍が熱河省へ侵攻を開始した。すると、中国東北軍は敗走していった。

2月27日（月）

晴れ、風は暖かい。ドイツで国会議事堂が放火され、焼失するという事件が起きた。ヒットラーは、共産党が放火したと大宣伝し、徹底的に弾圧した。

3月15日（水）

晴れ、春風が吹いている。布施辰治に対して「治安維持法違反被告一同」の名で感謝状が贈られた。

「君が弁護士活動30年の間、徹頭徹尾、我が労働者農民その他一般勤労者の利益を護《まも》り、その闘争を発展せしめるために闘つて来たことは、実に我々が感激おく能《あた》わざるところである。とくに三・一五、四・一六事件の大公判以来、ブルジョア司法の暴露に、また我々同志の無罪・即時釈放のために闘つてきた献身的活動に対して最大の感謝を贈るものである。

しかるに、天皇制政府は君の闘争に恐怖を感じ、君の弁護士資格を奪い、弁護士活動を封ずるために大審院において君に陳述をなさしめず、また弁護士の弁論をも阻止せしめ、弁護士除名の判決を下した。

同志布施辰治君。その白色テロ裁判こそは同志岩田義道、上田茂樹ほか十数名を虐殺し、全国数十万の労働者農民を検挙投獄したのと根源を同じくするものだ。一つの闘争舞台を追われても、また他の分野において確信をもつて勝利の日まで闘うことこそ我々に課せられた任務ではなかろうか」

布施辰治は共産党員ではなかったが、人道主義者として誠心誠意をもって共産党員の人権擁護に尽くした。被告人とされた人々は心底から布施を「同志」と認識していた。

3月23日（木）

晴れて、暖かい。ドイツでヒットラーが全権委任法を制定した。

「いよいよ独裁政治を始めるつもりだな」

ヒットラー支持の倉持が、なぜか心配そうな顔をしている。小林多喜二の逮捕を目撃し、その日のうちに虐殺されたことを知って、かなりの衝撃を受けたのは間違いない。

3月27日（月）

春雨が降っている。学生食堂で外山が顔を曇らせ、東京日日新聞の号外を手にして話しかけてきた。国際連盟から日本が脱出したことを外山は真剣に心配している。ただし、国際連盟を脱退しても、2年間は、日本は国際連盟のルールを守ることが義務づけられている。

「日本は世界の中で、ますます孤立してしまうんじゃないかな。これからいったいどうなるんだろう。心配というか、不安だな……」

そばにいた倉持が右手を軽く小刻みに振って打ち消しを図る。

「いやいや、これでいいんだよ。我が帝国ニッポンは、あくまで道理と道義を貫くんだ。そのためには、百万人といえども我行かんとす、なんだよ」

茂は外山の心配のほうに気持ちが傾いている。それでも倉持の鼻息の荒々しさに押されて、何も言わなかった、というか、何も言えなかった。今日の倉持には動揺している気配は感じられない。

3月31日（木）

晴れ、風が冷たい。布施辰治の上告を大審院はあっさり棄却した。なので、布施は禁錮3ヶ月の実刑が確定した。

4月5日、布施は豊多摩刑務所に収監された。

4月1日（土）

天気はいい。春の陽気に誘われてどこかへふらふらと浮かれ出たい気分だ。もちろん、そんなわけにはいかない。机にかじりつくしかない。

4月10日（月）

関東軍が長城線をこえて華北へ侵攻した。いつものとおり、大本営には無断の独断専行だ。

4月19日（水）

晴れのち曇り。陸軍中央は、関東軍の独断侵攻を認めず、長城線まで帰還するよう関東軍に命令した。当然だろう。でも、果たして関東軍は従うだろうか……。

4月23日（日）

曇り。風が冷たい。関東軍は、渋々ながら、長城線までの撤退を完了した。

4月25日（火）

晴れ、風がひどく吹いている。呉の反戦水兵に対して、呉の海軍軍法会議は懲役6年、同4年、同3年の判決を下した。

4月27日（木）

晴れから曇り。茂は法律の勉強がなかなか予定どおりに進まないので、緻績にSOSを発した。すると、まもなく、昨年、司法科試験に合格した先輩を引き合わせてくれることになった。大学の学生控室に来てくれるというので、茂は予定時刻より30分も早く着いて、その先輩を待つことにした。学生控室は、いつものように大勢の学生が騒々しく出入りしている。四方の壁には、求人広告、求職文、サークルや部の勧誘文が壁一面にベタベタと貼られている。興味・

関心を惹く求人広告の前には、いつも何人かの学生が立っていて、熱心にメモを取っている。

不精ヒゲをはやした神経質そうな先輩が時間どおりに来てくれた。隅のほうに騒々しさの少なさそうな机を探して二人して腰をおろした。先輩は開口一番、こう言った。

「永尾君、司法科試験、とくに論文式試験で求められているのは、法解釈能力、そして法的思考力があることを答案上ではっきり示すことなんだよ」

なるほど、なるほど。茂は深く頭を上下させる。自分の言ったことをちゃんと理解しようとする茂を先輩は気に入ったようだ。

「司法科試験は難しいと思われているけれど、基本的な法律に関する知識と、現場思考能力があれば、暗記がもし苦手だったとしても、合格できるんだよ、永尾君」

先輩は机の上を両手でなでまわして先に話をすすめた。試験本番における答案の書き方のコツの伝授だった。

「論文式試験では、不正確な論述はしないこと、そして嘘を書いてはいけない。また、書く答案は説得的で、減点されにくい答案を目ざす」

もちろん、茂は嘘を書くつもりはないし、そんな嘘を書くだけの能力もない。でも、説得的で減点されにくい答案って、いったい、どんな答案なんだろうか……。

「論文式試験では文章力も要求される。なので、自分の考えていることを、そのまま思いどおりに、ペンを走らせて答案として結実させることができるか、それがカギなんだよ」

先輩は、ここで一息入れて、周囲を見まわした。茂は、ともかく今日はひたすら先輩から吸収できるだけ吸収しようと思った。

「名文を書く必要はないんだ。だから名文を書こうなんて思わないほうがいい。何十、いや何百通という答案を採点する側の身になって、何をおいても読みやすく、さっと読める文章が一番なんだよ。この心がけを忘れたらいかん」

うんうん。これはよく分かる助言だぞ。こんな茂の反応に先輩は大いに気を良くしている。

「息の長い文章は、できるかぎり避ける。一文はせいぜい2行。できたら、1行半の長さにとどめるほうがいい。そして、肝心なことは、書いた答案に誤字・脱字、間違いがないか、見直して、きちんと確認する。そのためには、終了時間の前に読み直す時間を初めから確保しておく必要がある」

先輩は、ここまで言うと、時間が来たと立ち上がり、「まあ、そういうことさ。それじゃあ、精々《せいぜい》がんばってくれたまえ」

そして、立ち去る前にこう言った。

「受験生にとって、弱気《よわき》というのは、不倶戴天《ふぐたいてん》の敵なんだよ、昔から。それまでに学んだ成果を出し惜しみせず、今年、必ず合格するという気概をもって試験本番にのぞむんだ」

先輩は立ち去る前に、「あっ、それから……」と言い残したことを思い出したようで、立ち停まって付け足した。

「予想もしていない設問にぶつかったときは、そんなときには基本に戻り、ともかく基本的なところだけを展開して切り抜けるんだ。それしかない」

学生控室から立ち去っていく先輩の後ろ姿を見送りながら、頭のなかにあまりにも多くのものを一度に詰め込んだので、少し頭を冷やす必要があると思った。まずは校舎の外に出よう。校舎の外は瑞々《みずみず》しい緑の並木がつらなっている。子ども連れの若い女性が春の陽気のなか、気持ち良さそうにゆっくり歩いていく。

茂も、このまま郊外へ花見にでも行けたら、どんなにいいだろうと一瞬だけ思った。いや、いかん、いかん。今は、そんなときではないぞ。さあ、下宿に戻って勉強だ。

茂は下宿で机に向って、座った。右側のほうに置いていたサブノートを手にしてみる。せっかく苦労してつくったサブノートなのに、ほとんど活用していない。もう、これからはサブノートに書き込むことはできない。そんな時間はとれないぞ。さて、サブノートに何と書いていたかな……。

○　法的保護を与える必要のあるものを権利とする。そうだ、大学湯《ゆ》事件の判例だな。

○　責任能力とは、故意または過失が存在すれば、責任は存在すると推定される。

○　権利能力とは、権利の主体となることのできる地位または資格をいう。胎児には資格がない。

○　違法・有責な行為の法的定型が構成要件にほかならない。これは刑法がまぎれ込んでいる。

○債務不履行には三つある。履行遅滞と履行不能と不完全履行。
○債権譲渡とは、債権をその内容を変えないで移転する契約。
○債権者代位権と債権者取消権。この二つの違いは、分かったようで、なかなかスッキリしない。あまり悩んでいると、ぼおっとしてくる。
○先取特権。法律の定める特殊な債権を有する者が、債務者の財産から優先弁済を受ける権利。
○不当利得は、正当な理由なくして財産的利得をなし、これによって他人に損害を及ぼした者に対して、その利得の返還を命じる制度。

5月17日（水）

小雨がときに降る。昨年5月15日に起きた五・一五事件の報道が解禁され、事件の概要を陸・海軍そして司法当局が発表した。軍人たちが首相官邸に乱入し、「話せば分かる」と対応した犬養毅首相を「問答無益」と言って拳銃で射殺するなんて、そのあまりの野蛮さに国民の多くが震え、軍人の暴走にもはや手がつけられないのかと恐れ戦《おのの》いた。

ところが、新聞の論調は五・一五事件を起こした青年将校たちにとても同情的で、世論をそちらに誘導しているように思えてならない。少なくとも「アカ」を「不逞の輩」と決めつけて糾弾した新聞が、同じように青年将校たちを糾弾するという気配はまったくない。

ドイツでヒットラーのナチスが唯一の政党となった。

築地小劇場で活動していた女優の沢村貞子が治安維持法違反で起訴された。その弁護人は布施辰治事務所に所属する青柳盛雄弁護士だ。

5月26日（金）

晴れのち曇り。京都帝大の滝川幸辰《ゆきとき》教授（刑法）に文部省から休職命令が出た。

5月27日（土）

晴れ。北風が強く吹いている。東京朝日新聞が「京大法学部は事実上閉鎖の運命。1600学生も総退学を決意。教授等の辞意39」と報じた。

6月6日（火）

長野の「赤化教員」の一人、岩田校長がようやく釈放された。それまで、ずっと警察の留置場に入れられていた。布団のひどいこと、ボロボロの布のなかに切れた綿がゴロゴロしていて、真ん中に大きな穴があいている。ともかく悪臭がひどくて耐えられないほどだったが、なんとか耐え抜いた。

4月から市内で教員として働いている水谷が学生食堂にやってきた。顔色が良くない。苦しい胸のうちを吐き出せる人が周囲にいないようだ。

水谷は父親が長野で教員をしていて、その関係で詳しい情報が入ってくる。聞くに耐えない、おぞましい惨状だが、岩田校長がひどい拷問を受けなかっただけましというべきなのかもしれない。

6月10日（土）

晴れ、風が爽やかに吹いている。東京朝日新聞は社会面トップ記事で、共産党の最高幹部2人（佐野学と鍋山貞親）が獄中で転向を表明したことを報じた。実は、この2人は昨年末には既に転向していた。特高は声明発表の時期をうかがっていたのだ。

「共産党の両巨頭が11年にわたる極左運動の誤謬《ごびゅう》を告白」「日本民族の優秀さを提唱」

この転向表明の影響は大きかった。1ヶ月のうちに転向表明がなだれ現象のように相次いだ。未決囚の30％、既決囚の36％が転向を表明し、総数で550人にのぼるという。

6月13日（火）

長野で小学校教員の第三次検挙。これで3市16郡、684人が検挙。「教育界の一大不祥事」、「長野県教員赤化事件」と大きく報道された。新聞縦覧所で記事を読みながら、茂の心はザワついた。

近ごろ、路上で妙なものをよく見かける。万十のような木の玉を2つあわせ、中心の軸に糸をつけて上げ下げするもの。春ころから「ヨーヨー」が大流行している。何がそんなに面白いのかと茂は冷ややかにみていたが、あるとき貸してくれる人がいて、茂もやってみた。まあまあ、面白い。しばらく熱中してやったが、そのうち飽《あ》きてしまった。それでも、街頭でやっている人を時折見かける。うまい人は上下だけでなく、上に投げあげたり、突き出すようにしたり、自由自在にあやつる。茂は、とてもそこまでうまくは出来なかった。それほど手先の器用さがない。

各地でヨーヨーの競技会が開かれていて、月に５００万個も生産されているという。

6月15日（木）

晴れ。浅草にある国際劇場で松竹少女歌劇団のレヴュー・ガール百数十人が開演時刻からストライキに入った。争議団の委員長は「男装の麗人」として絶大なる人気を誇っている水の江瀧子（ターキー）。ターキーは18歳。劇団員のほとんどが十代の美少女なので、新聞は「桃色争議」と大きく書きたてた。松竹が男子音楽部員29人の解雇と全員の減給を発表したことに抗議するストライキだ。会社側の強硬な態度に直面して、切り崩されないよう、総員１２９人が湯河原温泉に籠城した。

6月27日、同じく大阪のレヴュー・ガール70人が高野山に立て籠った。

6月17日（土）

大阪で天六事件が発生。ゴーストップ事件とも呼ばれる。

大阪市北区天神橋筋6丁目の天六交差点を中村政一1等兵が赤信号を無視して渡っているのを見た戸田忠夫巡査が注意した。それに腹を立てた中村1等兵が戸田巡査に暴行を加えた。中村1等兵に落ち度があったにもかかわらず、結局、陸軍が警察に陳謝させて決着した。つまり、軍部の横暴に警察が屈服させられたわけだ。軍人・軍部の横暴は、もはや誰にも止められない。軍人優越主義がまかり通る世の中になった。

いよいよ司法科試験本番の日が迫ってきた。夕食をとったあと、茂が下宿で勉強を再開して間もなく、纐纈が顔を出した。近くに住んでいるので、こうやって顔を出してくれる。茂は、今日、人とちゃんと話すのは初めてだった。

「先日の先輩からの伝言だよ」。うん、なんだろう。

「答案用紙は片面のみを使い、1行おきに答案は書く。1問で15枚というのが目安。2問あるので、1時間ずつかける。なるべく両方を均等にやっつける。読みやすい答案を心がける。大きく分かりやすく、きれいに書くのが大切。字が汚いと損をする」

「問題文をよく読み、要点をメモして、答案の骨組を考える。これに10~15分あてる。答案作成は終了時間の10分前までに終わらせ、書いた答案を読み返す。時間が切迫して、書く時間がなくなったときには、要点、骨子だけでも答案用紙に書き込む」

「今さら言っても遅いだろうけれど、選択科目は国際私法と破産法がおすすめだ。高文行政科試験と併願すると選択科目として行政法と経済学をとらなければならなくなる。ところが、この2科目は、かなり骨が折れるので、できたら避けた方がいい。なので、併願するのは、よほど自信があるときに限る」

司法科試験では、必須科目として憲法・民法・商法・刑法、そして民事訴訟法か刑事訴訟法のどちらかを選ぶ。これで5科目。さらに選択科目として、社会学、心理学、社会政策、国文、漢文、行政法、破産法などから2科目を選ぶ。

茂は、憲法・民法・商法・刑法に民事訴訟法、そして、国際私法と社会政策を選んだ。国文・漢文は3年間学んだ科目だが、あまりに奥が深いので、付け焼刃ではどうにもならないから敬遠することにした。

最後に縷縷は付け足した。

「試験前日は早目に寝たほうがいい。夜12時より前、できたら11時過ぎがいい。しっかり睡眠をとって、頭がよくまわるようにして試験本番にのぞむこと」

いやあ、実にありがたい忠告だ。さあ、最後の追い込みをがんばろう。

6月26日（月）

晴れ、少し風が吹いて涼しい。ついに司法科試験の本番が今日から始まる。試験会場の司法省まで茂は市電で行った。逓信省に勤めていたとき、この司法省にも来たことがあるので、土地勘は十分だ。早目に下宿を出たから30分以上も前に試験会場に到着した。係員の誘導で会議室に入る。いったん荷物を席に置いて、手洗に立った。まずは気を静めよう。

7科目を5日間、ぶっ通しで受験する。1日2科目、午前と午後にある。2時間なので午後からは午後3時すぎには終わる。昼食は、会場の外に天幕が張られ、臨時の売店も出ていて、そこで、各自、パンと牛乳、または寿司やおにぎりを購入して、そこらで適当に食べる。受験生の大半はそうしている。

1日目は午前に憲法、そして午後からは民法だ。問題文が配られ、時間になると、受験生が一斉に問題文をめくる。憲法の設問は、予想していた範囲内だった。一問目は、君主の不可侵と国務大臣の副署の関係を問い、二問目は帝国憲法における三権分立主義を説明せよというもの。今日は、不本意ながら茂は天皇主義者になりきったつもりで、迷うこともなく書きすすめていく。それが本心かどうかは今日は問題にならない。2問とも時間内に書き終え、よし、これは幸先《さいさき》がいいぞと茂は喜んだ。昼は牛乳なんか飲んで腹の調子が狂ったりしたら大変なことになる。なので、大きなおにぎりを1個買って、かぶりついた。そして、天幕前にある熱々のお茶を飲んで気分を静める。

午後からは民法。最大の山場《やまば》だ。問題冊子を開いたとき、我が目を疑った。なんと設問は「信託行為を説明すべし」だ。見たとたん、茂は目の前が真っ暗になった。信託行為なんて出題されるはずがない。勝手に自分のなかで決めつけていた。なので、教科書を読んでも頭の中を素通りさせていて、何も残っていない。いったい、何を書いたらよいのやら……。信託なるものの定義すら思い出せない。大いに焦った。焦るなといっても焦るしかない。どうしよう、どうしよう。ペンを持つ手がどうにも動かない。仕方がない。第2問を先にやることにする。第2問は、「債務不履行に対する損害賠償を説明すべし」というもの。これなら、なんとか書けるぞ。民法416条だな。債務不履行とは何か、賠償すべき損害の範囲、その因果関係……、いくつかの論点を問題文の余白に書き込む。そして答案構成を考えてみる。ここまでで10分もかけない。そして、一気に答案を書き上げた。さあ、第1問に戻ろう。まず、信託とは何かを定義する必要がある。いやいや困ったぞ。やっぱり思い出せない。基本に戻るべしという先輩の忠告を思い出すものの、その基本がさっぱり頭に浮かんでこないのだ。茂は思わず腕を前に組んだ。山《やま》が外れたということ。こうなると、適当な、それらしいことを書いてごまかすしかない。でも、プロの採点者なら、すぐに見破ってしまうのは必至だ。

信託の効果は何だろうか。信託と他の用語、たとえば寄託との差異は何か、いろいろ適当なことを思いついたまま、いい加減に書くしかない。いや、これはダメだな、ダメだよ……。形ばかりの答案でしかない。内容はひどい。読み返す時間だけはたっぷりあったが、内容があまりにお粗末で、我ながら恥ずかしい。

1日目が無難に、無事に過ぎたとはとても思えない。法務省を出て、市電に乗って、まっすぐ下宿に戻る。途中で顔見知りの学生とは誰にも顔を合わせなかったのは幸いだった。

下宿に着いて、畳の上にひっくり返った。いやあ、もう過ぎたことだ。頭を切り換えて明日に備えよう。そうだ、今日は今から銭湯に行ってこよう。さっぱりして明日に備えるのだ。それにしても、昨夜はいつもより早く布団に入って寝ようとしたところまではよかったけれど、すぐに寝つけず、布団のなかで悶々としてしまった。うつらうつらの状態が長くて、今朝も朝からボンヤリしていた。良くなかった。先輩のせっかくの忠告を生かせなかったのは残念だった。大いに反省しよう。てなわけで、茂は寝る前に少しばかり腕立て伏せをしてみた。さあ、早目に寝るとしよう。

6月27日（火）

2日目は、晴れ、少し暑くなった。午前中に商法、午後は刑法だ。商法は、もともと苦手意識が強いので、恐る恐る問題文を開いてみた。いやあ、これはまいった。2問とも難問だ。一問目は株式会社の現物出資を論ぜよというもので、二問目は支配人の権限と船長の権限との異同を説明せよというもの。これは、茂にとっての難問であり、珍問・奇問というものではない。想定すべき範囲内の設問ということは認めざるをえないが、ともかく茂にとってはペンが進まないこと、おびただしい。2問ともお茶を濁す答案でしかないのが一目瞭然だ。

今日も昼食はおにぎり1個とお茶だけにする。そして、刑法の教科書を読み返した。午後からの刑法の第1問は「犯意と違法性の認識の関係を説明すべし」というもの。うむむ、これは微妙な設問だな、手強《てごわ》いぞ。それでも刑法は茂の好きで得意な科目なので、下腹にぐっと力を入れて精神を落ち着かせ、なんとか答案を書きすすめることができた。これで、民法1問と商法2問の失点を少しは挽回できただろうか。

第2問は、「他人の悪事を記載したる文書を、その友人数十名に郵送する行為は罪となるや」だ。うん、これは名誉毀損罪の成立の可否だな。「数十名に郵送する行為」というのが「公然性」の要件をみたしているかどうかだ。論点をつかむことができたら、答案はなんとか書けるものだ。ところが、あとで見返してみると、なんとも締まりのない、我ながら迫力の感じられない答案になっていた。いやあ、こんなはずじゃなかったんだけど……。そんな悲観的な思いに駆られていると、時間終了の合図が鳴った。今日も草臥れた、草臥れた。早く下宿に戻って、ひっくり返って頭と身体を休めよう。

6月28日（水）

曇り、むし暑い。3日目は民事訴訟法だ。これは茂にとって、少しばかり難しい感じのする科目だ。まあ、それでも好きな民法に関連するものだから、なんとか切り抜けてきた。今日はどうなるだろうか……。設問は2問とも具体的事案に関するものではなく、教科書の目次になるような中項目というべき論点について問いかけるものだった。なので、茂は、なんとか2問とも答案らしきものを仕立てることができた。そう思ったが、甘すぎるかな。

今日は午前中で終わったので、そのまま日比谷公園内をぶらぶら歩いて大通りに出て、市電に乗って下宿にゆっくり戻ることにした。

6月29日（木）

雨が降ってきた。4日目は午後から国際私法を受験する。茂にとって国際私法なんて本当のところはチンプンカンプンだ。それで受験生向けの答案の手引書を何度も読んでおくだけにした。

設問に意地悪なところはなく、その手引書にあるような素直なものだったから、安心して答案を書いた。まさか、これで落とされることはないだろう。今日も寄り道をすることなく、下宿に戻った。何もしないのが楽しみだというのも変だとは思ったが、今はそうするしかない。

6月30日（金）

晴れ。5日目、いよいよ最終日だ。午前中に社会政策を受験する。これについても受験生向けの答案の手引書だけを繰り返し読んだ。そして、あとは、毎日、新聞をよく読んで、そのレベルで答案をまとめたらよいという周囲の忠告に従った。

まあまあ、もっともらしい答案が書けたと茂は思った。社会政策の答案が回収され、試験会場を出たところで、遠くに外山と倉持の2人が連れだって帰っていくのを見かけた。しかし、茂はあえて気がつかないふりをして、すぐ目の前にある日比谷公園にふらふらとした足取りで入っていった。空いているベンチを見つけ、どさっと腰をおろした。鳩が餌を求めて近寄ってきたが、何もないよと手を振った。夢遊病者のような感覚、なにもかもがふわふわと漂っている感じ、足が地についていない。呆然自失《ぼうぜんじしつ》とは、まさしく今の自分の状態を言うのだろう。

今年は、途中に日曜日が入らず、完全にぶっ通しの5日間だった。本当に疲れた。まさしく疲労困憊《こんぱい》そのもの。誰かと会って話すなんて考えられもしない。空腹感はなく、ただ喉が乾いている。

やるべきことはやった。その点に悔いはない。今の実力を出しきったとは言えるだろう。だから、落ちたとしても、その公算は残念ながら大きいが、それは天命として受け入れるしかない。ともかく9月の結果を待とう。

●高等文官司法科試験●

1923年3月1日、高等試験令が施行された。それまでは判検事登用試験と弁護士資格試験の二本立てだった。そして帝大法律科卒業生には無試験で資格を認めていた。それを司法科試験に一本化し、帝大卒業生の例外もなくした。

受験生は1938年は3000人（2986人）で、合格者は242人。だから競争率は12倍。茂が受験した1933年には、女性は受験することができなかった。女性の受験が認められたのは、193

6年からで、この年は19人が受験したものの、合格者はゼロ。1938年に20人が受験して3人が合格した。中田正子、三淵嘉子そして久米愛。三淵嘉子はNHKの朝ドラマ（2024年4月〜9月）『虎に翼』のモデルとなり、一躍、有名人となった。

この1933年の合格者には川島武宜東大教授（民法）がいる。翌1934年には、団藤重光東大教授（刑法）が合格した。高文司法科試験の1934年から1940年までの6年間の合格者（累積）は、東京帝大が683人（年に110人）、2位は中央大学で324人（年50人）、3位は日本大学の162人（年26人）。法政大学は不明。

ちなみに、高文行政科試験のほうは、1894年から1947年までの合格者（累積）は東大が6000人に近い（5969人）、次に京都帝大の800人（795人）、3位は中央大学444人、4位に日本大学300人と続く。茂の法政大学は50人、つまり年に1人ほど。

7月1日（土）

6月28日に井上日召の率いる血盟団事件の公判が東京地裁で開かれた。頭にすっぽり大きな編み笠をかぶらせられた被告人10人以上が法廷内で並ばされている。写真つきで報道された。新聞縦覧所で新聞を読んで、「右翼側の弁護士先生も忙しいんだね」と、茂はつぶやいた。そのなかには首相になった平沼騏一郎弁護士もいる。

京大法学部が宮本法学部長以下一致して滝川事件について鳩山一郎文部大臣に正式に申し入れした。「教授会の議決を経ずに文部省が滝川教授を免ずるのは大学の学問の自由を侵す」ものだと抗議する。

7月3日（月）

晴れ、涼しい。全国水平社が行進を始めた。高松地裁における身分差別裁判に反対し、全国的に糾弾闘争を開始すると宣言した。

7月7日（金）

午後から雷雨。河上肇博士の「今後一切、実際運動と絶縁する」という転向表明が大きく報道された。

7月9日（日）

今日は浅草まで出かけて阪妻《ばんつま》主演の映画「燃える富士」を電気館で観る。さすがの剣さばきで、ひととき夢心地を味わう。

7月10日（月）

晴れ、神兵隊事件。これは、右翼が計画したクーデタで、事前に発覚して未遂で終わった。

7月12日（水）

ターキーたち46人が舞台に出演しているところを検挙され、東京でいちばん汚い留置場だと評判の象潟《きさがた》署（今の浅草署）に連行された。華やかな舞台衣装のままだったので、いっとき花が咲いたようだと言われた。

7月17日、松竹は争議団の要求の多くを了承して争議は終結した。ただし、ターキーたちは2ヶ月間の謹慎処分を受けた。

7月16日（日）

晴れ。茂は24歳になった。司法試験のあとの虚脱状態が続いている。下宿で一日中ごろごろしていて、食事のときしか外に出ない。見かねて、外山と倉持がやってきて、悪所通いに誘う。しかし、吉原に行く勇気もお金もない。怖じ気づいて、尻ごみした。

銀座の一角には花柳街（花街）もある。政府高官は新橋芸妓を妻としたり、妾とした。伊藤博文と梅子、山県有朋と貞子、陸奥宗光とおりゅう、原敬と朝子、板垣退助と子清《しせい》、西園寺公望と房子、桂太郎とお鯉だ。いずれも世間に広く知られている。

茂は早々に布団に潜り込む。不思議なほど眠れる。

7月29日（土）

晴れ。長野県の岩田校長が懲戒免職になった。ところが翌34年3月に起訴猶予となって、刑事処分は受けていない。今日も学生食堂にやってきた水谷は「おかしいな、おかしいよ」と、頭を左右に振って、納得していない。

8月10日（木）

晴れ。関東防空大演習が昨日から始まり、今日そして明日まで続く。これは3機編隊の「赤翼機」が帝都を3度も猛襲するというもので、ラジオで全国に放送された。きびしい報道管制下で実施されたが、10日の夕刊に大きな記事が載った。

8月11日（金）

晴れ、暑い。信濃毎日新聞の社説に桐生悠々が「関東防空大演習を嗤《わら》う」を書き、軍部を厳しく批判した。

「敵機を関東の空に、帝都の空に、迎え撃つということは、我軍の敗北そのものである」とし、「我が軍の飛行機が迎え撃つというが、撃ち洩らした敵機が爆弾を投下したら、木造家屋の多い東京市を一挙に焦（焼）土たらしめ、阿鼻叫喚《あびきょうかん》の一大修羅場が出現するであろう」とする。

実際、この桐生の主張から10年後、東京にアメリカ軍が大量の焼夷弾を投下し、焦土は現実化した。

街中に「東京音頭」が流れている。大流行中だ。「はあー、踊り踊るなら……」と、つい手拍子を打って、体が動き出しそうになる。四つ辻の中央に立って交通整理している巡査の手の動きまでも東京音頭の踊りの振りになっていると言われるほどだ。だけど茂は、そんな浮かれた気分にはなれない。

9月4日（月）

午前中は雨が降った。新学期が始まった。法政大学には何やら穏やかならぬ雰囲気が漂っている。学内の教授同士の抗争が表面化してきた。大学予科長であり学監でもある野上豊一郎教授の「専横」が問題とされている。反対派の中心は文学部の森田草平教授だ。

法政大学騒動の底流には、大学の経営危機がある。松室致前学長の放漫経営によって財政上、苦境に立たされている。そこで、秋山雅之介学長は、教授の給与を2割も削減する方針を打ち出した。学内の教授陣が二派に分かれ、お互い怪文書まで出して対抗しあった。この背景には、大学の財政難とあわせて、法政ナショナリズムの抬頭もあった。倉持は教授の何人かと面識があるので、いろいろ裏の動きまでつかんでいて詳しく茂に解説してくれた。

法政大学に三木清の呼びかけで自由主義研究会が結成され、活動を始めた。「自由主義」なら「主義者」でもいいはずだという読み、というか挑戦だ。

9月13日（水）

晴れて暑い。日本労農弁護士団の弁護士21人が一斉に検挙された。このうち12人が起訴された。「法廷での弁護が治安維持法の目的遂行罪に該当して犯罪になるというんだよ。これじゃあ、弁護士なんかやってられないよな」

学生食堂で一緒になったとき、上甲が顔を顰《しか》めて強い口調で吐き捨てた。

翌14日に、三・一五と四・一六そして非転向組の控訴審公判が予定されていた。中村義郎検事は青柳盛雄弁護士に向かって、「実に政治的にうまい検挙だろう」と自慢した。つまり、裁判が立ち往生するのを狙っての弁護士検挙だということ。

9月14日（木）

東京朝日新聞が「左翼弁護士団、壊滅」と大きく報道した。「布施辰治、上村進など17名、共産党外部の疑い」となっている。この記事は左翼弁護士が担当する裁判の公判直前に検挙されるのはおかしいのではないかと疑うこともなく、しごく当然の検挙であるかのような印象を与えるものだ。

同じ日、五・一五事件の被告となった青年将校たちには好意あふれる同情的な報道がなされた。これに対して、弁護士によるまったく合法的な当然ともいうべき弁論については、あたかも「売国」の違法行為であるといわんばかりに弾劾する記事だ。職業軍人たちによる一国の首相を平然と射殺するという、反乱罪そのものの重大犯罪のほうは「憂国」の行為とし、その「憂国の情」に惜しみない理解を示して国民に売り込み、軍部に迎合し、あわせて保身を図った。実質的に首相暗殺を公認するような新聞論調だ。

9月15日（金）

長野県の小学校教員たちが検挙された事件について報道が解禁され、大々的に報道された。信濃毎日新聞は4頁もの号外を発行した。

「戦慄《せんりつ》！教員赤化の全貌」、「教科書を巧みに逆用し、教壇の神聖を汚辱《おじょく》す」、「全国未曽有の大不祥事」

この長野県教員赤化事件によって、長野県の教育界は「汚名返上」とばかりに、このあと満蒙開拓青少年義勇軍の送り出しに力を入れた。その結果、全国1位という好成績をあげた。

陸軍大臣の荒木貞夫が法政大学の顧問に就任した。

9月16日（土）

学生食堂で一緒になったとき、水谷はまたまた泣きそうな顔で茂に訴えた。

「ひどいんだ、本当に長野県人をまったく馬鹿にしている」

茂は、何のことかわからないまま、水谷の話を黙って聞いた。

「長野県は山岳が県の内外に走っていて大きな耕地がない。そして、格別な産業も工業もなく、生活程度が貧しい。それに寒い時期が長く、しかも山と山のあいだに生活しているので、人間が偏狭となり、一人よがりで小英雄的な気持ちをもっている。自由主義が放縦に流れ、そのうえで衝動を受けて飛躍し、過激な共産思想に走りやすい」

いやあ、これはひどい。長野県民をこんなに決めつけたら水谷が怒るのは当然だと茂は思った。それにしても、こんなに頻繁に昼間から大学にやって来るなんて、教員の仕事はどうなっているんだろう。茂は心配したが、口には出さなかった。そして言った。

「いやあ、ひどいもんだね。いったい誰がそんなことを言ったんだい」

水谷も聞いた話のようで、誰とは特定できないものの、今どきこんな決めつけをするのは特高警察の上の方の人間なんだろう。茂は、つい水谷の肩に手を置いて、「あんまり気にしないほうがいいよ、世の中には馬鹿がたくさんいるから、そんな馬鹿をいちいち相手にしないほうがいいよ」と慰めた。

雨が止まない。宮澤賢治が病死した（38歳）が、生前、宮澤賢治の名前は世間に広く知られていたわけではない。

9月21日（木）

9月22日（金）

もうそろそろ結果の通知が来るころだと思って茂は朝から外出せずに下宿にいた。秋晴れのうららかな陽差しなので、外に出て気分を晴らしたかったけれど我慢する。

午後、司法省から郵便物が届いた。薄い封書だったので、開ける前から結果は推察できた。司法科試験の不合格が書面で知らされた。「やっぱりダメだったか……」。合格していたら、20日後、つまり10月13日から口述試験を受けるはずだった。口述試験は3科目で受ける。うち1科目は民法または刑法をとらなければならない。茂は民法を選択するつもりだった。民法ならなんとか問答できるけれど、刑法は自信がなかった。

民法の第1問、そして商法の2問を落としたのが、やはり致命傷だったのだろう。仕方ない。他人《ひと》のせいにはできない。実力不足のため合格できなかったということ。まったくそれに尽きる。あきらめるしかない。父久平に2度目の挑戦を頼むことはできない。それは約束したことだから……。それに、来年なら確実に合格できるという自信はまったくない。

高文司法科試験の合格者は２４０人。前年は３５６人だったから１１６人も少ない。そして翌年は90人も増えて331人になった。なぜ、この年だけこんなに少ないのか、それを知ったとき、茂は恨《うら》めしくも思ったが、自分の実力不足だから仕方がないことだと自分を諫《いさ》めた。

司法官試補に採用された人も、この年は9人だけだった。1938年まで毎年100人前後だったのに、どうしてなのか……。

夜になって、上甲が茂の下宿に顔を出した。上甲も気落ちしていた。茂は下宿から出れなかった。そんな元気がなかったのだ。外山も倉持もみな不合格、つまり茂をふくむ4人全員がダメだったことが分かった。残念会をやろうという話も出ない。そんな気力も資力もない。さらに夜更け、纐纈が赫い顔をして現れた。高文行政科試験に合格したという。たいしたものだ。栄光のコースに乗れたことになる。うらやましい限りだ。嫉妬心がないわけじゃないけれど、いろいろ親切に忠告してくれたことに素直に礼を言った。

茂の不合格を知って、纐纈は早々に退散した。茂は布団をかぶって寝た。あとは大学の卒業試験で少しでもいい成績をとって、就職に有利な条件をつくり上げるしかない。布団のなかで茂は決意した。

10月1日（日）

曇りで、むし暑い。新聞によると、今年の米作は大豊作だという。これで農村の窮状は救われるのかな……。

11月7日（火）

両国警察署に治安維持法違反で勝目テル（38歳）が入っていた。留置場は地下にあり、13もの監房があって130人近くの被疑者が詰め込まれている。女性房も真ん中あたりにあり、勝目は他の5人の女性と一緒だった。食えない女性はスリか売春するしかない状況に追い込まれている。社会主義を信奉する勝目は同房の女性たちに同情した。

7日はロシア革命が成功した記念日だ。何かお祝いをしようと勝目が考えていると、なんと有名な布施辰治弁護士がまわされて入ってくるという。それでは歓迎会を兼ねて革命記念祝賀会をしよう。勝目は親しく話せるようになっていた看守長に話を持ちかけた。この長野出身の看守長は、「ほら、薬だ」と言いながら、紙にくるんだ氷砂糖をくれたりしていた。すると、心の優しい看守長は布施弁護士について関東大震災のときの人道支援活動に大いに感銘を受けていたらしく、「わしは首になっても賛成する」と即決してくれた。最古参の看守長が賛成というなら、残る3人の看守ももはや異議は言えない。もちろん、上にばれないようにしなければいけない。留置場を監視部長が巡回するのは1日3回、夜の9時が最後だ。それから祝賀・歓迎会をやることになった。このとき留置場には、1929年2月に捕まった説教強盗として名を売った30歳すぎの男（妻木）、神兵隊事件で検挙された右翼の男もいたが、歓迎会には全員が協力してくれることになった。みな面白いことに飢えている。

看守4人が手分けして見張ってくれて始まった。各房から代表として選ばれた人が布施弁護士の入っている房の前に立って、それぞれの持ち芸を披露する。説教強盗は物真似を始めた。見事な、本職はだしの物真似だ。自称スリの名人は浪花節《なにわぶし》をうなる。あさくさエンコ（浅草公園）の主（はあ公）はこれまた驚くほど見事なダンスを披露して、拍手喝采だ。やんややんやの拍手で大いに盛り上がっていく。最後に、勝目たち活動家11人が、それぞれの房の格子戸の前に立ち、「インターナショナル」を合唱する。

歓迎会の終わり、布施辰治は房の中から感激のあまり声を震わしながら、お礼の言葉を述べた。「私も、ながいあいだ、不当な勾留に閉じ込められて、あちこち留置場をまわってきましたが、こんなに楽しいところはありませんでした。諸君の今夜の温かい贈り物を私は生涯、心に留めて、諸君とともに闘っていくことを、ここに誓います」

そして、次に緊張した顔つきの看守たちに笑顔を向けて、こう言った。「諸君の予想外の御支持に対して厚くお礼を申します」。軽く頭を下げると、「こういう居心地の良いところなら、いつまで居てもいいと思うくらいです」と結んだ。それを聞いて、看守をふくめて思わずみんなが手を叩き、大爆笑となった。

勝目は胸が熱くなり、看守長に対して、「ありがとう、ありがとう」と何度も頭を下げたが、それ以上は言葉にならなかった。あとで、この看守長は、この歓迎会のことがバレて早期退職に追い込まれた。

日本労農弁護士団の弁護士たちが治安維持法の目的遂行罪で次々に起訴されていった。

特高刑事が大森詮夫弁護士に取調のとき、こう洩らした。

「きみたち弁護士は何もたいしたことをやっているわけじゃない。やったことといえば、拘置所で面会をして、裁判所で法廷に立って話していたことだけだ。だけど、きみたちのような厄介な存在はない。きみたちは川端の柳だ。柳は何もしないで、川端に立って風に吹かれているだけなんだ。ところが、その柳の下には魚が集まってくる、これが実に厄介なんだな……」

確かに、弁護士のところに顔を出すと、なんとなく連絡が回復して元気になって帰っていく人がほとんどだ。柳が悪いというなら仕方ない。甘んじて処罰されることにしよう。大森弁護士はそう思った。

11月19日（日）

夕方、下宿で大家さんのラジオを聴いていると倉持が興奮した様子で顔を出した。どうしたんだろう。浅草松竹座でターキーの「タンゴ・ローザ」を観てきたとのこと。よく切符が手に入ったねと言うと、倉持は身内に芸能関係の仕事をしている人がいて、無理に押し込んでもらったのだという「タンゴ・ローザ」は争議後ターキーの復帰第一作だ。大評判になっているのは聞いていていた。「いやあ、ともかくすごかった。闘牛士の服装のターキーが登場すると会場は一斉に『ターキー』の叫び声が上がり、まさしく興奮の坩堝《るつぼ》と化したよ」、と上気した顔つきで倉持の話は止まらない。茂もぜひそんな姿のターキーを観てみたいと思った。でも、先立つものは乏しいし、何の伝手もない。夢のまた夢か……。

11月20日（月）

晴れ、暖かい。記事解禁となって、東京朝日新聞が号外を発行した。1面は、「学習院へ魔手。30余名、検挙さる」というのと、「覆面の組合・全協、大検挙で壊滅す」というもの。「華族、富豪、名門の子弟等、上層階級の戦慄」

学習院班の責任者は八条隆正子爵（公家）の次男・隆孟。八条隆孟は学習院から東京帝大に入り、帝大生のころから左翼活動を始めた。そして帝大を卒業して日本興業銀行に入行してからも活動を続けた。

この当時、学習院に通う子弟に学校が、たとえば運動会の連絡をしようとするときには電話が使われていた。各家庭に電話があるというのが当然の前提だ。もちろん、庶民の家には電話なんてあるはずもない。

八条隆孟は学習院の在学生、そして卒業生まで組織して資金源としていた。住友・三井財閥からの大口の資金カンパも狙った。突撃隊「ザーリャ」（ロシア語で「暁の火」）を組織し、また映画サークルをつくって左翼思想の普及につとめた。

公爵岩倉具栄《ともひで》の妹靖子（20歳）もそのメンバーであり、男女30人余りが検挙された。岩倉靖子は起訴されて市ヶ谷刑務所に8ヶ月あまり獄中生活を過ごし、転向声明を出して保釈されたあと、その10日後に自宅で頸動脈を切って自死した。

八条隆孟が特高に検挙されたのは、この年1月18日、日本興業銀行の預金課で執務中に連行された。3月27日、森俊守（森俊成子爵の嗣子）が、翌28日に久我《こが》通武《みちたけ》（久我通保男爵の次男）と山口定男（山口正男男爵の実弟）が、さらに翌29日に岩倉靖子（岩倉具視の曾孫。岩倉具張《ともはる》公爵の三女）と上村邦之丞《くにのじょう》（上村従義男爵の嗣子）が検挙された。その後も、4月20日に亀井茲建《これたけ》（亀井茲常《これつね》伯爵の嗣子）、4月22日に小倉公宗《きんむね》（小倉義季《よしすえ》子爵の実弟）、また、9月15日には中溝三郎男爵が検挙された。

全協のほうは「弾圧漏れの残党」が組織を拡大再生させていたので、1696人もの大量検挙となったという。

11月21日（火）

晴れ。「赤化華族」の処遇について、「刑事訴追され、拘留・保釈中のものは華族礼遇を停止する」ことになった。

布施辰治の歓迎会のとき賛同した看守長の背景事情が判明した。関東大震災のあった日、布施辰治は人心を安定させるべく、日本に3台しかないサイドカーつきオートバイを秘書（佐藤義和）に運転させ、「地震はおさまる。あとは火の用心」と大書した幕をはためかせて市内をかけめぐった。

そして、市ヶ谷刑務所で暴動が起きた、収容者が殺された、いや全員釈放されたという噂（デマ）が飛んでいるのを知ると、9月2日午前1時、市ヶ谷刑務所に押しかけた。

あとで判明したことだが、たしかに憲兵隊が収容者の引き渡しを求めて押しかけて来たのを刑務所長が断ったという。憲兵隊はこのとき、ドサクサにまぎれ大杉栄たちを虐殺している。

布施辰治が刑務所に行くと、周囲には抜剣した兵士が立って警戒している。そのなかに顔見知りの看守がいて、布施辰治は内部に案内され、所長と会うことができた。見舞いに来たので収容者に会わせろと要求したが拒否された。帰ろうとしたとき、戒護主任が「頼みたいことがある」と話しかけてきた。収容者1000人ほどを建物から出して広場に集めているが、そのうち50人あまりの主義者が暴動を扇動しようとしている。そうなったら抜剣して制裁することになり、忍びないし、不幸なことなので、自重するよう警告してほしいという頼みだった。布施辰治は収容者に会わせてくれるならと承知して、広場に行った。

「諸君、見舞いに来ました」と布施辰治が声をかけると、知った顔が何人もいて「布施さんが来てくれた」と大歓迎された。震災の状況を説明し、自重するよう求めた。退出するとき、「布施さん、万歳！」の声が上がった。

こうして、収容者も職員も無事で、刑務所は翌日から一部の収容者を解放した。両国警察署の看守長は、このときの話を聞いて知っていたようだ。

11月29日（水）

快晴。夜遅く、茂の下宿に纐纈が新聞の号外を手にして現れた。

「これは驚いたよ、大変なことだな……」

赤《アカ》の判事が日本全国に４人もいて全員が逮捕されたという記事だ。一番先に捕まったのは東京地裁の尾崎判事で、これは少し前のことだから茂も知っていた。次は長崎地裁の為成養之助判事（30歳）、そして札幌地裁の滝内礼作判事（29歳）、最後に山形地裁鶴岡支部の福田力之助判事（37歳）。


北海道、東北そして九州と、東京以外にも全国に赤い判事がいたわけだ。いやあ、これはすごいね、すごいことだ……。「神聖なるべき司法部にまで赤の魔手」とある。当局の立場からは許せない事態であることは間違いない。


纐纈は高文行政科試験に合格したあと、あちこち出かけて顔を売っているという。「何しろ官僚にとって情報こそ命だからな」。茂も逓信省で働いていたとき、それは体験している。

「福田判事は中央大学法科出身で、俺たちみたいに苦労して司法科試験に合格したらしい。それで立身出世を念願し、帝大出身者に負けないよう猛烈に勉強していたという」

「そうなの。そんな人が何で共産党になったのかな……」、茂は不思議に思った。纐纈はニヤリと不敵な笑顔で続ける。

「それが世の中の不思議というものなんだろう。うん」

福田判事は、仙台、福島そして山形地裁と東北地方をまわって仕事をしているうちに農村が極度に困窮していて、娘の「身売り」が出たり、食うや食わずの状況にあることを身近に知った。その一方、日本が軍備拡張に狂奔している状況にあることを対比させると、世の中の矛盾を自分としても受けとめざるをえなくなった。それまでは、共産党というのは「合法的な強盗」くらいにしか考えていなかった。そんな状況下で、山形県下の共産党員が逮捕された事件を担当し、判事として被告人の手紙を検閲するうちに、彼らの思想のほうが正しいと思えてきて、惹きつけられているうちに滝内判事が転入してきて同僚となり、その感化を受け、ついに共産主義思想に心から共鳴するようになったとのこと。

ところで、これら4人の「赤化判事」が一体、何をしたというのか……。共産党員だったのは尾崎判事だけで、残る3人はシンパ。治安維持法違反として起訴された被疑事実によると、月に5円とか10円をカンパしていた、共産党員に隠れ家として住居を提供した、みんなで研究会を開いたというもの。これらの何ということもない行為が「目的遂行罪」に該当するというのだから、治安維持法というのは本当に恐ろしい法律だ。

12月20日（水）

晴れのち曇り。日本労農弁護士団が解消され、転向声明を出した。

「将来は断じて共産党事件の弁護に関係せざるはもちろん、一切の左翼運動と絶縁することを誓うとともに、非常時、日本帝国のため極力闘うことを誓う」

●治安維持法の犠牲者●

この1933年は、治安維持法による検挙者が1万5000人近く（1万4622人）と、戦前最高の人数だった。そのうち起訴されたのは1割ほどの1285人。

戦前、治安維持法によって検挙されたのは7万人、うち起訴されたのは6000人。そして獄内外で死亡した人は1700人とされている。この9割が目的遂行罪だった。実際には、治安維持法によらず自由を奪われた人も相当数いるとみられ、この統計上の数字はあくまで表面にあらわれたものに過ぎない。

治安維持法の犠牲者について、1976年10月28日、日本共産党の紺野与次郎議員が国会質問の中で、特高警察官による虐殺65人、拷問・虐待が原因で獄死した人が114人、病気・衰弱による獄死1503人とし、逮捕後の送検者は7万5681人、逮捕者は数十万人に上るとした。

共産党検挙に功績のあった特高警察官6人に対して、殊勲を立てたとして警察功労記章が授与された。小林多喜二を築地警察署で拷問して死に至らしめた中川成夫警部がその筆頭だ。内務大臣邸に招待され、同時に臨時ボーナスとして「特別賞金」60円が授与された。一般の巡査の月給は50円だったので、1ヶ月分もの「ボーナス」が支払われたことになる。

その後、さらに1936（昭和11）年11月、天皇は「共産党壊滅《かいめつ》の功労者」に対して叙勲・賜杯を授けた。塩野季彦らの司法官僚や緻緻弥三・安倍源基らの内務官僚、さらには毛利基・中川成夫らの特高警察官までその対象とされた。

12月23日（土）

快晴。茂が目を覚まし布団から脱け出そうとしたとき、外でサイレンが鳴り始めるのが聞こえてきた。時計を見ると、もうすぐ午前7時になろうとしている。サイレンは1分間のあいだ鳴り続け、少し休んで再び鳴り始めた。

「そうか、皇太子が生まれたんだな」

昨日、夕食をとっていた定食屋で店主の親父と客がそんな話をしていた。サイレンが2度鳴ったら皇太子、1度だけなら内親王（女の子）と、あらかじめ市民に知らされていた。茂は知らなかったけれど……。

「日嗣《ひつぎ》の皇子《みこ》」が誕生した（後の平成天皇）ということだな……。

年末ギリギリになって法政大学の秋山雅之介学長が野上豊一郎学監兼予科長を解職し、休職を命じた。これを知った予科教授団は野上予科長の擁護に動き、教授・講師40人余りの辞表を取りまとめた。秋山学長は、このような予科教授団の動きをものともせず、突っぱねた。

1934（昭和９）年

「大学は出たけれど……」

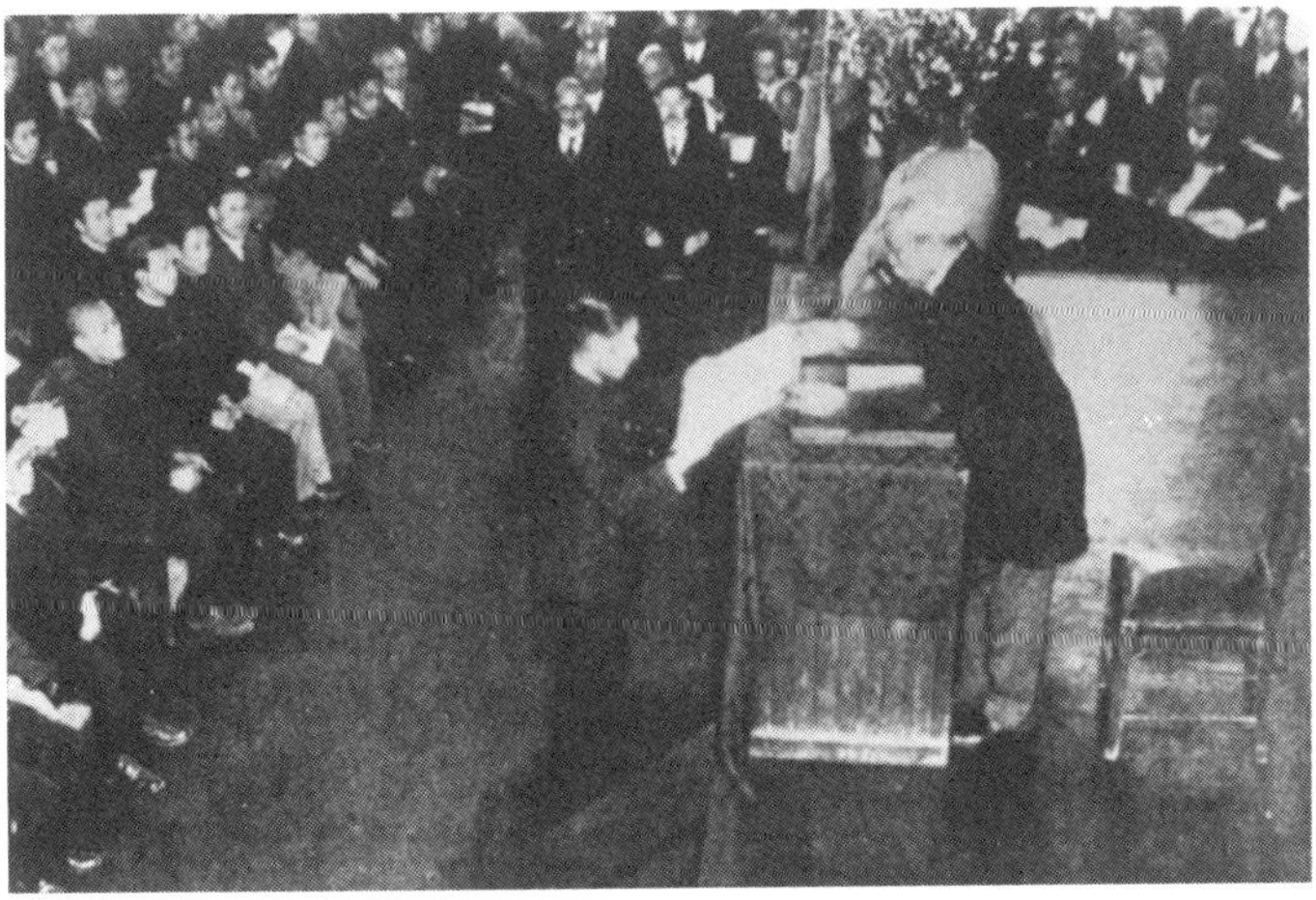

法政大学卒業式（昭和9年3月）
出典：秋山雅之介傳記編纂會『秋山雅之介傳』口絵「法政大学学長として最後の卒業式」（昭和16年5月発行、非売品）より

1月7日（日）

新聞が「法政大学に危機」と報道した。予科の教授・講師が47人も結束して一斉に辞表を提出したという。学内の騒動が頂点へ向かった。

1月14日（日）

これに対して、法政大学当局は教授と講師8人を解職し、続いて残る30人も解職した。大学当局が開き直ったのを茂は意外に思った。

1月15日（月）

予定どおり卒業試験は実施された。茂にとっては最後の試験になる。教授・講師の大量辞表・解職という大騒動の渦中なので、どうなるのか心配したが、試験会場はいつもどおりで何事もなく、平穏そのもの。

茂は年末年始は、どこにも出かけず、下宿に籠って必死に勉強した。司法試験の本番を目ざす最後のころと同じ、いやあのとき以上に真剣だ。年末年始のあいだ、学内の騒動の渦中に飛び込むことは一切せず、学生の配るチラシを受け取って読むだけにした。情報だけは入手しておかないといけない。

ほかに選択肢はない。少しでも良い成績で大学を卒業して、就職先を探すときの有利な材料にする必要がある。卒業試験は19日までの5日間。単位不足にならないように注意しながら、自信のない科目は放棄した。そんな工夫もしたから、なんとか手ごたえはあった。あとは結果を待つだけ。司法試験もこうだったら良かったなあ……。でも、今さら後悔してもはじまらない。

1月16日（火）

東京地裁の法廷で、八条隆孟が「共産党によって良い社会ができると思いました」と陳述したという。新聞縦覧所で新聞を読みながら茂は不思議に思った。華族のまま、おとなしくしていれば何事もなく安穏な生活を送れただろうに、なんで……。

1月19日（金）

被告人になった森俊守は茂と同じ明治42年の生まれだ。東京帝大の経済学部を卒業した。父親は子爵の森俊成で、東京市議会議員であり、議長をつとめている。

森俊守は「資本論」の読書会を開いたり、共産党シンパとして活動していた。社交ダンス研究会に入って、資産家の会員を獲得し、党への資金カンパを集めた。自らも毎月3円を党にカンパした。

●華族●

華族は明治2年に創設された。それまで公卿《くぎょう》とか諸侯と呼ばれていたものを天皇のもとに一つの特権階級としてまとめた。発足したときは、公卿142家と諸侯285家、合計427家あった。そして、明治17年7月までに76家が華族として追加され、501家となった。さらに追加されて、同年末には華族は509家となり、日本敗戦時（1945年）には924家あり、その華族人口は6000人にのぼった。

発足時に爵位を最終的に決定したのは三条実美《さねとみ》と伊藤博文の2人。華族のなかで爵位を名乗れるのは戸主の男性のみで、女性は戸主であっても爵位を持つことができなかった。

華族が不祥事を起こして廃嫡されると、平民となった。

「赤い華族」第1号、先駆けと目すべきは有馬頼寧《よりやす》だ。旧久留米藩主の有馬頼萬《よりつむ》伯爵の長男として東京・日本橋に生まれた。学習院で学び、武者小路実篤や志賀直哉と同級生。ところが、皇室と婚姻関係をもちながらも、部落解放運動に奔走し、下層階級のための夜間中学の創設に尽力した。

1月20日（土）

法政大学で試験が無事に終わると、大学当局は新しく30人あまりの教授と講師を任命した。その教授陣の多くは判事・検事だ。これは法政大学の司法界との結びつきの強さをアピールする強みとなった。

1月25日（土）

八条隆孟に東京地裁で懲役3年の実刑判決が下った。

1月30日（火）

法政大学で昨年9月以来の騒動がようやく終息した。

2月3日（土）

朝、下宿で目が覚めると外は雪が降っていて、白く積もっている。茂は市電に乗って九段の図書館へ出かけた。本を読んで勉強するためというより、新聞を無料《タダ》で読もうということ。

2月4日（日）

さて、今日はどうする。そうだ、チャップリンの映画を観にいこう。最新作の「街の灯」が大評判で、ついに天皇夫妻まで映画館まで足を運んでみたという。これは見逃せない。

映画館「日本劇場」の入口前は長蛇の列で、なんとか館内に入っても超満員だ。もうトーキー映画ばかりになっているのに、この「街の灯」は音楽付きのサイレント映画だ。そのうえ、今日の活動弁士は運のいいことに人気ナンバーワンの徳川夢声だ。今日の映画館の入場料は高いほうから5円、3円、1円、50銭。もちろん、茂は50銭の口だ。

盲目の花売り娘を助けようと苦労する放浪紳士。そして、目が見えるようになった娘が目の前の浮浪者の手に触れて真相に気がつく情景《シーン》には、どっと涙があふれて止まらない。

2月11日（日）

茂は今日も近くの新聞縦覧所に行き、丹念に新聞を全紙読んだ。今日はいかにも読みごたえがある。昨日、4人の「赤化判事」に東京地裁が判決を下した。求刑は尾崎元判事に懲役10年、滝内と為成元判事は同6年、福田元判事は同4年だった。これに対して判決は、尾崎に懲役8年、滝内と為成に同5年、福田に同3年だった。いやあ、重い判決だな……。茂は、つい溜め息を洩らした。

2月5日に裁判が始まり、隔日に開廷して、2月9日に結審して翌10日に判決というのは、いかにも早い、異例の速さだ。これは、今日に皇太子誕生の恩赦が予定されていたので、その恩典に浴させてやろうという当局側の温情的配慮から。ところが、当の元判事4人は、そんな当局の温情をちっともありがたいとは思わず、そろって控訴した。すると恩赦の対象からはずれる。

控訴した結果どうなったかというと、8年が6年、5年が3年そして3年が2年へと短縮された。それでも、さすがに執行猶予にはならなかった。短縮されたのは、4人とも起訴内容は争わず、ともかく全員が「転向」を表明したからだ。

2月19日（月）

昨年11月28日に治安維持法違反で検挙されていた野呂栄太郎が品川警察署で亡くなった（33歳）。野呂栄太郎は30歳のとき『日本資本主義発達史』を刊行した。そして、１９３２年５月から翌33年８月にかけて刊行された『日本資本主義発達史講座』（全7巻、岩波書店）を刊行するとき、その全体に指導的役割を果たした。野呂栄太郎自身は義足のうえ、肺結核を病んでいたため執筆できなかった。

この講座を刊行した学者のグループは講座派とされ、雑誌『労農』による労農派と論争した。その中心テーマは、「プロレタリア革命の序曲としてのブルジョア民主主義革命」（講座派）か、「民主主義革命の任務をともなうプロレタリア革命」（労農派）の違いにあった。明治維新についても、「絶対主義天皇制の成立」なのか「ブルジョア革命」なのか、見解が対立していた。いずれにしても特高警察の暴圧によって日本は惜しい学者を若くして喪ってしまった。

2月24日（土）

晴れて、春の風も少し吹いて少し暖かい。

東京にいるのも、あとわずかになった。今のうちに、せいぜい羽を伸ばしておくことにする。というわけで、映画を観に行く。市電に乗って浅草の映画街に出かける。今日も映画を楽しもうとする人々で大にぎわいだ。深刻な不況だから、かえって映画でも観て、憂さ晴らしをしたいのだろう。それは茂だって同じ気分だ。

劇場前に掲げている宣伝用の旗をフラフと呼び、フラフ合戦と称するほど、ずらりと並んでいる様子は、まさしく壮観だ。茂は急に思い直し、浅草から日比谷にまわった。東宝の直営封切館の日比谷映画劇場は1730人も収容する大きな映画館だ。50銭均一の入場料なので、大入満員。やっぱりチャンバラ映画だよな。気分がすっきりする。嵐寛寿郎の「鞍馬天狗」がトーキー映画になって上映中だ。華麗な殺陣、剣さばきで、悪人どもが牙《きば》をむいて襲いかかってくるのを主人公がバッタバッタと薙《な》ぎ倒していく。その情景は胸のつかえがとれて、すきっとする。

映画館を出ると、まだ陽は高い。もう一軒、映画館をまわろう。チャンバラ映画を観たから、次は洋画だ。おおっ、ジョニー・ワイズミュラー主演の「類猿人ターザンの復讐」が上映中だ。密林《ジャングル》のなかを自由自在に動きまわるターザンの雄姿《ゆうし》にほれぼれする。いつかはアフリカに行ってジャングルなるものをこの眼で見てみたいものだが……。

3月1日（木）

朝から、よく晴れている。茂は神田の古本街を歩いてみることにした。すると、向こうから同じように古本街を探訪しているらしい南命周と出会った。久しぶりだ。

世間話のなかで、南が満州国について、「はてさて、満州国なるものは、いつまでもつことやらね……」と、きわめて冷ややかな見方を披瀝《ひれき》した。茂も、そうかもしれないと思った。広い広い中国大陸を小さな島国の日本が支配するのはやっぱり無理なんじゃないのか……。誰にも言えないけど、茂も内心では懐疑的だ。

3月4日（日）

従兄の高次と久しぶりに一緒に食事した。茂が三又村に戻るのを知ってご馳走《ちそう》してくれるという。新橋駅の裏通りにある小さな小料理屋が高次の行きつけだ。高次はよく飲んだが、茂はお茶を飲みながら、よく食べた。高次も満州に来ないかと誘われたらしい。今や満州は選良《エリート》官僚の活躍の地になっていて、内地よりもはるかに高給優遇されるらしい。

東京地裁の判事だった武藤喜雄は満州の司法部に移ると、年俸6500円をもらうようになった。これは日本の大審院長の年俸と同額だという。茂は、大会社のエリートサラリーマンの年俸が1万円だと聞いているので、大審院長の年俸がそれより少ない6500円のはずはない。高次の聞き間違いだろうと思った。

それはともかく、高次は「関東軍の下なんかで働きたくなかばい」と言って断ったという。茂は高次が断って良かったと思った。これは反戦思想からではない。人間の本能として、危いところには近寄らないのが一番だ。

3月12日（月）

東京弁護士会は「日満法曹協会」を設立した。満州の弁護士とも交流しようというのだ。弁護士も全体として浮足《うきあし》だっているらしい。

3月20日（火）

今日は法政大学の卒業式。茂の猛勉強した成果が実り、法律学科を1番の成績で卒業することができた。それで、卒業式の実務を担当する学生課から事前に茂に連絡があった。法学部の卒業生代表として、学長から卒業証書を真っ先に受け取るように頼まれた。騒動があったから、卒業生代表としての答辞はしなくていいという。否も応もない。というか、誇らしい。田舎の久平に見せてやりたいほどだ。広い大講堂は卒業生で一杯、満員だ。理事や来賓など、お歴々も参集している。茂は法文学部の順番になったとき、法律学科のトップバッターとして壇上にあがって卒業証書を受けとった。

秋山雅之介学長は卒業証書を手渡すとき小声で、「がんばったね、うん、よくやった」と茂に囁くように言った。大勢の学生の見守るなかでの卒業証書の授与なので、茂は晴れがましさと同時に、足が地に着いていない不思議な感覚だった。ただ、秋山学長の声がかすれていて、病人のようだったのが茂は気になった。実際、秋山学長は5月に病気を理由に辞任した。

でも、なんといっても問題なのは、就職のあてがまったくないこと。これには困った。就職口を探すにしても東京にいても何の伝手もないから、ここは郷里の三又村に戻って必死で就職活動するしかない。映画「大学は出たけれど」で描かれた状況は変わらないどころか、さらに深刻になっている。日本に職がないからといって、満州に行こうなんて、もちろん茂は考えない。彼《か》の地は、あまりに物騒だ。

3月21日(水)

茂が学生食堂で昼食をとっていると、倉持が近寄ってきた。そして、茂を誘った。「今夜は、はめを外そうぜ」

二人して吉原に行こうというのだ。吉原は泊まりが3円(今の1万円)から10円だ。4時間コースだと、この半額。丸の内ビルにある日本料理店では「うな重」は2円(今の7000円)、うなぎ定食の並は1円50銭(今の5000円)だ。吉原より安い玉の井では、少し安くて2円から5円で遊べる。本部屋は6~8畳、「回し部屋」は3畳しかない。

客引きが路上を歩いている通行人に対して、「2円のところを1円50銭にしておくよ」と声をかける。それを真《ま》に受けて店に入ると、遣《や》り手《て》婆さんが値を吊り上げ、結局は2円しっかり払わされる。そんな仕掛けだ。どうやら倉持も同じ手口でやられたことがあるらしい。

森俊守が華族より除籍された。大河内信威は獄中で転向を表明した。

3月23日（金）

雨が降りそうだ。法政大学の総長に小山松吉が就任した。小山松吉は検事総長を8年間つとめ、司法大臣もつとめた、司法界の大物だ。法政騒動を見て、国（文部省）が我慢ならないとして介入してきたのだ。

4月2日（月）

赤い判事が出たのは、大学に赤い教授がいて、赤い思想を学生に吹き込むからだと右翼が攻撃したので、政府も大学に対する締めつけを強化している。

晴れ。渋谷駅前にハチ公像が出来て、そのお披露目式があった。当のハチ公も参加した。茂も渋谷駅まで行って、ハチ公像を拝み、ハチ公を遠くから眺めた。毛並みのよい秋田犬だった。

4月20日（金）

小雨が降っている。茂はついに三又村に戻る。東京に出てきたのは1927年4月初めなの

4月23日（月）

で、丸7年のあいだ東京にいたことになる。7年前は、17歳の世間知らずの田舎の子どもだった。7年間、東京にいて中央官庁の末端職員として働き、夜学（大学）に通い、昼間の大学に転じて法律を勉強し、高文司法科試験も受験した。

学友たちとの交流のなかで世の中の動きについても考えさせられ、目を開かされた。かといって、まだ見るべきほどのことは見つ、という心境ではない。まだまだ世の中は知らないことだらけ。東京で得た最大の収穫の一つが、自分がいかに世の中のことを知らないかを識《し》ったこと。それはともかく、ここは一転、田舎に戻って再出発することにする。東京にいても、何か自動的に就職先が見つかるわけではない。

茂は午前9時45分に東京駅を発車する急行列車に乗り込んだ。特急列車「燕」に乗ると、東京から神戸までは9時間ほどで着く。しかし、今の茂には、お金はないけれど時間だけはたっぷりあるので、急ぐこともないから3等急行で戻ることにした。下関まで東京から直行する特急列車はまだない。急行列車に乗って、途中、神戸で1回だけ乗り換え、下関には翌々日の朝8時50分に到着した。

下関で関門連絡船に乗る。甲板に立って遠ざかる本州、近づく九州をぼんやり眺めていると、大きなダミ声が聞こえてきた。その声のほうに振り向くと、少し離れたところに大川市選出の山崎達之輔代議士を見かけた。高次が就職先を見つけるなら口を利《き》いてやってもいいぞと言ってくれていた代議士だ。就職先探しが当面の最優先課題だと自覚している茂は、お世話になるのかもしれないと思い、近寄って挨拶した。すると山崎代議士は、薄汚れた学生服姿の茂に一瞬ギョッとした感じで、後ずさりする。茂が「三又村の永尾久平の長男です」ときちんと名乗って挨拶すると、すぐに警戒心を解いて、笑顔を浮かべ、鷹揚《おうよう》に対応するようになった。

「そうかそうか、法政大学を卒業したものの、大学は出たけれど……の口なんだな、きみも。まあ、一度、うちの事務所に来てみたら、なんか力になれるかもしれんな。あまり期待してもらっても困るけどな」

山崎代議士に誰かが声をかけた。「やあやあ、きみか……」と言いながら、山崎代議士は右手を大きく振り上げながら、そちらに歩み去った。

代議士と入れ換えに船内巡視の特高刑事2人が近づいてきた。嫌な奴が来たぞ、困ったな、どうやってやり過ごそうか……、そう思いながら茂は特高刑事たちに背を向け、離れていく本州（下関）を眺めた。下関までの急行列車の中でも特高刑事が巡回してきて不審尋問をやっていたが、そのときは車内の便所に逃げ込んで、危難を逃れた。客車の中央を歩きながら乗客の顔つき、服装、そして網棚の荷物に目をやり、怪しいと目星をつけると、公衆の面前で不審尋問を始め、所持品検査するから、たまらない。久しく床屋に行っていないので長髪だし、長い列車の旅で無精《ぶしょう》ヒゲは伸び放題。薄汚れた茂の姿は一見して、まるで「主義者」そのものの格好なのは間違いない。特高刑事が見逃すはずはなかった。

案の定、近寄ってきた特高刑事のうち若いほうが横柄な口調で声をかけてきた。

「貴様、こんなところで仕事もせんと、ぶらぶらしちょるけど、どこさん行くんか？」

茂は小さな声で「はい、大川の実家に戻ります」とだけ答えた。茂は、こんな奴らを相手にしたくない、逃げ出してしまいたいものの、なにしろここは甲板上なので、どうしようもない。

「貴様は何しよっとか？」

「東京で大学を卒業したばかりで、これから仕事を探そうと……」

「おうおう、学士様じゃったというわけか。まさかアカ学生じゃなかっちゃろうね。東京の大学にはアカがうじゃうじゃいるらしいな……」

いやはや、こりゃあ困った。アカ学生だと決めつけられて警察にしょっぴいていかれたら、とんだことだ。なんて答えたら身を躱せるだろうか、困ったぞ……。周囲を何気なく見まわすと、先ほど挨拶して話していた山崎代議士が心配そうにこちらを見ていて、目があった。すると、山崎代議士は足早にやってきてくれ、大きなダミ声で特高刑事たちに向かって言った。

「やあやあ、ご苦労さんだね。この学生は決して怪しい者じゃないよ。今日は東京からの帰りで、こんな身なりをしているけれど、これでもうちの書生なんだ。まあ、今日のところは勘弁してやってくれたまえ」と言ってくれた。茂は、山崎代議士の書生でもなんでもない。これも嘘も方便《ほうべん》のうちというやつだな、そう思って黙って成り行きを見守った。

堂々たる押し出しの山崎代議士の話しっぷりに、さすがの特高刑事たちも急に腰砕けになって、年長の刑事が「まあ、まあ、こうやって代議士先生に保証していただけるのなら、仕方ありませんな」と言って、二人して引き下がり、甲板から立ち去った。やれやれだ。なんとか助かった。何も悪いことをしたわけではないが、先ほどから嫌な思いをたっぷりさせられ、内心腹が煮えくりかえる思いだ。茂は助けてくれた山崎代議士に何度も頭を下げてお礼を言った。やがて船は門司港に着いた。まったく、自由に旅行も出来ない世の中になってしまったんだな。困ったものだ。茂の心は晴れない。

門司港から博多駅行きの列車に乗る。博多駅へ向かって走る列車の車窓をぼんやり眺めていると、東京での7年あまりの生活が走馬燈のように思い出される。法政大学で知りあった学友たちは、今ごろみんなどうしているのかな……。高文行政科試験に合格した纐纈はどの官庁に入ったのだろうか、厚生省に無事に入れたのかな。茂の知るかぎり、エリートコースに乗れた唯一の男だ。出世を願おう。南命周は朝鮮に帰ったのか、それとも日本にとどまって朝鮮独立運動を秘かに続けているのだろうか。長野県出身の水谷が一番心配だな。長野県の教員がたくさん捕まって弾圧されたし、水谷も教員を辞めてしまったかな。辞めて何か働き口を見つけただろうか……。

司法試験の勉強仲間は、みんな不合格だったけれど、どうしたのだろう……。郷里に帰ったのか、東京で働いているのか。上甲、外山、そして倉持はどこで何を今しているのだろうか。まさかアカに染まったとして特高刑事に捕まったりはしていなければいいのだが……。

逓信省のほうは、みんな元のままかな……。赤木女史には大変お世話になったな。方言丸出しを窄められたのも今となっては懐かしい思い出だ。

それにしても東京で映画をたくさん観れたのは本当に良かった。それも、活弁つきの無声映画にトーキー、両方とも観れて楽しかった。やっぱりトーキーのほうが断然いいね、俳優の声を聞けるほうが、そりゃあいいよ。

いつのまにか茂はうとうと居眠りをはじめていた。映画のシーンが夢の中に出てきた。浪人の茂が大勢の捕り物たちに取り囲まれ、絶体絶命の大ピンチにおかれて油汗をたらり、たらーり、流している。刺股《さすまた》で身体をからめとられ、身動きとれない状況だ。ガタンという音で目が覚めた。もうすぐ博多駅に着くところだ。銀ブラもできて、憧れの東京人に少しは近づけた気がしたんだけど……。甚平にカンカン帽の生活とも、もうおさらばだな。

それにしても、赤い労働者に赤い小作人、赤い学生、赤い教授、赤い裁判官、赤い教師そして赤い兵士に赤い華族……。実は、みんな社会の現状を憂えて心配して声をあげていたってことかもしれんよね。そんな人たちを人知れず次々に検挙していって、みんな闇の底に放り込んでいいものなんだろうか……。

茂自身は、踏み切れなかった。司法科試験というのは一種の逃げだったな……。まあ、勇気がなかったということ。少しだけ世の中を覗《のぞ》き見はした。そして、すぐに身を退いた。最前線のあまりの激しさに恐れをなして、さっと身を躱して法律の勉強に逃げ込んだ。果たして、こんなことで良いのだろうか……。いや、良かったんだ。

博多駅に着いて、久留米駅まで普通列車で行き、久留米駅から少し歩いて大川鉄道に乗る。7年前とほとんど変わらない田園風景だ。菜の花畑も広がったまま変わらない。目に見えない檻の重圧から逃れるべく上京したことを思い出した。7年前と違っているのは、少しばかり世間知と自信を身につけたことだろう。

三又駅から歩いて自宅に戻る。自分の足でゆっくり歩いていくと、ようやくここはもう東京ではないという実感が湧いてきた。とうとう自宅にたどり着いた。庭先にいたキクヨとトキヨがびっくりした顔で茂を迎える。2人とも、もう12歳と11歳。赤ちゃんなんかではない、少女そのものだ。やがて、久も姿をあらわした。15歳になっていて、いっちょ前の青年だ。久平とトキも奥のほうから出てきた。

カネ22歳、マサ子21歳、ナナエ18歳は三又村を出て専門学校に行ったり、働いたりしているという。キクヨとトキヨ、そして久が茂の持ち帰った土産品が少ないと不満をぶつけてきた。茂も東京土産品をたくさん持って帰ってきたかったが、なにしろ先立つものが乏しい。「兄しゃん、こればっかしか……」と言われて、茂はひたすら弁解した。長男の権威もあったもんじゃない。

4月28日（土）

夕食のあと、茂は久平に「金貸しなんか、もうやめたらどうか」と言ったのが久平の癇に障ったようだ。久平は急に黙り込んだ。そして茂が調子に乗って、軍人が威張りちらす世の中は怖いもんだと世相を批判すると、いきなり久平は青筋をたてて怒りだした。

「アカにするために、おまえを苦労して大学にやったわけじゃなかつぞ。それくらい、分かっちょるやろね」

茂は、それを聞いて言い過ぎたなと思ったが、ここで反論・弁解しても意味はない。「もちろん、そんなことは分かっとるばい。心配せんだっちゃよか」とだけ言って、2階の自室に引き揚げた。

5月6日（日）

茂の就職活動もようやく本気になった。清力《せいりき》酒造の中村実社長を頼るのが一番だというので、会いに行って、頼んだ。そして、中村社長もあちこち声をかけてくれたが、ともかく世の中は不景気だから、法政大学の法文学部法律学科を1番の成績で卒業したといっても、そうそう話は進まない。

5月22日（火）

森俊守が控訴審で執行猶予になったと報じられた。一審では実刑だったけれど、転向を表明したから懲役2年、執行猶予3年になったのも当然だ。

5月31日（月）

新聞を読んで、茂は長野県教員赤化事件で裁判所の判決があったことを知る。教員29人が起訴され、死亡・病気の2人を除く27人に対して、実刑とされたのが13人もいた。最高は懲役4年で、最短で2年6ヵ月。残る14人に執行猶予がついた。水谷の話では、みんな真面目な教員だというのに、厳しい判決だな……。

6月6日（水）

右翼学者として有名な蓑田胸喜《みのだむねき》が東京帝大の末弘厳太郎教授を治安維持法違反・不敬罪・朝憲紊乱罪で告発したという。まさか、末弘先生まで捕まるなんてことはないだろう。茂は新聞を手にしてつぶやいた。

7月16日（月）

茂は25歳になった。消防団仲間が近くの料亭「石屋」で祝ってくれた。就職先はまだ見つからない。

8月30日（木）

築地小劇場をつくって活躍していた演出家の土方与志《ひじかたよし》は、日本からソ連に渡り、モスクワで革命劇場の演出班員になったという。出国する前の「海外では左翼的な行動はしない」という当局への誓約を破った。土方は共産党に600円もの大金を提供《カンパ》していた。土方は、ソヴィエト作家同盟の大会で演説し、そのなかで小林多喜二が警察から拷問で殺されたことにも触れた。

9月、土方与志は伯爵（華族）を返上させられ、同時に、妻子や母も華族から除族された。

11月28日（水）

東京控訴院が子爵大河内正敏の子の信威が獄中で転向を声明したのを受けて懲役2年、執行猶予5年の判決を下した。一審は3年の実刑だった。このあと、大河内信威は実業家に転身して成功した。

1935（昭和10）年

4月、ようやく茂は筑豊の上山田尋常高等小学校の代用教員になることができた。清力酒造の中村社長の口利きでつかんだ福岡県の教育委員会の線だ。山崎代議士にも口添えを頼んだ。ここは生徒が3000人もいる、筑豊炭田の真只中にある大きな小学校だ。月40円の給料。安いけれど、しばらく我慢するしかない。

その前の2月18日、貴族院で美濃部達吉が「わが国体に反し、軍の統帥権を干犯するものだ」と天皇機関説について攻撃された。

そして、暮れの近づいた12月17日、治安維持法で起訴されていた弁護士たちに有罪判決が出た。布施辰治4年、上村進3年、青柳盛雄2年（執行猶予2年）、神道・角田ら4人は実刑で、その他の7人は執行猶予となった。茂は司法科試験に合格していたら、今ごろどこで何をしているかな……、漠然とした不安を感じた。

10月に発表された国勢調査によると日本の人口は7000万人、平均寿命は男44・8歳、女46・5歳。信長が出陣前に口にしたという「人生50年」より短いんだな……。でも、本格的な戦争が始まりでもしたら、もっと短くなるのは間違いない。

代用教員として、鼻たれ小僧たちに勉強を教え、一緒に遊んでいるぶんには楽しい。だけど、これが自分の一生の仕事なのか、茂は自信が持てない。月給40円じゃあ、結婚だってできないよな、どうしよう……。

茂のその後

筑豊で代用教員を3年つとめたあと、茂は大牟田市の三井鉱山に書記として採用され、三池染料工業所で働くようになった。

やがて召集されて中国へ出征。病気を得て、本国送還になったことで辛うじて戦死を免れた。会社に戻って健康を取り戻した茂は結婚し、子ども5人の7人家族となって会社勤めを続けた。子どもたちの進学を考えた茂は、46歳のとき脱サラして小売酒屋を始め、子ども4人を大学に進学させた。長男（経夫《みちお》）も茂と同じく司法試験に挑戦したが失敗（1回であきらめた）、三男（広久）がついに雪辱して弁護士になった。

5人の子どもが職と家族を得たあと、茂は病気により1981年6月8日、虹《にじ》の橋を渡った（71歳）。

茂は晩年、短歌づくりに励んだ。

「四国へぬける橋の姿は公表されたけど、生きてる橋は又見たきものなり」という短歌の原型をノートに書きつけている。「見るべきほどのものは見つ」（平知盛《とももり》）の心境とはほど遠い。まだまだ見たいものがたくさんある。この思いこそ本書を貫くものだ。

永尾広久（ながお・ひろひさ）

1948年　福岡県大牟田市に生まれる
1967年　福岡県立三池高校卒業
1972年　東京大学法学部卒業
1974年　弁護士登録（横浜弁護士会）
2001年　福岡県弁護士会会長
2002年　日本弁護士連合会副会長
現在　不知火合同法律事務所（大牟田市）
著書『税務署なんか怖くない』（花伝社）
『カード破産から立ち直る法』（花伝社）
『がんばれ弁護士会』（花伝社）
『モノカキ日弁連副会長の日刊メルマガ』（花伝社）
『星よ、おまえは知っているね』（花伝社）
『八路軍とともに——満州に残留した日本人の物語』（花伝社）
福岡県弁護士会のホームページの「弁護士会の読書」コーナーに毎日１冊の書評をアップしている。

不知火合同法律事務所
〒836-0843　福岡県大牟田市不知火町２丁目１の８　オービル２階
電話：0944-57-6311　FAX：0944-52-6144
E-mail：shiralo@jeans.ocn.ne.jp

まだ見たきものあり——父の帝都東京日記

2025年１月25日　初版第１刷発行

著者 ——— 永尾広久
発行者 —— 平田　勝
発行 ——— 花伝社
発売 ——— 共栄書房
〒101-0065　東京都千代田区西神田2-5-11出版輸送ビル2F
電話　03-3263-3813
FAX　03-3239-8272
E-mail　info@kadensha.net
URL　https://www.kadensha.net
振替 ——— 00140-6-59661
装幀・装画— 澤井洋紀
印刷・製本— 中央精版印刷株式会社

ISBN978-4-7634-2156-2 C0095